Wolfgang Zielke

Handbuch der Lern-, Denk- und Arbeitstechniken

Wolfgang Zielke

Handbuch der Lern-, Denk- und Arbeitstechniken

So rationalisieren Sie Ihre geistige Arbeit

Gondrom

© mvg – Moderne Verlagsgesellschaft
München/Landsberg am Lech
Sonderausgabe für den Gondrom Verlag GmbH & Co. KG,
Bindlach 1991
Covergestaltung: Grafik Design Studio L. Mielau, Wiesbaden
Satz: Type Studio Kurt Niedermeier, Passau
Printed in CSFR
ISBN 3-8112-0912-4

Inhalt

Thema 'Zeitverbrauch' — Ein ganz besonderer Fragebogen — Fragen mit Checkliste — Fragen nach dem Lehr- und Lernstoff — Richtigkeit und Schwierigkeit — Fragen im Gespräch — Übersicht über die wichtigsten Fragearten

Beispiele und Tips für Karteien — Bücherkartei — Fachgebietskartei — Zitaten- und Ausspruchskartei (Bonmot-Kartei) — Bildkartei — Fundstellen-(Quellen-)Kartei — Ideenkartei — Formelkartei — Fragesatzkartei — Fremdwort- und Fremdsatzkartei — Adressenkartei — Inhaltsverzeichnis in Karteiform — Finanzkartei — DIN-Formate — Stärke des Karteikartons — Farben der Karten — Karteitaschen — Einteilung — Leitkarten, Hinweiskarten, Ordnungskarten — Alphabetische Ordnung — Was bei der Karteiarbeit weiter zu beachten ist — Ordnungs- und Gliederungsarbeit mit einer Kartei — Die Arbeit mit der Vokabelkartei

Schauen und Beschreiben üben — Statistische Darstellungen in einfacher Form — Das Stab- oder Balkendiagramm — Das Kreisdiagramm — Sonderformen von Diagrammen — Kartendiagramme/Kartogramme — Wegskizzen — Einfache Skizzen und Zeichnungen — Die technische Zeichnung — Die Freihandskizze — Illustrationen — Fotos — Bewegte Bilder — Abstrakte Zeichen-Büroglyphen — Arbeitsabläufe oder -folgen verbildlichen — Tabellen und Listen — Arbeitsformulare — Zusammenstellung wichtiger Zeichnungs- bzw. Bildformen — Gesprochene Bilder

Konventionelles Lesen — Rationelles Lesen — Selektives Lesen — Gleitendes Lesen — Springendes Lesen — Senkrechtes Lesen — Doppellesetechnik — Multiples Lesen — Lesen und Verstehen — Schulen Sie Ihre Blickspanne — Rhythmus der Augenbewegungen — Die geistige Arbeit des Lesens — Das Lesen der Tageszeitung — Lesen von Fachzeitschriften und Fachartikeln — Orientierungshilfen

ge — Kurvenlineale und Schablonen — Lineale, Winkel, Maßstäbe — Schneidegeräte — Kleber, Klebebänder, Aufkleber — Folien — Weiteres Zubehör — Ordner, Hefter, Mappen — Allerlei Kleinkram — Werkzeug- und Materialliste

Diktiergeräte — Tonbandgeräte im allgemeinen — Videogeräte — Filme und Filmen — Stehende Lichtbilder/Episkope — Diaprojektoren — Arbeitsprojektoren — Maschineschreiben — Kleinrechner und Computer — Telefon und der richtige Ton — Vervielfältigungs- und Kopiergeräte — Wachsmatrizenvervielfältiger — Pausgeräte — Die echten Drucker — Tafeln, Pinnwände u.s.w.

Der Dichter in uns als Merkhilfe — Initialzündung durch Anfangsbuchstaben — So-tun-als-ob = Phantasieschulung — Bildwortreihen als Gedankenraster — Farbvorstellungen in der Mnemotechnik — Formenvorstellungen in der Mnemotechnik — Ziffern und Zahlen werden zu Wörtern — Zahlenmerken über Formen — Natürliche 'Merkwürdigkeiten' an Zahlen

Hören und Weghören — Ansprüche an die Zuhörer — Vorbereitung auf die Hörarbeit — Mitarbeit während des Vortrags — Hören vom Tonträger — Hör- und Sprechtempi — Hörübungen — Vom richtigen Mitschreiben — Schreibpapier — Die Blatteinteilung — Das eigentliche Mitschreiben — Arbeitszeichen — Nachbearbeitung — Durchschlagetechnik für die spätere Weiterarbeit

Natürliches Reden — Immer langsam voran — Sprechtechnik und Atmung — Pausen sind das Beste — Auge in Auge — Vom Wechsel der Mittel und der Betonungskurve — Der äußere Eindruck ist wichtig — Ist das nicht Schauspielerei? — Wie/wann/wo reden? — Gedankenordnung in der Rede — Hinweise zur Anrede — Hinweise zur 'Begrüßung' — Zur 'Einstimmung' — Zur 'Begründung' — Zu den 'Aussagen

anderer' — Zu 'Beispiele' — Zu 'Vergleiche' — Zu 'Zitate' — Zu 'Folgerungen' — Zum 'Abschluß' — Stoffsammlung und Vorbereitung — Formen der Rede — Gesellschaftsreden — Bei Sachberichten — Sach- oder
Lehrvorträge

Überzeugen heißt nicht überreden — Ein wenig klassische Dialektik —
Der sogenannte gesunde Menschenverstand — Bleiben Sie bei der
Wahrheit — Körpersprache in der Dialektik — Wichtigkeit des Wort-
schatzes — Dialektische Regeln — Je mehr Sie fragen ... — Auch Sie
müssen antworten — Taktiken in Dialektik und Gesprächsführung —
Noch ein paar Verhaltensregeln — Damit müssen Sie auch rechnen
(Unfairneß)

Normschriften — Schriften für Diapositive und Overheadprojektoren
— Zum Schreiben von Texten — Die Einstimmung auf die Schreibauf-
gabe — Damit der Leser es leichter hat — Noch ein paar Tips zur
Gedankensammlung — Wenn Sie Ihre Gedanken diktieren — Allge-
meines zur Manuskriptgestaltung — Mit Briefen fängt es oftmals an —
Holde AIDA — Was Sie vermeiden sollten — Aktennotizen — Kurz-
mitteilungen — Protokolle / Berichte — Verbesserungsvorschläge —
Der Aufsatz — Schreiben eines Buches — Schreiben für Zeitschriften —
Patentanmeldungen — Wissenschaftliches Schreiben — Die Doktorarbeit

Vorwort

Dieses Buch wurde hauptsächlich für Studierende und alle lernwilligen Erwachsenen geschrieben. Es wendet sich auch an geistig Tätige aller Stufen, die sich bisher nicht sonderlich um rationelle Arbeitsweisen bemühten. Es hilft ganz besonders jenen, die das Lernen selbst nicht erlernten und beim Umgang mit Informationen in ihrem Arbeitsalltag die vielen Kniffe und Tricks, die die Arbeit erleichtern können, vernachlässigen. Verlag und Verfasser dachten in erster Linie an jenes 'gehobene' Lernen und geistige Arbeiten, wie es Studenten und Lernanfänger im Beruf betreiben müssen. Doch es werden auch die Praktiker geistigen Schaffens manchen brauchbaren Tip finden, der an längst vergessene Vorgehensweisen erinnert und sie werden selbst herausfinden, was ihnen hilft, die Arbeit ökonomischer zu gestalten.

Der Neuling möge uns verzeihen, wenn Verfahren aufgezeigt werden, die anfangs ein Mehr an Arbeit mit sich bringen. Es wird sich in der Praxis zeigen, daß anfänglicher Mehraufwand später Kraft und Mühe wieder einspart. Es ist wie bei einem Bauwerk: Auf einem soliden Fundament läßt sich Dauerhaftes errichten.

Der Praktiker möge uns ebenso nachsehen, wenn wir hier und dort bei 'Adam und Eva' beginnen. Es geht ja gerade darum, den Anfängern den Einstieg zu ermöglichen.

Ursprünglich glaubte der Verfasser, ein umfassendes Werk zu diesem Thema schreiben zu können. Es zeigte sich schnell, daß trotz beachtlichen Umfanges sich manches in diesem Buch nur andeuten läßt. Das gilt z.B. für Kreativitätstechniken, deren fast täglich neue gefunden werden.

Wir wählten aus und hoffen, eine gute Wahl getroffen zu haben. Wer tiefer gehen will, sei auf die Angaben zur weiterführenden Literatur verwiesen.

Viel Erfolg und noch mehr Freude bei der Arbeit wünschen Verlag und Verfasser.

Einleitung

Dieses Buch soll vor allem als Nachschlagewerk dienen. Für völlig Unwissende könnte es auch zu einem Lehrbuch werden.

Mit seiner Hilfe könnte eine ganze Schulungsreihe (z.B. an Volkshochschulen) zum Thema 'Methodik des Lernens und der geistigen Arbeit' aufgebaut werden.

Betrachten Sie vorliegendes Buch bitte vor allem als einen Ratgeber. Verschaffen Sie sich zunächst einen guten Überblick über das Angebot an Tips und Ratschlägen! Danach starten Sie Ihre Arbeit an der Stelle, die Ihnen die wichtigste zu sein scheint! Folgen Sie zuerst den Hinweisen, die für Ihr derzeitiges Lernen oder Ihre Arbeit die beste Hilfe bringen! Stören Sie sich nicht an gelegentlichen Wiederholungen! Dinge, die in verschiedenen Zusammenhängen bedeutsam sind, mußten gelegentlich mehrfach angesprochen werden.

Bitte beachten Sie, daß sich all die hier vorgestellten Verfahren und Vorgehensweisen - nachweisbar - in der Praxis bewährt haben! Ein Kriterium bei der Auswahl und der Aufnahme der verschiedenen Themengebiete war, nur solche Hinweise zu geben, die im Lehr-, Lern- und Berufsalltag auch anwendbar sind.

1. Ergonomische Betrachtungen zur geistigen Arbeit

Was kluge Menschen von jeher versuchten — äußere Einflüsse auf die Arbeitsleistung des Menschen zu optimieren — wurde zu einer Wissenschaft. Man nennt sie Ergonomie. Die Ergonomie untersucht das Verhältnis Mensch — Arbeit. Diese Wissenschaft hat an verschiedenen Universitäten ihre Lehrstühle und ist eines der Hauptanliegen des REFA-Instituts in Darmstadt. Ebenso befaßt sich mit ihr das 'Rationalisierungs-Kuratorium der Deutschen Wirtschaft'. Die wichtigsten Einsichten der Ergonomie sollte jeder Schaffende berücksichtigen. Sind äußere Einflüsse auf die Arbeitsleistung vom Schaffenden selbst nicht zu korrigieren, gilt es sich damit abzufinden. Besteht die Möglichkeit zur Optimierung, muß sie unbedingt genutzt werden. Halten Sie nichts für nebensächlich! Kleinigkeiten können sich addieren und dann die Arbeitskraft und Konzentration mindern, gar zum Erliegen bringen. Hingegen verbessert jede positive Korrektur das Arbeitsergebnis und verringert den Aufwand.

Der Arbeitsraum

Großraumbüros sollten der Teamarbeit und dem Sozialverhalten entgegenkommen. Unterdessen lehrten Erfahrungen, daß geistige Arbeit von Persönlichkeit zu Persönlichkeit unterschiedliche Gesetze hat. Anspruchsvolle Gedanken werden nicht selten im Einzelraum besser entwickelt. Wer sich dort jedoch eingesperrt fühlt, arbeitet besser im Großraumbüro. Lernarbeit verlangt eine ablenkungsfreie Umgebung. Haben Sie keinen Raum für sich, so versuchen Sie sich im Großraumbüro so zu plazieren, daß die Störungen gering bleiben. Denken Sie dabei an eine ruhige Ecke oder einen Raumteiler. Nützen Sie auch die gleitende Arbeitszeit. Als Grundsatz gilt: Der Mensch sollte sich in seinem Arbeitsraum wohl fühlen. Er darf weder eingezwängt noch verloren sein. Die Klosterzelle kann ebenso negativ auf geistige Arbeit einwirken wie das überdimensionierte Managerbüro.

Die Ergonomie hält 12 - 16 m² pro Schaffenden für angemessen. Zweckmäßige Wahl und Aufstellung der Arbeitsmöbel gleichen manches aus. Auch im kleineren Raum können Schreibtisch und -stuhl so aufgestellt werden, daß genügend Bewegungsfreiheit bleibt. Zu lange, schmale Räume wirken ungünstig, zu niedrige Decken bedrükken. Mitunter schafft Farbe den Ausgleich. Helle Farbtöne lassen jeden Raum größer wirken. Die Ergonomie fand heraus, daß Ockertöne, helle Eiche oder Ulme zum Wohlbefinden bei der Arbeit beitragen. Arbeitsleistungen verbessern sich. Warme Farbtöne sind zu bevorzugen! Weiß wirkt auf die Dauer depressiv. Ebenso wurde befunden, daß farbige Werkzeuge zu besseren Arbeitsleistungen führen als schwarze.

Die Raumausstattung hängt nicht nur von der zu verrichtenden Arbeit ab, sondern bei der Auswahl des Mobiliars sollte auch der persönliche Geschmack eine Rolle spielen. Mancher arbeitet am besten, wenn der Raum spartanisch einfach ausgestattet ist, manch anderer braucht etwas Dekoration. Sicher ist: überladene Räume mindern die Konzentration.

Weitaus wichtiger ist ein noch anderer gesicherter Grundsatz: übersichtliche Ordnung aller benötigten Werkzeuge und Hilfsmittel steigert die Konzentration beträchtlich! 'Geniale Unordnung' ist die Umschreibung für Schlamperei - und diese hat einiges mit Arbeitsunlust zu tun. Doch ebenso ist Pedanterie oft nur vorgetäuschte Arbeitsleistung.

Licht, Wärme, Luft und Lärm

Ergonomische Messungen verlangen 500 bis 1 000 Lux Beleuchtungsstärke für Arbeitsflächen geistig Arbeitender. Da wir nur selten Gelegenheit haben, genauer zu messen, halten Sie sich daran: Die Beleuchtung muß ein einwandfreies Sehen erlauben. Das Licht sollte von links oben schattenfrei einfallen und keine störenden Reflexe hervorbringen. Mit zunehmendem Alter wächst der Lichtbedarf. Dort, wo ein Teenager noch gut sieht, braucht der 30jährige schon die doppelte, der 60jährige die vierfache Beleuchtungsstärke. Ebenso wichtig: Die allgemeine Raumbeleuchtung sollte zur Beleuchtung der

Arbeitsfläche nicht in zu großem Kontrast stehen. Falsch wäre also: dunkler Raum und helle Arbeitsfläche. In Werkstätten ist schon wegen der Schattenwirkungen und der damit verbundenen Signalisation von Gefahrenstellen eine gute allgemeine Raumbeleuchtung wichtig. Wärme: Bei Temperaturen um die 18° C sei geistige Arbeit am besten zu vollziehen - sagen die Ergonomen. Proteste sind berechtigt, wenn ein ausgesprochen hohes Wärmebedürfnis vorhanden ist. Untersuchungen zeigten, daß Frauen etwa um 2° C höhere Temperaturen benötigen als Männer, wenn gleiche Arbeiten zu verrichten sind. Die Temperatur von 18° C setzt angemessene Bekleidung voraus. Insbesondere an den Füßen sollte niemand frieren. In jedem Falle scheint es arbeitsgerecht zu sein, wenn um die 20° C gemessen werden. Dabei ist zu bedenken, daß Luftfeuchtigkeit und Luftbewegung im Raum eine Rolle spielen.

Luft/Sauerstoff: Der Mensch braucht 30 - 60 m³ Atemluft pro Stunde. Danach berechnen die Ergonomen die sogenannte Luftwechselzahl. Nach dieser muß z.B. in Büroräumen die Luft 3 - 5mal pro Stunde ausgetauscht werden. Wir vereinfachen wieder stark: Achten Sie auf genügend frische Luft und Sauerstoffzufuhr!

Laboratorien, Werkstätten und Räume, in denen Dünste, Abgase, Gerüche entstehen, sind häufiger zu lüften. Dabei ist auch darauf zu achten, daß keine Zugluft entsteht. Lärm: Kommt er von außen und kann man ihn nicht abstellen, so gilt es, sich abzufinden. Schalldämmende Maßnahmen oder Verlegung des Arbeitsplatzes sind zu erwägen. Gegenseitige Rücksicht ist wichtig beim Lärmschutz. Die Beziehungen der Schaffenden zur Lärmquelle spielen eine Rolle. Der Lärm eigener Kinder wird beispielsweise als weniger störend empfunden als der der Nachbarskinder. Der Lärm im eigenen Arbeitsraum stört weniger als der eines nebenan arbeitenden Kollegen. Angenehme Geräusche (die eigene Lieblingsmusik etc.) lassen sich offensichtlich leichter ertragen als unangenehme. Ein gewisser Geräuschpegel ist jedoch sogar erforderlich. Wird es stiller als etwa 25 - 40 db, so wirkt Ruhe lähmend.

Zur Frage der Hintergrundmusik: Zieht sie zu viel Aufmerksamkeit auf sich, stört sie, dient sie lediglich einem sympathischen Mindestlärmpegel, kann sie die Konzentration fördern.

Der Arbeitsplatz

Für seine Größe, Proportionen, Farben, Einteilung gilt ähnliches wie für den Arbeitsraum. In der Praxis findet man nur selten Arbeitsflächen, die zu groß sind. Vielen Schaffenden mangelt es hingegen am Platz. Grundsätzlich sollte die Fläche, auf der gearbeitet wird, von allem anderen freigehalten werden. Auch Werkzeuge und Papiere gehören solange nicht darauf, wie nicht mit ihnen gearbeitet wird. Es gibt keine feste Regeln dafür, wo das einzelne Werkzeug oder Material hingehört. Das hängt vom Schaffenden und seiner Arbeit ab.

Hier aufgeführte Beispiele sind Möglichkeiten, Vorschläge, die nach individuellem Bedarf abzuwandeln sind. Nur eines könnte als Grundsatz gelten: Je länger oder häufiger etwas gebraucht wird, desto näher sollte es dem Zugriff sein. Allgemein zu erwägen ist die Ablagemöglichkeit am Ende der Arbeitsfläche in der Vertikalen - also ein Regal oder andere Aufhängevorrichtungen an der Wand. Auf einem Wandregal könnten beispielsweise die wichtigsten Nachschlagewerke stehen, an eine Hängewand kämen die ständig benötigten Werkzeuge.

Rechtshänder arbeiten im allgemeinen von links nach rechts, also liegen links auf dem Arbeitstisch die unerledigten Arbeiten und zugehörigen Materialien (z.B. das Schreibpapier), rechts die erledigten.

Aber schon Schubfächer oder Ablagemöglichkeiten unter der Arbeitsfläche können eine andere Ordnung ratsamer erscheinen lassen. Mancher reserviert für erledigte Arbeiten einen Sonderplatz (z.B.: ein fahrbares Zusatztischchen).

Tips für die Arbeitsflächeneinteilung

Setzen Sie sich bequem in Arbeitsstellung vor Ihre leere Arbeitsfläche (z.B. Schreibtisch). Schlagen sie mithilfe eines Kreidestückes aus dieser Haltung heraus mit jeder Hand einen Kreisbogen. Etwa so, wie es unser Bild auf der nächsten Seitc zeigt.

16

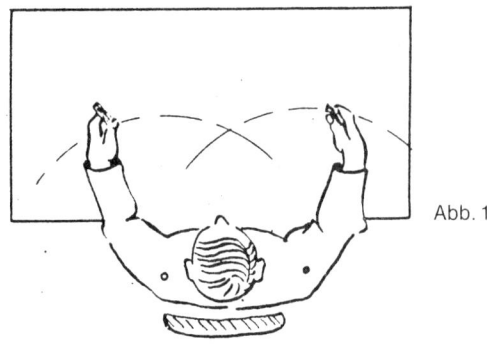

Abb. 1

Dann beugen Sie den Oberkörper so weit vor, wie es ohne Anstrengung möglich ist, und schlagen nochmals zwei Kreisbogen. Etwa so:

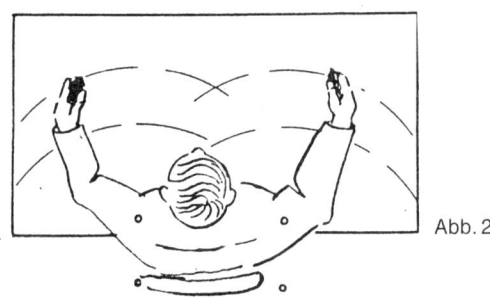

Abb. 2

So sieht nun Ihre Fläche aus:

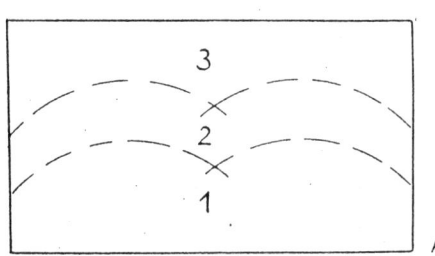

Abb. 3

17

Abb. 1: Fläche begrenzt durch erstgeschlagene Bogen = bequem zu erreichen. Sie bleibt zunächst leer für die eigentliche Arbeit. Nur an ihren Außenrändern können wichtige Papiere und Materialien abgelegt werden.

Abb. 2: Fläche zwischen den zwei Bogen = gut erreichbar. Sie nimmt alles auf, was Sie zur Arbeit laufend benötigen.

Abb. 3: Außerhalb der geschlagenen Bogen liegende Fläche = schwerer erreichbar. Hierher kommen die Dinge, die Sie nur selten benötigen.

Eine große Zahl von Varianten ist denkbar, besonders für die Belegung der Übergänge zwischen den einzelnen Flächen. Eine Möglichkeit zeigt unser Bild:

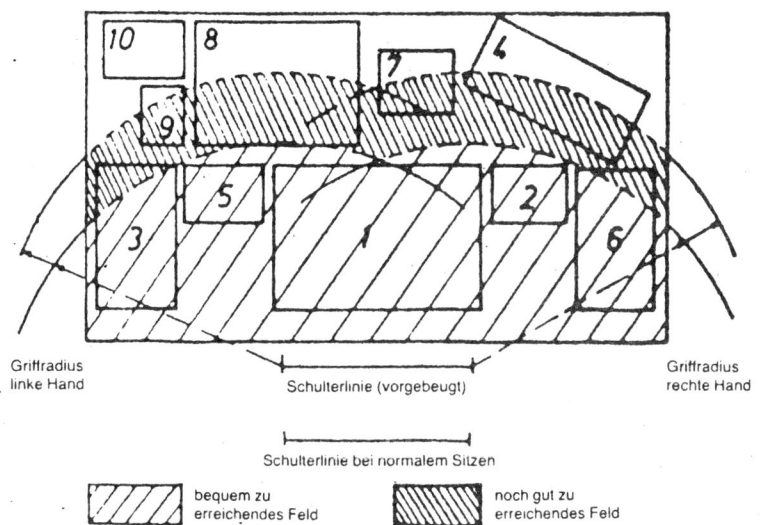

Griffradius linke Hand

Schulterlinie (vorgebeugt)

Griffradius rechte Hand

Schulterlinie bei normalem Sitzen

bequem zu erreichendes Feld

noch gut zu erreichendes Feld

1. Freibleibende Arbeitsfläche
2. Wichtigstes Schreibwerkzeug
3. Papier bzw. zu erledigende Arbeiten
4. Wichtigste Nachschlagewerke
5. Weniger häufig gebrauchte Werkzeuge (Radiergerät, Spitzer)
6. Zur Arbeit benötigte Zeitschriften oder Tabellen
7. Abfallbehälter für Spitzreste und sofort zu vernichtendes Papier
8. Fertige Arbeiten
9. Telefon
10. Telefonbuch/Adressen

Die dritte Dimension

Borde, Wandflächen, besondere an der Schreibtischrückwand ange-
brachte senkrechte Flächen, Schubläden, Regale, Fächer und Beistell-
möbel sind gewissermaßen eine dritte Dimension für Bereitzuhalten-
des und Abzulegendes. Legen Sie auf diese Möglichkeiten ein besonderes Augenmerk! Eine Sonderempfehlung gilt den Hängeregistratu-
ren = Gestellen für einzuhängende Ordner, Hefter, Taschen, die
vielerlei Papiere aufnehmen können.

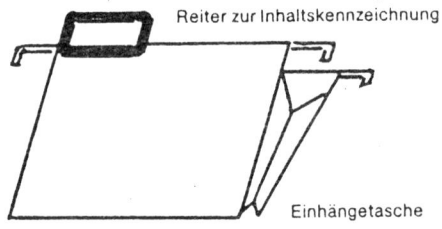

Reiter zur Inhaltskennzeichnung

Einhängetasche

Hänge-
Registratur

Vorrichtung
zur Aufnahme
von Hängeordnern
und -taschen

Das arbeitsgerechte Sitzmöbel

Ein böses Wort behauptet, daß das Gemeinsame an allen Arbeitsstühlen ihre Unzweckmäßigkeit sei. Achten Sie darauf, daß es bei Ihnen nicht so ist. Standfest und doch beweglich soll der Stuhl sein. Das heißt fast immer: Fünf große Rollen an relativ langen Auslegern, die ein Kippen verhindern. Die Sitzhöhe sollte regulierbar und auf Unterschenkellänge eingestellt sein. Die richtige Höhe der Rückenstütze: Etwas oberhalb des Kreuzbeines. Zu harte Kanten vorn am Stuhl bewirken, daß die Füße einschlafen. Zu weiche Polster (man versinkt) und zu harte (die Sitzkante des Beckens schmerzt) sind gleichermaßen unzweckmäßig.

Wer noch mehr Platz braucht ... und hat

Benötigt der Schaffende mehrere Arbeitsmöbel, so sollten diese in sich zweckmäßig und so angeordnet sein, daß die Arbeit ökonomisch verrichtet werden kann. Unnötige Wege müssen erspart bleiben. Wir geben — im Bild — einen Vorschlag und empfehlen den Lesern, sich eigene Varianten zu ersinnen, zumal wenn Computer und Zubehör integriert werden sollen.

Handgriffe rationalisieren

Die Rationalisierung der Handgriffe beginnt mit ihrer arbeitsgerechten Abwicklung. Der geistig Schaffende sollte sich deshalb einige Gedanken darüber machen, wie er sein Werkzeug und Zubehör ordnet, bereithält und wieder ablegt.

Ein kleines Beispiel: Die Gewohnheit, Schreibgerät mit der Spitze auf den eigenen Körper gerichtet (also nicht von sich weg) aus der Hand zu legen heißt, daß bei der Wiederaufnahme das Gerät sofort arbeitsgerecht in der Hand liegt und nicht erst nochmals gedreht werden muß.

Weiteres Beispiel: Griffösen einer Schere, die etwas über die Ablagefläche hinausragen, erleichtern das arbeitsgerechte Aufnehmen.

20

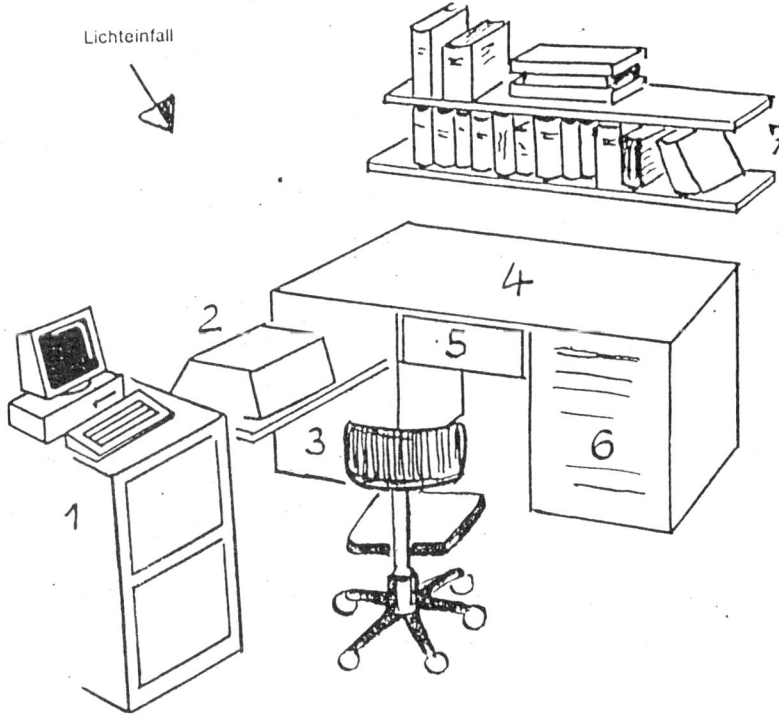

Lichteinfall

1. Schränkchen mit Hängeregistratur (Oberfläche =Computer)
2. Schreibmaschine
3. Schreibpapier
4. Arbeitsfläche (ggf. aufgeteilt wie auf Seite 18)
5. Schubfach (ggf. mit Rechenmaschine)
6. Schreibtischfach für Arbeitsmaterial und Werkzeug
7. Bord für wichtige Nachschlagewerke

Arbeitszeit und -leistung

Wetter und Klima (z.B. Föhn) beeinflussen ebenfalls die Arbeitsleistung. Leider gibt es weder Kälte- noch Hitzeabschlag bei Prüfungen,
selbst schlechtes Wetter verbessert nicht die Noten. Aber vielleicht
beobachten geistig Schaffende sich selbst auf Wetterfühligkeit hin und
gleichen dies bei negativen Einflüssen durch erhöhte Aufmerksamkeit

aus. Zu berücksichtigen sind Schwankungen der Leistung im Tagesverlauf. Morgens bedarf es gewisser Anlaufzeiten. Ein Leistungshoch liegt bei vielen zwischen 9 und 12 Uhr. Dann fällt die Leistungskurve stark ab. Am Nachmittag ist es ähnlich: Allmählicher Anstieg zu einem Hoch (niedriger als das des Vormittags), dann starker Abfall. Durch Selbstbeobachtung kann der Schaffende ermitteln, zu welchen Zeiten er anspruchsvollere Arbeiten zweckmäßig durchführt und zu welchen Zeiten es besser ist, Routinearbeiten zu erledigen. Berücksichtigen Sie unterschiedlich lange Eingewöhnungsphasen, Ermüdung, nachlassendes Interesse, Willensspannungen, Selbstmotivierung!

Bedenken Sie: Was wir nicht ändern können, damit müssen wir uns abfinden - was wir beeinflussen können, sollten wir zu optimieren versuchen!

2. Konzentration und Ordnung — Wesen der Sammlung

'Konzentration ist die einzige Klugheit!' sagt ein altes Wort. Arbeit, die gut gelingen soll, bedarf hoher Konzentration. Das deutsche Wort für Konzentration heißt Sammlung. Kräfte, die nicht für die Arbeit (ein)gesammelt wurden, fehlen eben bei der Arbeit. Wer das einsieht, darf sich nicht mehr mit 'Ich kann mich nicht konzentrieren!' herausreden.

Der Mensch ist für seine Sammlung selbst verantwortlich. Wer sich entschuldigt, schiebt die Gründe für Konzentrationsmangel auf die Außenwelt. Sie liegen aber meist im Menschen selbst.

Es gibt Störungen von außen - es gibt aber auch Schaffende, denen solche Störungen gar nicht bewußt werden. Starkes Interesse verhindert, daß Störungen über die Bewußtseinsschwelle treten. Überdies kann man sich gegen Störungen abhärten. Besteht die Chance, Störungen von vornherein zu verhindern (z.B. durch geschickte Nutzung der Gleitzeit - durch Arbeit in störungsfreien Zeiten) sollte sie genutzt werden. Konzentration läßt sich derart trainieren, daß sie bei Bedarf eingeschaltet werden kann. Das soll uns hier in der Hauptsache beschäftigen. Machen Sie sich klar, daß Konzentrationsfähigkeit eng mit der persönlichen Lebenseinstellung zusammenhängt. Wer sich näher mit Yoga oder mit autogenem Training befaßte, weiß das. Also: Es ist niemand gnadenlos der Zeit, den Umständen oder den Äußerlichkeiten ausgeliefert, wenn es um Konzentration geht.

Immer wieder zu fordern: das Interesse

Wer Spaß an seiner Tätigkeit hat, verspürt wenig Mühe. Aufgaben, die uns fesseln, lassen die Zeit wie im Fluge vergehen. Wer bei Spielen oder Hobby mit allen Gedanken bei der Sache ist, braucht sich um Konzentration nicht zu bemühen. Wer sich für seine Arbeit ähnlich begeistert, stellt damit nahezu automatisch die Konzentration ein. Die erste Forderung lautet deshalb:

'Immer am Konzentrationsgegenstand stärkstes Interesse nehmen!'

Der Einwand, daß die Arbeit selbst uninteressant sei, gilt nicht. Keine Tätigkeit ist an sich interessant oder uninteressant, es gibt nur Menschen, die Interesse zeigen und andere, die es nicht tun. Muß aber eine Arbeit getan werden - so geht sie bei Interesse leichter von der Hand und gelingt besser. Deshalb ist Konzentration Klugheit!
Für den Klugen gibt es kein Ding, keine Arbeit, dem/der sich nicht die interessante Seite abgewinnen läßt. Schauen Sie die Menschen an, die großartige Leistungen vollbringen, es sind zugleich die, die an ihrer Sache stark interessiert sind. Interesse stellt sich nicht immer von allein ein. Darin liegt ja die Schwierigkeit. Aber gerade dann macht man es sich bei nachfolgender Arbeit sehr schwer, wenn gesagt wird: 'Das interessiert mich eben nicht!' Solche Aussagen kennzeichnen den Denkfaulen. Durch intensives Bedenken, geistiges Betrachten dessen, was zunächst nicht interessiert, findet sich der Zugang zum Interesse. Malen Sie sich lebhaft den Nutzen aus, den Sie haben, wenn eine Arbeit gut geleistet ist. Er könnte schon in der Befriedigung bestehen, daß eben gut gearbeitet wurde. Auch Prestigedenken baut Interesse auf. Es ist nicht übertrieben zu behaupten, daß gelungene Arbeiten die Persönlichkeit stärken.

Konzentration und Beobachtung

Viele Konzentrationsübungen bestehen in sorgfältiger Beobachtung. Vornehmlich in solchen, die den Gesichtssinn betreffen. Folglich ist Konzentrationsschulung fast immer zugleich Beobachtungsschulung. Sorgfältiges Beobachten erfordert hohe Aufmerksamkeit. Aufmerksamkeit jedoch heißt: Alle Sinne und Gedanken in eine Richtung - und das ist wiederum Konzentration. Es gibt gewohnheitsmäßig gute Beobachtung. Der Jäger auf der Pirsch, der Autofahrer in der Stoßzeit, der Boxer im Ring sind Beispiele dafür. Auch Lektoren und Korrektoren haben mitunter die erstaunliche Fertigkeit, ständig genau zu beobachten. Wollen Sie konzentrierter arbeiten, dann erziehen Sie sich zu ähnlicher Fertigkeit! Das können sie z.T. dadurch erreichen, daß Sie im Alltag bewußter 'hinschauen' bedenken, was Sie sehen! Vergleichen Sie Neugesehenes mit anderem, das Sie schon kennen. Stellen Sie Ähnlichkeiten oder Abweichungen fest! Achten Sie auf Veränderungen! Die Frau, die Kleidungsdetails genau erkennt, vergleicht mit der Mode; der Kunstbetrachter vergleicht Pinselführung, Farbgebung, Raumverteilung an verschiedenen Bildern. Wir beziehen den Hauptteil unserer Informationen über das Auge. Deshalb ist Beobachtungsschulung vielfach förderlich. Die Konzentration hat etwas mit der Informationsverarbeitung im Gehirn zu tun. Mit der Konzentration schulen wir zugleich unser Gedächtnis.

Übung: Schauen Sie eine Warenpackung an. Versuchen Sie, sich diese mit geschlossenen Augen genau vorzustellen. Kontrollieren Sie dann die Richtigkeit Ihres Phantasiebildes am Original.

Was man alles sehen könnte ...

... wenn man nur genauer hinsähe. Diesen Aspekt will Ihnen die folgende Reihe von Beobachtungspunkten zeigen. Beginnen Sie mit wenigen Punkten der Reihe und an einfachen Beobachtungsgegenständen. Nehmen Sie zunächst Zusammenstellungen von Gegenständen (z.B. im Schaufenster) und zu einem späteren Zeitpunkt dann Ereignisse (z.B. im Straßenverkehr) in Ihre Übungen auf. Je mehr Beobachtungspunkte Sie nach und nach hinzunehmen, desto besser werden Konzentration und Gedächtnis.

Achten Sie auf:

- die Größe in geschätzten Abmessungen,
- die Farbe(n), deren Töne, Abstufungen, Nuancen,
- Licht und Schatten (Hell- und Dunkelunterschiede), Grautöne,
- die Formen (eckig, rund, regelmäßig, unregelmäßig),
- die Proportionen/Verhältnisse der Abmessungen,
- das Material und den Beschaffenheitszustand,
- die Oberfläche (rauh, glatt, wellig, uneben),
- die Anzahl der Bestandteile,
- die Anordnung der Dinge oder Einzelteile zueinander,
- die Art eventueller Bewegungen (Regelmaß, Tempo),
- die Funktion (soweit von außen erkennbar),
- die Gegensätze zu früheren Beobachtungen oder anderen Dingen,
- die Anordnung im Raum, in der Umgebung,
- den Ablauf eines Geschehens (im Sinne von Folgen),
- die erkennbare (oder sorgfältig bedachte) Ursache,
- die vermutlichen weiteren Folgen.

Mit dem letzten Punkt gingen wir von der tatsächlichen Beobachtung zur Vorstellung über. Je genauer die Beobachtungen, desto wahrscheinlicher kommen Sie zu den richtigen Folgerungen. Unterscheiden Sie immer zwischen sorgfältiger Beobachtung und Ihren Schlußfolgerungen.

Bei Handlungsabläufen wird die Reihe der Beobachtungspunkte erweitert:

- die Zeit, in der das Ganze abläuft,
- die Zeit, die einzelne Vorgänge brauchen,
- Beziehungen zu anderem Geschehen (z. B. Unfall/Verkehr),
- persönliche Einstellung zum Beobachteten,
- Verhaltensweise einzelner Beteiligter,
- Besonderheiten beteiligter Personen,
- Logik des Geschehens.

Derartig genaue Beobachtungen zahlen sich auch bei der Berichter-stattung aus. Das gilt auch für das Hören. Hierbei sollten Sie beachten:

- die Lautstärke (zu laut/laut/mittel/leise/zu leise),
- die Klangfarbe (hell/mittel/ dunkel),
- die Resonanz (z.B. dröhnend, schwingend),
- die Folge und Anzahl der Geräusche oder Klänge/ geschätzte Entfernung des Gehörten,
- das Klangtempo (schnelle Abläufe, langsame Folgen),
- die Zeitdauer (flüchtig, nachhallend),
- Harmonie oder Disharmonie von Klängen,
- Ursache(n) (soweit auszumachen),
- die Empfindung (angenehm, neutral, unangenehm, störend),
- die Klarheit der Höreindrücke (deutlich, verschwommen),
- die Tonhöhe,
- die Zusammenwirkung verschiedener Klänge und Geräusche/andere, nicht zur eigentlichen Beobachtung gehörende Höreinflüsse.

Versuchen Sie sich darin, ähnliche Reihen für das Tasten, Riechen und Schmecken zu bilden! Trainieren Sie eifrig alle Beobachtungsformen. Sie stärken damit Ihre Konzentrationsfähigkeit.

Analyse der Störungen

Das Bemühen um Interesse, Aufmerksamkeit und genaue Beobachtung läßt mancherlei Störungen unwirksam werden. Sie bemerken sie nicht. Was Sie aber stört, fällt Ihnen auch unangenehm auf. Sie ärgern sich und lenken damit die Konzentration auf die Störung. Versuchen Sie deshalb 'Ihre' Störungen zu analysieren (siehe untenstehendes Formular).

Art der Störung	vermeidbar		wie
	nein	ja	

Beispiel: Vom Chef gerufen	X		
Kollege kommt plaudern		X	auf später verweisen
Telefon/Kunde	X		
Baustellenlärm	X		hiermit abfinden bzw. sich dagegen abhärten
Über Baustellenlärm geärgert		X	sich Unsinnigkeit klarmachen
Auf Unterhaltung am Nebentisch geachtet		X	sich besser disziplinieren

Sie sehen, daß Ihnen etwas mehr abverlangt wird als bloßes Auflisten. Sie sollen sich zugleich Gedanken darüber machen, wie Störungen zu vermeiden sind (siehe Abb.) oder ihnen begegnet werden kann. Dann mindert sich sowohl ihre Anzahl als auch ihre negative Wirkung. Und vergessen Sie nicht: wenn gegen eine Störung nichts zu machen ist, muß man sich mit ihr abfinden. Also keinesfalls verstärkt die Gedanken auf sie richten - sich nicht ärgern!

Ein paar einfache Konzentrationsübungen

- Stellen Sie sich klare Fragen, worauf Sie sich konzentrieren möchten! Fragen Sie etwa: Wie fein, wie genau muß diese Arbeit sein? Schaffen Sie sich Klarheit über erlaubte Toleranzen! Fragen Sie auch: Warum muß das 'so' gemacht werden? Vielleicht erkennen Sie dann, daß es anders besser, erfolgsträchtiger ginge. Erinnern Sie sich bei Ihrer Fragearbeit an das alte System der W-Fragen: Wer? Was? Wie? Wo? Wann? Warum? Führen Sie die gerade vorliegende Arbeit so aus, als wollten Sie ein Meisterstück ablegen! Das richtet die Aufmerksamkeit darauf und stärkt das Interesse.
- Bedenken Sie jeden Handgriff genau - das ist Sorgfalt! Sorgfältiges Mitdenken bei Ihren Arbeiten ist wertvolle Konzentrationsübung.

- Versuchen Sie, was Sie auch tun, es jedesmal ein kleines bißchen besser zu machen als bei der letzten Arbeit gleicher Art!

  Damit treten Sie mit sich selbst in Wettbewerb.

- Wenn Störgedanken einzufallen drohen, dann verjagen Sie diese durch gezielte Fragen über die vorliegende Arbeit. Machen Sie sich dabei deutlich, *was* Sie tun und *warum* Sie es tun.

- Halten Sie ab und zu kurz inne und üben Sie Selbstkritik! Fragen Sie, wie etwas besser gemacht werden könnte!

- Messen Sie bei bestimmten Arbeiten (Schreiben einer Seite/Lösung einer kleinen Rechenaufgabe/Erlernen eines Dutzend Vokabelns) die benötigte Zeit!

  Versuchen Sie später, gleiche Aufgaben in etwas weniger Zeit zu lösen!

- Betrachten Sie Einzelheiten in der Fülle! Z.B. ein Blatt am Baum; ein Musterelement in der Tapete. Setzen Sie sich dabei entspannt hin! Versuchen Sie nur Ihr Beobachtungsobjekt scharf zu sehen! Solche Übungen finden sich übrigens auch im Yoga.

- Stellen Sie sich einen Gegenstand genau vor! Beispielsweise einen Bucheinband, ein Trinkgefäß, einen Schreibstift. Versuchen Sie dann, ihn in Ihrer Phantasie immer größer werden zu lassen, bis er sozusagen Ihr ganzes Phantasiebild ausfüllt! Dann lassen Sie ihn wieder schrumpfen, zurück bis zur normalen Größe!

- Auch die entgegengesetzte Übung, bei dem in der Vorstellung ein Abbild immer kleiner wird, ist konzentrationsfördernd.

- Lassen Sie von einem Helfer (für Sie uneinsehbar) kleine Gegenstände auf verschiedene Unterlagen fallen und versuchen Sie die Gegenstände an den dabei entstehenden Geräuschen zu erkennen!

- Bestimmen Sie in ähnlicher Weise (also ohne zunächst hinzusehen) Vogelstimmen, Motorgeräusche, Klänge von Musikinstrumenten!

- Lesen Sie Sätze oder kurze Texte einmal und versuchen Sie sie anschließend wörtlich wiederzugeben!

- Lesen Sie längere Texte (z.B. eine Seite von rund 300 Wörtern) und wiederholen Sie den Inhalt anschließend sinngemäß!

- Gut geschriebene Schönschrift zählt ebenfalls zu den anerkannten Konzentrationsübungen.
- Gleiches gilt für sorgfältiges Zeichnen nach der Natur.

Konzentrationshindernisse/Konzentrationsfördernisse

Alles, was vom jeweiligen Konzentrationsgegenstand ablenkt, stört auch die Konzentration. Ständig gestörte Konzentration mindert die Konzentrationsfähigkeit selbst. Deshalb ist die 'geniale Unordnung' ein Unfug. Der aufgeräumte Arbeitsplatz beziehungsweise die Ordnung von Werkzeugen, Materialien und Zubehör erleichtern es, Konzentration aufzubauen und zu halten. Blickfänge wie Dekors lenken ab, Sie sollten nicht im Sichtfeld der Arbeitsfläche angebracht sein. Während im optischen Raum durch bewußte Blickrichtung noch ausgeglichen werden kann, ist das im akustischen nicht möglich. Selbst die Hintergrundmusik kann stark ablenken, wenn sie das Interesse anzieht. Der 'Ohrwurm' oder Tagesschlager ziehen zu viel Aufmerksamkeit auf sich.

Erwiesenermaßen ist jene Ordnung konzentrationsfördernd, die jedem Ding seinen festen Platz zuweist. Werkzeuge, Material, Nachschlagewerke dürfen nicht lange gesucht werden, wenn man sie benötigt. Wie außen — so innen, sagten schon die Alten. Auch das, was wir eine innere Ordnung nennen möchten, wirkt positiv auf die Konzentration. Aufgeschlossene Geisteshaltung und Ordnung der Gedanken gehören eng zusammen. Ständiges Bemühen um geistige Zusammenhänge und Beziehungen von Gedanken untereinander fördert die Konzentration. Überdies ist eine gute körperliche Verfassung auch ein Konzentrationsfördernis.

Die geistige Haltung in Verbindung mit der Konzentration

Wichtiger als alles Üben ist die geistige Einstellung. Konzentrationsfähigkeit ist auch ein Zeichen menschlicher Reife. Werden Gedanken nicht gezügelt, springen sie unkontrolliert herum, ist das ein Zeichen der Unreife.

Anspruchsvollere Konzentrationsübungen tendieren zu Philosophien und Religionen. Konzentrationsmangel kann ein Zeichen seelischer Fehlhaltung sein, wenn er nicht sogar krankhaft bedingt ist. Minderwertigkeitskomplexe tragen dazu bei, daß Konzentrationsleistungen niedrig bleiben.

Strafen tragen wenig dazu bei, Konzentrationsfähigkeit zu erhöhen. Ständige Konzentrationsstörungen verlangen nach der Hilfe durch den Psychotherapeuten. Stellt dieser, oder ein Neurologe, keine angeborenen oder krankheitsbedingten Mängel fest, ist verstärkt nach negativen Umwelteinflüssen zu fragen. Mitunter drückt eine autoritäre Person in der Umgebung des Betroffenen dessen Konzentrationsleistungen herab.

Minderwertigkeitsgefühle blockieren Leistungen. Konzentration heißt unter anderem, daß Aufmerksamkeit eigenständig zu steuern ist. Solche Eigenständigkeit erwächst aus einem gesunden Selbstvertrauen. Befassen Sie sich näher mit der Lehre vom positiven Denken! Sie verlangt, daß negativen Gedanken kein Raum gegeben wird. Allein ein ständig wiederholter negativer Gedanke in der Art von 'Ich kann es nicht' verhindert die Konzentration. Er muß ersetzt werden durch: 'Ich werde es versuchen!'

Der einsichtige Mensch bemüht sich um Konzentration, um über sie zu besseren Arbeitsleistungen zu kommen und daraus Nutzen zu ziehen. Die Persönlichkeit erstrebt über die innere Sammlung ein Wachsen des Eigenwertgefühls.

Was bei der Konzentration in der geistigen Arbeit zu beachten ist

Wer konzentrationsfähig bleiben will, muß ein ausgewogenes Wissen erwerben und erhalten, d.h., er muß seine Spezialkenntnisse ständig dem neuesten Stand anpassen. Es geht nicht so sehr um Wissensquantität als vielmehr -qualität.

Alles Neuaufgenommene muß gut verstanden in den persönlichen Wissenshintergrund eingeordnet werden. Konzentration wird gesteigert durch geistige Ordnung, Systematik und Methodik, die in das

Denken gebracht werden. Bei Lernvorgängen muß durch sorgfältige Selektion von Wiederholung zu Wiederholung eine Konzentration des Lernstoffes erarbeitet werden, die ihrerseits auf die allgemeine Konzentrationsfähigkeit des Lernenden zurückwirkt. Besonders bei schulischem Lernen hat der Lernende von Anfang an darauf zu achten, welche Lernstoffe sich unmittelbar in der Praxis einsetzen lassen. In dem Maße, wie sich ein Konzentrationswilliger von inneren Anspannungen und seelischen Belastungen (z.B. familiärem Ärger) löst, wächst die Konzentrationsfähigkeit. Konzentration heißt, besonders bei geistiger Arbeit, daß ein Mindestmaß an innerer und äußerer Ruhe vorhanden ist. Der Mut, mit dem eine Aufgabe angegangen wird, steuert die Konzentration ebenso wie Selbstvertrauen. Konzentration ist ständiges Bemühen zu unterscheiden, und zwar zwischen dem, was wichtig ist und was nicht.

3. Ideenfindung - Ideensammlung - Vorordnung

Es ist ein Irrtum anzunehmen: Einfälle hat man oder nicht! Einfälle lassen sich herbeilocken, Ideen kann man entwickeln. Oft bedarf es nur eines geringen Denkanstoßes. Sogenannte Spontaneinfälle sind meist das Ende einer unbewußt vollzogenen Denkarbeit, für die es zuvor sehr bewußte Überlegungen gab. 'Einfallende' Gedanken sind das Ergebnis früherer Lernprozesse. Schon deshalb ist es wichtig, sich um ständige Weiterbildung zu bemühen und laufend Informationen zu sammeln. Bei vielen Verfahren der Ideenfindung (z.B. dem Brainstorming) kommt es vor allem darauf an, alles festzuhalten, was einem in den Sinn kommt. Das gilt auch für zunächst abwegig Erscheinendes, denn später zeigt sich nicht selten, daß es gar nicht so abwegig war. Brauchbare Ansätze schälen sich nach und nach heraus. Deshalb: Festhalten, was Ihnen einfällt! Späteres Aussondieren ist einfach – ein nicht festgehaltener Gedanke jedoch geht leicht verloren. Selbst namhafte Wissenschaftler erlebten es, daß sie ganze Gedankenreihen vergaßen und sich erst nach Jahren durch Zufall wieder daran erinnerten.

Parallel zum Festhalten von Ideen sollte eine erste Vorordnung durchgeführt werden. Sie wissen ja: Ordnung, Konzentration undGedächtnis gehen zusammen. Ohne Ordnung macht es viel Mühe, den Überblick zu behalten. Es ist beispielsweise nicht empfehlenswert, monatelang Ideenzettel einfach in einen Sammelbehälter zu werfen, in der Absicht, später Ordnung zu schaffen. Sehr gut bewährt hat sich hingegen, die während eines Tages gesammelten Einfälle in einer eigens dafür vorgesehenen Viertelstunde am Abend vorzuordnen (bei geringerer Zahl der Sammelstücke in einer Stunde am Ende der Arbeitswoche).

Die einfachste Methode

Ideen hält man am besten unmittelbar nach ihrem 'Einfall' fest. Das kann in Form von Listen oder Zetteln geschehen. Auf jeden Fall: Notieren Sie jeden Einfall sofort! Basiert er auf einer Beobachtung, fassen Sie diese ebenfalls mit einem Stichwort oder kurzem Satz zusammen. Zunächst nur sammeln = festhalten, noch nicht werten (nicht kritisieren). Sind schriftliche Notizen nicht möglich, so kann vielleicht ein Aufnahmegerät (akustisches Notizbuch) helfen, d.h. Sie sprechen Ihren Einfall ins Mikrofon. Geht auch das nicht, dann haben Sie noch die Möglichkeit, mit einem geistigen Raster zu arbeiten. (Darüber mehr in Kapitel 20). Von Vorteil ist es, wenn Sie feste Stunden für Ihre Kreativitätsarbeit ansetzen. Sprechen Sie dann gewissermaßen mit sich selbst über ein Problem und notieren Sie Ihre Einfälle. Dabei ist es hilfreich, sich gezielte Fragen zu stellen. Wer sich gedanklich intensiv mit einem Problem auseinandersetzt, erlebt es bald, wie ihm die Gedanken zufließen. Wesentlich ist es, mit geschärften Sinnen zu arbeiten. Das heißt: sorgfältiger hinzusehen, genauer hinzuhören. Wer aufmerksam beobachtet, wird mehr aufnehmen als andere. Es lohnt auch im Alltag, Augen und Ohren offenzuhalten. Sie werden es erleben, daß Ihnen dann überall Ideen begegnen. Plötzlich entdecken Sie Bücher und Schriften, die Sie bislang übersehen haben, und erfahren, daß manche sogenannte Alltäglichkeit zu einem Gedankenbaustein für die Lösung eines speziellen Problems wird.

Auf welchen Gebieten brauchen Sie neue Ideen?

Wir bejahen die Vielseitigkeit und warnen vor Zersplitterung. Sie brauchen Klarheit in Ihren Arbeiten und Aufgaben besonderer Art, die innerhalb Ihrer Vielseitigkeit den entsprechenden Platz einnehmen. Beispielsweise wurden für vorliegendes Buch Gedanken über Arbeitserleichterungen im geistigen Feld benötigt. Aufgelistet sieht das so aus:

	Hauptbezug
Leichter Lernen	Kap. 2/6/8/10/13/ 14/19/21
Methoden/Vorgehensweise	3/4/7/10/12/ 15/21/22
Informationsaufnahme	2/3/4/6/8/12 13/14/21
usw.	

Stellen Sie für Ihre Arbeiten ähnliche Listen zusammen. Schreiben Sie in die Rubrik 'Hauptbezug' das Gebiet oder die speziellen Gebiete, wofür Sie Ideen brauchen:

Beispiel einer solchen Liste für einen Verkaufsberater:	
	Hauptbezug
Anlage einer Kundenkartei	Adressensammlung mit Besonderheitshinweisen
Verkauf am Telefon	Zeitersparnis für Kunden und für mich
Rhetorik	Überzeugenderes Auftreten und Sprechen
Dialektik	Begegnung von Einwänden
Warenkunde	Beweise durch Fakten und Kenntnisse

Wenn Sie Ihre Ideen notieren, können Sie Farben als Ordnungshilfen heranziehen. Entweder Sie benutzen für die einzelnen Themen Zettel unterschiedlicher Farbe oder schreiben die Notizen mit verschiedenen Farbstiften.

Bei der Auswertung und Einordnung von Notizen sollten Sie diese um weitere Einfälle ergänzen (oder auch mehrere zusammenfassen, also doppelt Notiertes streichen).

Die Arbeit mit Ideenzettel

Führen Sie immer ein Päckchen loser Zettel oder einen kleinen Block mit sich. Wann immer Ihnen eine Idee kommt oder Sie eine wesentliche Beobachtung machen, halten Sie sie schriftlich fest. Grundsatz: Jeweils nur eine Idee auf einen Zettel! Nicht auf die Form oder gar auf Schönschrift kommt es an. Achten Sie jedoch streng darauf, daß nichts Wichtiges ohne Notiz bleibt. Notieren Sie den geringsten Einfall. Bestimmen Sie auch den 'Sammelplatz' - z.B. die rechte Jackentasche oder ein bestimmtes Fach in der Handtasche. Erfinden Sie Kurzzeichen für die unterschiedlichen Sammelgebiete oder deren Unterabteilungen - wenn Sie nicht auf die schon empfohlene Farbunterteilung zurückgreifen wollen. Auf unser letztes Listenbeispiel bezogen, so:

KK = Kundenkartei   D = Dialektik   Rh = Rhetorik
Te = Telefonverkauf   W = Warenkunde

KK

Hobby des Kunden vermerken

Te

ermitteln, welche Zeit günstig

D

Liste mit Suggestions- fragen

W

10 cm² Dichtungsbahn als Muster

Die Vorordnung der Ideenzettel

Zwei Wege sind praktikabel: Entweder die Zettel so groß wählen, daß neue Einfälle bei der Auswertung nachgetragen werden können. Dafür reicht meistens Postkartengröße. Oder Sie nehmen möglichst kleine Zettel (max. 1/4 Postkarte) und übertragen die Notizen später auf größere Blätter. Das empfiehlt sich besonders dann, wenn viele kleine Einfälle später auf einem Übersichtsblatt zusammengefaßt werden sollen.

Vorordnen und Auswerten gesammelter Ideen gehören zu den kreativen Arbeiten. Die Hauptarbeit liegt im Überdenken, Abwägen der Brauchbarkeit, Ergänzen und Erweitern früherer Ideen. Jetzt wird auch ausgesondert, was nicht brauchbar ist. Wo noch Unklarheit herrscht, kommen die Zettel wieder in den Sammelbehälter zurück und werden später nochmals begutachtet. Vielleicht geben Sie solche Notizzettel auch in einen Sonderbehälter 'Noch ungeklärt'. Freuen Sie sich, wenn in einem Teilgebiet die Ideen offensichtlich reichlicher fließen - richten Sie aber Ihr besonderes Augenmerk auf jene Abteilung, wo noch Gedankenmangel herrscht. An dieser Stelle setzen Sie die Kreativitätstechniken ein.

Ideenfindung, eine Aufgabe

Immer mehr Leute müssen mehr denken als handwerken. Aber auch 'echtes Handwerk' ist ohne Mitdenken undenkbar. Ideenfindung bleibt nicht nur einer kleinen Elite vorbehalten, sondern sie ist Pflicht für jeden.

- Versuchen Sie eigene Wege zu finden und fragen Sie sich immer wieder, ob etwas nicht noch besser ginge als bisher!
- Bleiben Sie dem Neuen gegenüber aufgeschlossen. Nur weil etwas immer 'so' gemacht wurde, ist es noch lange nicht die beste Lösung.
- Bauen Sie eine positive Unzufriedenheit auf, die sich ständig darum bemüht, Bestehendes zu verbessern!
- Gehen Sie dann beharrlich den Weg, den Sie für richtig befinden!
- Entwickeln Sie ein starkes Interesse - sowohl an Ihrem engeren Umfeld als auch an den Ereignissen in der Welt!

- Wehren Sie sich heftig gegen jede Art von Vorurteil!
- Hüten Sie sich vor Verallgemeinerungen, jeder Fall hat seine besonderen Seiten!
- Seien Sie ständig bemüht, Ihr Selbstbewußtsein zu steigern!
- Lernen Sie unentwegt weiter - sammeln Sie neue Informationen!
- Halten Sie positive Neugier wach, doch mischen Sie sich niemals in die Aufgaben anderer ein!
- Versuchen Sie bei Meinungsverschiedenheiten objektiv abzuwägen, wo Recht und Wahrheit liegen - vielleicht gibt es sogar noch andere Meinungen als bisher diskutiert wurden. Zerlegen Sie Vorgänge und ihre Abläufe gedanklich in Einzelphasen!
- Erledigen Sie immer nur eine Sache zu einer Zeit! Die jeweilige Aufgabe erfordert Ihre volle Aufmerksamkeit!

Checkliste zur Selbstüberprüfung

Überprüfen Sie, ob Sie schon ausreichend kreative Anlagen besitzen. Wenn nicht, dann entwickeln Sie solche:
- Freude am Schaffen, besonders der Spaß an der vorliegenden Arbeit.
- Mut, an schwierige Probleme heranzugehen.
- Fähigkeit, schnell und in kurzer Zeit Assoziationen zu bilden.
- Allgemeine Liebe zur Ordnung, verbunden mit dem Bemühen, neue Ordnungen zu schaffen.
- Aufgeschlossenheit gegenüber unorthodoxen Gedanken.
- Humor und Phantasie.
- Offene Sinneshaltung gegenüber Emotionen.
- Vertrauen in die Mitwirkung des Unterbewußten bei Schaffensprozessen.
- Laufendes Fragen nach Ursachen, Abläufen und Folgen von Geschehnissen.
- Die Fähigkeit, sich zu konzentrieren (auch bei ungünstigen Verhältnissen).
- Die allgemeine Lernbereitschaft.
- Begeisterung und Einsatzfreude bei der jeweiligen Aufgabe.

- Eine positive innere Unruhe, jene leichte Spannung, die einen vorwärts treibt.
- Frisches Auftreten (besonders bei "Obrigkeitsfurcht" von Vorteil).
- Die Fähigkeit zum Spielen.
- Abhärtung (bis zur Gleichgültigkeit) gegenüber Spöttern.
- Unabhängigkeit von Belohnungen für konventionelles Verhalten.
- Bereitschaft, geschlechtsunspezifische Rollen zu übernehmen (Mädchen erlernt Bauhandwerk, Junge macht Handarbeiten wie z.B. Häkeln).

Je mehr Sie diese Anlagen pflegen, desto wahrscheinlicher fließen Ihnen neue Ideen zu.

Ideensammlung mit dem Diktiergerät

Seit der Einführung der handlichen Diktiergeräte bürgerte sich mehr und mehr ein Gedanken in gesprochener Form festzuhalten. Das erfordert oft sorgfältige Nacharbeit, denn von den gesprochenen Notizen wird ja wieder abgeschrieben. Danach geht die Arbeit wie bei jedem anderen Lesen weiter.

Müssen Sie selbst etwas abhören oder -schreiben, denken Sie daran, daß das Abhören mindest ebenso lange dauert wie das Sprechen. Also planen Sie einerseits diese Zeit mit ein, beschränken Sie aber andererseits Ihre mündlichen Notizen auf das wirklich Wesentliche.

Erziehen Sie sich dazu, Gedanken zu kurzen Formulierungen zusammenzuziehen. Wenn zu verschiedenen Gebieten nicht klar nacheinander gesprochen wurde, muß der gesprochenen Notiz ein Kennwort oder -satz vorangeschickt werden. Notieren Sie Kennwörter und Zahlen des Bandlaufwerkes, damit die gesuchte Textstelle schnell auf dem Tonband wiederzufinden ist. Für diese Vermerke eignen sich besonders gut Karteikarten in Größe des Bandgerätes, die Sie dann mit dem Gerät zusammen in die Tasche stecken können.

Ein Beispiel für eben beschriebene Karteikarte finden Sie auf der folgenden Seite.

	Band A			Kennzeichnung Kassette
Post	000/060	100/140	210/280	
Projekt Y	160/210	340/370		
neue Ideen	280/340			Zahlen des Bandzählwerkes immer aufgerundet
Bonmot-Kartei	060/100			
Bestellung	140/160			

Ideensammlung in Ordnungsformen

Wenn Sie aus Lehrbüchern oder gut gegliederten Fachbüchern exzerpieren, so ist Ihnen die Ordnung vorgegeben. Gleiches gilt, wenn ein Projekt in seinen Abläufen weitgehend bekannt ist. Fehlt eine derartige Ordnung, müssen Sie sich selbst eine schaffen.

Dazu wird Gleichartiges zusammengefaßt und eine Gliederung, sprich 'Ordnung' erarbeitet. Das anschließende Sammeln von weiteren Ideen wird durch diese Gedankenordnung leichter.

Eine erste Hilfe, die auch für die Vorbereitung von Reden oder schriftlichen Aufsätzen brauchbar ist, ist die Ordnung nach

- Vergangenheit (Was geschah früher bzw. bis zum jetzigen Zeitpunkt?)
- Gegenwart (Wie ist es zur Zeit?)
- Zukunft (Wie soll es künftig – vielleicht anders – sein?)

Ähnlich bewährt ist die alte Schulgliederungsform:

- Einleitung (Einführung in das Thema)
- Hauptteil (Abwägen aller Gründe und Beweise – Darstellung von Ursachen, Wirkung und Folgen – Beweisführung)

- Schluß   (Endgültige Folgerungen und Einwirkung auf Hörer oder Leser, sich der dargestellten Meinung anzuschließen)

Dispositionstechnik für das Sprechen

Eine anspruchsvollere Gliederungsform:

1. Anrede
Ansprache an die Hörerschaft, gegebenenfalls mit Namen und Titeln. Je nach Hörerkreis können auch besondere Merkmale (z.B. beruflicher Art) einzelner Anwesender herausgestellt werden.

2. Begrüßung
Kann mitunter wegbleiben, könnte in anderen Fällen aber wieder wichtig sein. Erwägen Sie, ob es nötig ist, zu diesem Punkt besonderes Material zu sammeln.

3. Behauptungen
Das ist die Einleitung zum eigentlichen Thema mit einer zunächst groben Darlegung der eigenen Meinung.
Wichtig: Bildung eines sogenannten Leitsatzes, der die Absicht des Redners klar umreißt, aber nicht den Hörern genannt zu werden braucht. Der Leitsatz kann erst formuliert werden, wenn das Thema gut durchdacht wurde, doch ist es nicht nötig, daß irgendein Teil des späteren Redewortlautes schon festliegt. Auch die Redegründe gehören hierher, also eine Aussage darüber, warum jetzt, hier und in dieser Form etwas gesagt wird.

4. Beweise
Untermauerung der eigenen Ausführungen, unterteilt in: eigene Beweise (persönliche Vergleiche mit Geschehnissen anderer Art oder am anderen Ort) und Zeugen (Aussagen namhafter Persönlichkeiten, deren Zitate sowie Gutachten, Grundsatzurteile, Maximen, Regeln). Hierher gehören auch Beispiele, die gleiches Geschehen zu anderen Gelegenheiten beinhalten (im Gegensatz zu Vergleichen, die ähnliches, aber doch anders geartetes Geschehen betrachten).
Zu den Beweisen zählen auch widerlegte Gegner bzw. andere Anschauungen, die sofort widerlegt werden.

5. *Folgerungen*

   Schlüsse aus den vorangegangenen Ausführungen. Hier können Ideen erst dann erscheinen, wenn zu den Punkten 3 und 4 ausreichend Material gesammelt wurde.

6. *Entscheidungen*

   In einer Rede stehen an dieser Stelle Aufforderungen an die Hörer. Bei der Ideensammlung geht es vornehmlich um wirksame Formulierungen, die es zu entwickeln gilt. (Kann mit Punkt 7 zusammengefaßt werden.)

7. *Suggestion*

   Kurze, suggestive Wiederholungen der wichtigsten Aussagen aus früheren Abschnitten. Erwägen Sie bei der Ideensammlung, ob für manche Einfälle nicht zwei gleichlautende Zettel angelegt werden sollen, von denen einer in die entsprechende Abteilung, der andere zu Punkt 7 kommt.

Dispositionstechnik für das Schreiben

Ob Aktennotiz, Eintragungen in Karteien oder ein kleinerer Aufsatz, anspruchsvoller Beitrag für eine Fachzeitschrift oder gar umfangreiches Buch:

Für alle ist die folgende Teilung gültig. Welche der einzelnen Punkte in der Praxis wegfallen, ist von Fall zu Fall zu entscheiden. Zu schriftlichen Arbeiten gehört die Entscheidung, wie anspruchsvoll die Gliederung sein muß und was sich daraus für die Ideensammlung ergibt.

In folgenden Gruppen sind zunächst die Einfälle zu sammeln:

Der Grundgedanke

beinhaltet die eigentliche Idee zum Thema. Daraus ergeben sich Titel und Untertitel. Nehmen Sie auch hier in der Sammelphase mehr auf, als später verbleibt. In der Ausarbeitungsphase wird das hier gesammelte Gedankengut sortiert bzw. in andere Rubriken überführt.

Das Vorwort

ist nur bei umfangreichen Arbeiten nötig und entspricht — grob gesehen — dem Punkt 'Behauptungen' in der Redeposition.

Das Inhaltsverzeichnis

ist manchmal auch bei kurzen Arbeiten erforderlich und ist die systematische Ordnung dessen, was vom Punkt 'Grundgedanke' beibehalten wird. Das tatsächlich ausformulierte und dem Text voranzustellende Inhaltsverzeichnis entsteht am Schluß.

Die Einleitung

Hier werden Grund, Art und Intention des Textes genannt. Auch Arbeitsanweisungen oder -voraussetzungen (alles, was der Leser beachten soll) gehören hierher. Bei der Sammlung des Ideengutes klärt der Schreiber, wie er das Thema behandeln will.

Der eigentliche Text

Fachgebiet oder Aufgabe geben Bearbeitung und Unterteilung bereits vor. Der Anfänger unter den Schreibern kann sich mit einer der früher erwähnten, einfacheren Dispositionen behelfen. Fortgeschrittene, die noch keine eigene Gliederungsform fanden, sollten überprüfen, ob unsere 'Dispositionstechnik für das Reden' übernommen werden kann. Sehen Sie sich Arbeiten von Fachleuten des Gebietes auf die Gliederung hin an, um daraus zu lernen.

Schlußbemerkung

Hier werden gesammelt: Gedanken zum Nachwort, zur Zusammenfassung, eventuell zu einem bestimmten Aufgabenteil, zu Quellenhinweisen, zu den Quellen selbst, außerdem Notizen zu Glossarien und Registern sowie Hinweise an den Leser, wie er weiterarbeiten muß

Mit wachsender Erfahrung findet der Schreiber zu einer ihm gemäßen Gliederungsform. Ebenso kommen in einer mit Interesse durchgeführten Arbeit die Ideen zum Thema fast wie von selbst. Die Empfehlung, jeden Einfall sofort auf einem Zettel festzuhalten, sei nochmals betont.

Bei dieser Arbeitsweise läßt sich leicht umstellen, aussondern oder neu ordnen. Für das Schreiben gilt wie für das Reden: Zettel auf großer Pinnwand ordnen und so lange umgruppieren, bis die beste Gliederung gefunden ist. Sieht der Schaffende auf diese Weise seine Gedanken 'geordnet' vor sich, so hat er im wahrsten Sinne des Wortes den Überblick. Dann ist es leichter, den Text zu formulieren.

Gedankliche Gliederung

Die einfachste Gliederung ist die zeitliche. Ob von Mehrjahres-, Jahres-, Monats-, Dekaden-, Wochen- oder Tagesgliederungen auszugehen ist, entscheiden Sie bzw. Ihr Thema. Feinheiten sind zu bedenken (z.B. kann bei einer Wocheneinteilung entweder die Kalenderwoche mit 7, die Werkswoche mit 6 oder die Arbeitswoche mit 5 Tagen eine Rolle spielen). Die Tageseinteilung erfolgt fast immer nach der Uhrzeit. Doch kann es auch hier Besonderheiten geben, wenn (etwa bei der Gleitzeit) von der ersten, zweiten, dritten Arbeitsstunde gesprochen wird. Welche Wahl Sie auch treffen, die ablaufende Zeit legt die Teilung fest. Kennzeichen der chronologischen Gliederung sind die laufenden Nummern, d.h. wenn beispielsweise am 15. eines Monats begonnen wird, so erhält dieser die Nummer 1.

Kennzeichen der kausalen Gliederung

ist ein optisches Verdeutlichen von Ursache(n) und Wirkung(en).

U - - - → W = Eine Ursache führt zu einer Wirkung

U ⟍
U ⟍⟶ W = Zwei Ursachen/eine Folge (Wirkung)

U ⟶ W
⟍⟶ W = Eine Ursache/zwei Auswirkungen

Hierzu lassen sich viele Varianten denken, in vorhandenen Gliederungen aufspüren oder vorab als Arbeitsschema festlegen. Kompliziert wird es, wenn Ursachen und Folgen unterschiedlich zu werten sind.

Beispicl:

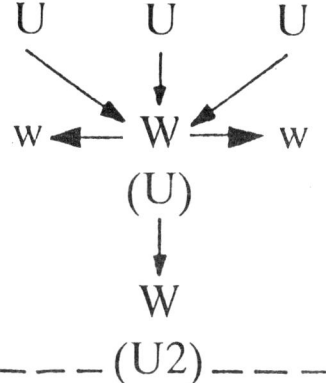

Drei gleichwertige Ursachen führen zu einer Hauptwirkung, aus der sich einerseits zwei Nebenwirkungen ergeben und der andererseits eine weitere Hauptwirkung folgt, die auch zu einer neuen Ursache (U2) werden kann. Folgender kleiner Bericht ist nach diesem Schema aufgebaut:

Schlechte Wetterverhältnisse (U), Übermüdung (U) eines Fahrers und rücksichtlose Fahrweise eines zweiten (U), führen zu einem Verkehrsunfall/W(U). Draus ergaben sich Verkehrsbehinderungen (w) und Materialschäden (w)(Wirkungen, für die wiederum der Unfall (sclbst Wirkung) zur neuen Ursache wurde. Als weitere Folgerung (W) sind Verletzungen des Fahrers anzusehen (W/U2). Auch diese könnten nun als Ursache(n) weiteren Geschehens betrachtet werden (Krankenhaus/Operation ...). Das Schema sieht dann so aus:

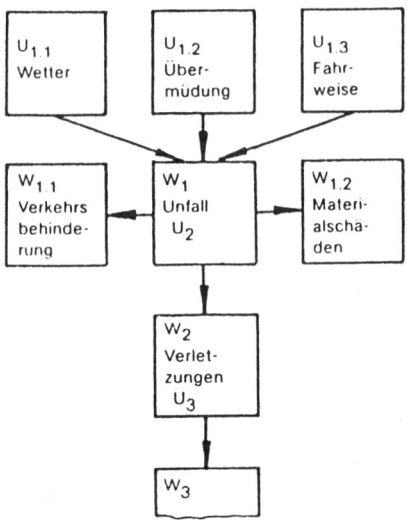

Für eine genaue Schilderung des Geschehens steht unser Kästchen-
schema symbolisch für die einzelnen Sammelpunkte. Unter U1.1
käme eine Art Wetterbericht, die Wetterlage, der Straßenzustand.
Unter U1.2 die Ermüdungsursachen, beispielsweise die Arbeit des
Betroffenen, Zustände am Arbeitsplatz usw.

Wenn eine Gliederung vorgegeben ist, wird das Sammeln von
Einzelheiten leichter. Selbstverständlich könnte unser Schema auch
anders geordnet werden. Beispielsweise, daß die Übermüdung und
das Wetter als untergeordnet angesehen werden und der Berichterstat-
ter die Rücksichtslosigkeit und deren psychologische Hintergründe
herausarbeitet.

4. Kreativitätstechniken

Kreativität, welch anspruchsvolles Wort! Im Grunde genommen ist
jedoch alles, was Menschen gestalten, lediglich eine neue Ordnung
bekannter Elemente. Betrachten Sie deshalb Kreativität als Neuord-

nung und bessere Nutzung des Gegebenen. Damit werden Sie auch die Angst vor diesem Begriff verlieren.

Den, der keine eigenen Gedanken hat, nennen wir phantasielos. Andererseits ist schnell als Phantast verschrieen, wer ständig unrealisierbare Ideen vorträgt. Der Unterschied zwischen Phantasten und Phantasievollen liegt darin, daß letzter realisierbare Gedanken hat. Er sieht in Gedanken voraus, was sich später in der Praxis verwirklicht. Phantasten dagegen haben zwar Wünsche, sehen aber nur selten klare Wege und Ziele dorthin. Mitunter tragen sie vernünftig scheinende Gedanken vor, die zwar hier und da im Detail realistisch sind, aber nie zum Ziel führen.

Phantasie braucht jeder geistig Schaffende. Ohne die Vorstellung, wie ein Gerät funktionieren, eine Maschine arbeiten soll, gäbe es keine Konstrukteure, Architekten, Designer, Werbefachleute, Organisatoren usw. Mut gehört zur Phantasie, um vom Herkömmlichen abzuweichen. Jedem Menschen wurde Phantasie mit auf den Lebensweg gegeben. Leider lassen viele diese Gabe verkümmern.

Denkspiele

Schnellen Zugang zu kreativem Denken, und damit zu Problemlösungen in der Praxis, finden viele Menschen über Denkspiele. Wir haben Ihnen hier einige herausgesucht und empfehlen sie vor allem Anfängern und all jenen, die es verlernten, ihre Phantasie hin und wieder spielen zu lassen.

Die andere Verwendung

Von einem Teller pflegt man zu essen, das ist sozusagen sein „Hauptberuf". Man kann den Teller auch als Obstschale benutzen, unter einen tropfenden Wasserhahn stellen, zum Aschenbecher erklären, als Boden für ein Ikebana-Gesteck verwenden wie als Wurfgeschoß, Geldsammelbehälter, Backform oder Scherbenmaterial für den Polterabend. Er kann als Wandschmuck oder als Vogeltränke dienen.

Es läßt sich mit ihm jonglieren, oder er wird für ein Juxfoto als Kopfbe-
deckung entfremdet. Wenn Sie wollen, so besteht seine Funktion
lediglich darin, einen Fleck auf der Tischdecke zu vertuschen. Sie
können ihn als Spielgerät hin- und herrollen, als Geräuschinstrument
anschlagen, als Topfdeckel oder Abfallbehälter einsetzen. Er kann als
Füßchen den Diaprojektor erhöhen, als Schattenschirm vor die blen-
dende Lampe gehalten werden. Beim Kreisschlagen dient er als
Zirkelersatz, im Zeichenunterricht ist er Modell. Schließlich wird er
zum Zornableiter, wenn Sie ihn im Streit zerschlagen.

Unser Spiel: 10 Minuten lang wenigstens 20 verschiedene Verwen-
dungszwecke für einen bekannten Gegenstand aufschreiben. Es
müssen wirklich verschiedene Möglichkeiten sein. Vom Teller Suppe,
Pudding, Braten ... essen gilt nicht! Es dürfen auch ein paar verrückte
Möglichkeiten dabei sein (Teller/komisches Foto). Mitunter ergeben
sich gerade aus dem Abwegigen neue, brauchbare Einsatzmöglichkeiten.

Beispiele für Gegenstände: Buch, Bleistift, Geldbörse, Schultasche,
Stuhl, Feuerzeug, Sofakissen, Kamm ...

Ein paar kleine Tips: Beachten Sie Größe und Abmessungen,
Material, Form, Farbe, zu erzeugende Geräusche u.s.w.

Stellen Sie sich alle Einsatzmöglichkeiten bildlich vor, denn darin
liegt der Hauptteil der Übung.

Gemeinsame Eigenschaften

Ein Teller ist im allgemeinen weiß und rund. Vergessen wir jetzt, daß es
auch eckige, ovale, farbige und gemusterte Teller gibt. Ebenfalls weiß
und rund ist (oder könnte doch sein): ein Tennisball, ein Pingpong-
Ball, eine Glühbirne, ein Kinderluftballon, ein Mehlkloß, ein Koch-
topf, eine Papiermanschette, ein Weichkäse, ein Bierdeckel, eine
Bonbonniere, ein Aufkleber, eine Plakette, die grelle Sonne, der
Mond, ein Zuckerkringel, eine Zirkusmanege, eine fliegende Unter-
tasse (UFO), ein Knopf, eine Zielscheibe, eine Oblate, eine Toiletten-
rolle, ein Eimer, ein Augapfel, ein Bullauge, eine Murmel, ein Ziffer-
blatt ...

Das Spiel: Suchen Sie - wieder in begrenzter Zeit - möglichst viele Gegenstände oder Dinge, die gleichgeartet sind.

Gehen Sie aus von den Paaren:

rot und eßbar/hart und eckig/
lang und dick/lang und hohl/
weich und klein/schwer und klein

Etwas anspruchsvoller wird die Aufgabe, wenn drei Eigenschaften zu bedenken sind (z.B. weiß/rund/hohl). Um sich auf dieses Spiel vorzubereiten, schreiben Sie zwei oder drei Listen mit jeweils 12 verschiedenen Eigenschaftswörtern.

Dann würfeln Sie mit einem oder zwei Würfeln aus jeder der Liste ein Wort heraus. Zwölf Wörter ergeben bei zwei Listen schon 144, bei drei Listen 1728 Kombinationsmöglichkeiten.

Geschichten erfinden

Auch hier arbeiten Sie am besten mit Hilfslisten, die Umgebung, Zeit und Umstände aufführen. Etwa in der Art:

Person 1	Person 2	Ereignis	Ort	Umstand	Umstand
Angestellter	Verkäuferin	Heirat	Berlin	Winter	Nachkrieg
Bardame	Boxer	Mord	Berge	Zufall	Glück
Arzt	Diva	Bootfahrt	See	Rokoko	Alkohol

Ergänzen Sie jede Seite auf zwölf oder mehr Begriffe und ermitteln Sie wieder mit Würfeln aus jeder Reihe ein Wort (die 1 kann in Reserve bleiben, wenn bei neuem Spiel zufällig dieselben Wörter gewürfelt werden). Schreiben Sie dann eine kleine Geschichte eine Seite lang, in der alle Wörter vorkommen.

Wörter bilden

Aus den Buchstaben eines Wortes möglichst viele andere Wörter bilden.
Beispiel: Gedankenarbeit (12 Buchstaben)
Hieraus lassen sich bilden: Namen wie Anke, Anne, Bern, Gera, Kaden u.a. Wörter wie Anker, Barke, Dekan, Gnade, Rabe u.a.
Versuchen Sie es mal mit: Schmalzgebackenes/Haremsdame / Wirtschaftswunder.

Mangelware

Wählen Sie einen Gegenstand aus einem bestimmten Material, z.B. Bilderrahmen / Holz. Stellen Sie sich vor, es gäbe weder Holz noch die heute alles ersetzenden Kunststoffe. Aus welchem anderen Material könnte ein Bilderrahmen sein? Beispielsweise aus festem Papier / Pappe. Stellen Sie sich weitere Bedingungen vor, z.B. große Festigkeit. Dann ginge Pappe nicht mehr, aber vielleicht Leder. Suchen Sie möglichst viele 'Ersatzmaterialien'!

Katalogspiel

Aus einem Versandhauskatalog werden willkürlich zwei Seiten aufgeschlagen und von diesen je ein Gegenstand gewählt. Die gewählten Gegenstände sind gedanklich zu verbinden, d.h. es ist aus ihnen ein Drittes, Neues, zu schaffen. Wurden etwa 'Spielzeugauto' und 'Konfekt' gefunden, so könnte die Lösung lauten: Eine Konfektschachtel in Form eines Spielzeugautos.

Überschriften/Unterschriften

Versuchen Sie zu Zeitschriftenartikeln neue, möglichst treffende Überschriften zu erfinden. Versuchen Sie ähnliches mit Bildunterschriften.

Zeichnen

Zeichnen heißt sehen - mehr sehen! Zeichnen schult die Vorstellungs-kraft. Lernen Sie deshalb zeichnen! Zeichnungen zu einem Thema zwingen Sie selbst zu klarem Denken und verhelfen in Vorträgen und Berichten dazu, daß andere Sie besser verstehen. Auch das Erfinden von Zeichensymbolen ermöglicht ihnen für Ihre Arbeit hohen Zeitge-winn, wenn Sie z.B. für bestimmte Anweisungen (auszuführende Tätigkeiten) wie das Ablichten, das Exzerpieren oder die Ablage solche Symbole zeichnen. Sie ersparen sich damit, viel zu schreiben und zu sprechen.

Brainstorming

Brainstorming ist eine vielfach praktizierte Form der Gedanken-sammlung für Problemlösungen. In Sitzungen ohne Brainstorming hält mancher seine Ideen zurück. Vielleicht fürchtet er, sich zu blamie-ren, vielleicht lassen Vorgesetzte andere Meinungen nicht aufkom-men. Brainstorming hat eine wichtige Grundregel: Kritik ist zunächst streng verboten. Sie kommt erst später bei der Auswertung. So etwa sieht eine Brainstorming-Sitzung aus: Ein Thema (Problem) wird genau beschrieben, am besten in großen Lettern auf Tafeln, Pinn- oder Projektionswand. Dann hat es jeder Sitzungsteilnehmer deutlich vor Augen. In vorab festgelegter Zeit (etwa 20 − 30 Minuten) äußern sich sechs bis zwölf Sitzungsteilnehmer (mehr sollten es auf keinen Fall sein) zum Problem und machen ihre Vorschläge. Diese Vorschläge = Teilnehmergedanken werden stichwortartig (wie erwähnt kritiklos) ebenfalls festgehalten, und zwar so viel wie möglich. Eingebrachte Ideen dürfen sofort ergänzt oder variiert werden. Jeder Einfall ist will-kommen. Wichtig ist, daß die Atmosphäre gelockert bleibt und niemand die Ideen eines anderen abzuqualifizieren sucht. Später, viel-leicht erst am nächsten Tag, sollte eine andere Gruppe, die in der Zusammensetzung der ersten ähnlich ist, die Auswertung vornehmen. Dabei ist jede Annäherung an die Problemlösung zu begrüßen. Es wäre schon ein Gewinn, wenn zunächst nur eine Teillösung gefunden würde.

Vor Beginn der Sitzung ist ein Leiter zu bestimmen, der den Teilnehmern das Thema so frühzeitig nennt, daß sie schon einige Gedanken in die Sitzung mitbringen können. Der Leiter hat zugleich die Aufgabe, blockierende Formulierungen (sogenannte "Killerphasen") abzuschwächen und dafür zu sorgen, daß jeder Sitzungsteilnehmer seine Einfälle vortragen kann.

Solo-Brainstorming

Aus der großen Zahl der Varianten des Brainstorming sei zunächst die Alleinarbeit erwähnt. Die Prinzipien sind die gleichen: Anfangs kritiklos soviel aufschreiben, wie Ihnen einfällt. Bereiten Sie sich durch Lesen von Fachaufsätzen, Büchern zum Thema und Gesprächen mit anderen vor. Notieren Sie dann in 20 - 30 Minuten alles, was Ihnen in den Sinn kommt, selbst wenn es völlig abwegig erscheint. Die Auswertung erfolgt auch hier erst zu späterer Zeit.

Methode 66

Hierbei handelt es sich um eine weitere Brainstorming-Variante, die auch Buzz-Session genannt wird. Größere Interessenkreise (z.B. auf Tagungen) werden in Gruppen zu je 6 Personen aufgeteilt. Jede Gruppe führt 6 Minuten lang ein Brainstorming zum vorgegebenen Thema durch. (Anzahl und Zeit sind dabei beliebig.) Nach der Kleingruppenarbeit werden die Ergebnisse von einem Gruppensprecher im Plenum vorgestellt.

Stop and go

Nach einer Sammelphase (den ersten 15 oder 20 Minuten Brainstorming) wird von der Gruppe selbst sofort eine Bewertung des bis dahin Gesammelten vorgenommen. Nach dieser Zwischenbewertung folgt eine weitere Sammelphase (kritiklos) usw., bis man zur Problemlösung vorstößt.

Brainwriting

Die Ideen und Lösungsansätze werden nicht mündlich vorgetragen, sondern aufgeschrieben. Entsprechend gehört das Solo- Brainstorming hier dazu. Schier unübersichtlich sind die Checklisten-Verfahren, mit denen man schneller an die Lösung zu gelangen versucht. Das wohl bekannteste System ist die Fragenreihe der W-Wörter:

Wer - Was - Wo - Wann - Warum - Weshalb - Wozu?

Fragenreihen bringen u.U. schon Lösungsansätze ins Bewußtsein.

Bionik

In dieser auch Biotechnik genannten Methode wird versucht, Strukturen und Systeme aus der Natur zu Problemlösungen heranzuziehen. Beispielsweise gibt es Ähnlichkeiten zwischen dem Orientierungssystem der Fledermäuse und der Radartechnik. Röhrenknochen und Halme zeigen, daß Hohlkörper unter bestimmten Umständen höhere Festigkeit haben als massive. Bionik basiert auf sorgfältiger Naturbeobachtung. Die Frage lautet: 'Gibt es in der Natur ein ähnliches Problem, und wie ist es gelöst?' (Beispielsweise beobachteten die Luftfahrtpioniere sorgfältig den Vogelflug.)

Methode 635

6 Teilnehmer einer Arbeitsgruppe analysieren zunächst ein Problem. Dann hat jeder auf einem vorbereiteten Formular 3 Lösungsvorschläge zu machen. Dafür stehen ihm 5 Minuten zur Verfügung (6 Teilnehmer, 3 Lösungen, 5 Minuten = 635). Das beschriebene Formular wird an den jeweiligen Gruppennachbarn weitergegeben, der 3 weitere Lösungsvorschläge notiert. Er kann dabei auf die Notizen seines Vorgängers eingehen oder etwas ganz Neues bringen. Auch für diese Arbeit hat jeder 5 Minuten Zeit. Dann gehen die Blätter wieder weiter. Die Sitzung ist beendet, wenn jeder Teilnehmer jedes Blatt in der Hand und mit seinen Notizen versehen hat. Auf jedem Formular stehen dann 6 x 3 Ideen, insgesamt wurden 108 Ideen gesammelt.

Die Teilnehmerzahl ist auch hier nur Richtlinie. Es könnten also auch 5 oder 7 Teilnehmer sein.

Die Vorteile: Niemand braucht sich unmittelbar vor der Gruppe zu exponieren; das Verfahren kann auch brieflich durchgeführt werden; Formulierungen sind sorgfältiger zu planen als bei spontanem Zuruf; es werden ganze Entwicklungsreihen sichtbar.

Die Nachteile: Weniger Spontaneität, weniger Originalität.

Kartenbefragung

Sie wird zur Ermittlung von Teilnehmerwünschen vor Beginn der eigentlichen Veranstaltung oder zur Auswertung am Schluß eingesetzt. Die Teilnehmer selbst oder der Leiter schreiben auf großen Karten stichwortartig ihre Gedanken auf. Der Leiter ordnet diese Karten auf einer Pinnwand oder Hafttafel und erarbeitet Schwerpunkte und eine Gliederung. Dabei können die Teilnehmer mitwirken, indem sie neue Wünsche einbringen (weitere Karten beschriften).

Morphologie

'Morphologischer Kasten' oder 'Morphologische Analyse' wird eine Vorgehensweise genannt, bei der Denken und Handeln mit Hilfe von Graphiken visuell verdeutlicht wird. Das hier sehr kurz umrissene Verfahren geht auf F. Zwycki zurück, der es in zahlreichen Büchern ausführlich darlegt. Der Behauptung, daß mit diesem Verfahren kaum ein Problem ungelöst bleibt, steht der Einwand gegenüber, daß durch eine zu große Zahl von Lösungen die Übersichtlichkeit verloren geht.

Der Morphologische Kasten

ordnet die Teile eines Problems in Form einer graphischen Darstellung. Vorgang:

1. Genaue Problembeschreibung, wobei von einer Gesamtheit auszugehen ist.
2. Bestimmung aller Umstände und Einflüsse = Zerlegen des Problems in seine Elemente.
3. Zusammenstellung der Elemente im 'Morphologischen Kasten' = graphische Sichtbarmachung der Zusammenhänge.
4. Bewertung der sich im Kasten anbietenden Lösungen.
5. Auswahl der opitmalen Lösung.

Die genaue Definition eines Problems trägt meist schon die Lösung in sich. Lautet z.B. das Problem: mehr Übersichtlichkeit in meinen Arbeitsunterlagen und Werkzeuge schaffen!, so steckt darin auch die Frage: 'Wie schaffe ich befriedigende Übersichtlichkeit?' und die Antwort: 'Durch gute Ordnung'! Dabei geht es dann um die gesamte Ordnung und nicht etwa darum, daß zwar die Werkzeuge geordnet werden, aber die Arbeitsstücke bunt durcheinanderliegen. Bei der Bestimmung der Einflüsse wird aufgelistet, was das Problem berührt. Gefahr: Hier nicht berücksichtigte Punkte können später die Problemlösung verhindern.

Beispiel eines zweidimensionalen "Morphologischen Kastens": "Einrichtung einer Arbeitsecke im Wohnzimmer"

zweidimensionaler „Morphologischer Kasten"

Was soll sein?	Wie zu lösen?			
Welche Arbeiten werden zu tun sein?	schreiben (Aufsätze/ Arbeiten)	zeichnen entwerfen	Ordnungs- arbeiten	Kartei- arbeiten
Art – Größe Form	feste Platte 150 x 70 cm	2 x ca. 75 x	100 x 50 + ausklappb. Schreibfl.	100 x 70 Auszieh- tisch
Welche Dinge müßten wegge- nommen werden?	Lampe und Blumen- hocker	Wohn- schrank	Sofa	ganze Gardine
Standort	linke Ecke Fensterwand	Mitte unter Fenster	rechte Ecke F.W.	Wand rechts
Wie zu inte- grieren im Ge- samtraum?	Anstrich ent- sprech. Mobiliar	Wie W. schrank furnieren	bewußter Kontrast	mit Tapete kaschieren
Auf-/Untertei- lung der Ar- beitsfläche	freie Fläche 70 x 45 cm	Kartei- kästen	eingebaute Schreibma- schine	Rechenma- schine eingebaut

Die -- Linie verdeutlicht die gewählte Problemlösung, einen speziellen Schreibschrank.

Stark vereinfachtes Beispiel eines dreidimensionalen "Morphologischen Kastens":
"Informationsbewältigung bei Lesestoffen"

dreidimensionaler „Morphologischer Kasten"

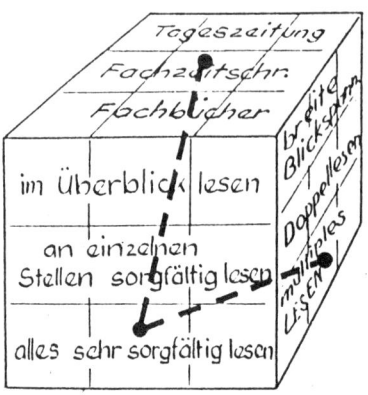

Die -- Linie verdeutlicht, daß eine Fachzeitschrift, in der alles sehr sorgfältig gelesen werden soll, die Technik des multiplen Lesens erfodert.

Laterales Denken

bedeutet eine Form des Denkens, die vom Hauptweg abweicht und eingefahrene Gleise verläßt. Kausales und chronologisches Denken kann optisch als Reihe dargestellt werden (unten im Bild die eingerahmten Wörter). Laterales Denken wären also mögliche Seitenwege (im Bild rechts und links vom Hauptweg dargestellte Begriffe).

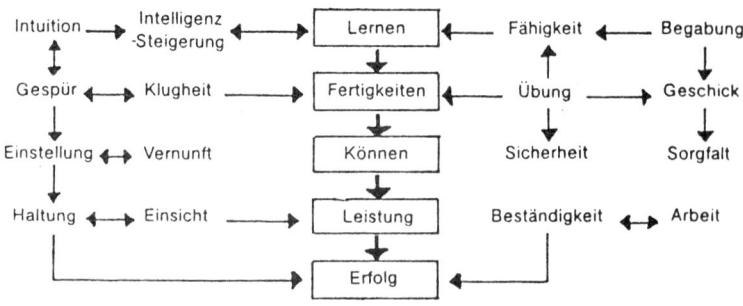

Die Modelle können weitaus komplizierter sein und weitere Dimensionen bekommen (z.B. durch Aufleger oder Anschlußblätter).

Grundprinzip (wie bei allen Kreativitätstechniken): Es soll in möglichst vielfältiger Weise gedacht, gesucht und assoziiert werden. Nach de Bono ist das Hauptanliegen des lateralen Denkens, daß der Mensch aus der Befangenheit alter Denkbegrenzungen herauskommt. Es handelt sich um keine strenge Methode, denn die würde ja wieder in Geleise führen, sondern sie besteht:

- in wachzuhaltenden Zweifeln, ob die herkömmlichen Lösungen wirklich die besten sind,
- in Einsichten, daß herrschende Meinungen zu Denkblockaden führen können,
- im Bemühen, zu vorherrschenden Meinungen Alternativen aufzubauen,
- im weiteren Bemühen, verschiedene Lösungsmöglichkeiten zu vergleichen,
- in Versuchen, Einzelheiten eines Problems in neue Zusammenhänge zu bringen,
- im sorgfältigeren Bedenken gegenteiliger Meinungen,
- in der Verlagerung des bisherigen Betrachtuntgspunktes,
- darin, das 'Es-geht-nicht!' durch ein 'Wie-ginge-es?' zu ersetzen.

Assoziationsübungen

Diese Übungen haben oft spielerischen Charakter, sind verhältnismäßig leicht durchzuführen und so etwa wie geistige Gymnastik.

Assoziationsketten

In vorgegebener, kurzer Zeit (1-3 Min.) sind, von einem Stichwort ausgehend, möglichst viele Assoziationen zu bilden, wobei das folgende Wort immer einen sinnvollen Bezug zum vorangehenden haben muß:
Lampe → Licht → Kerze → Wachs → Biene → Honig → usw.

Assoziationsdelta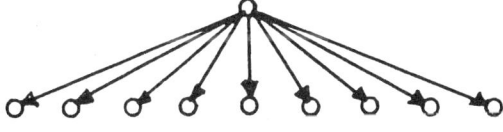

Hier sind vom Ausgangswort aus möglichst viele sinnvolle neue Wörter zu finden:

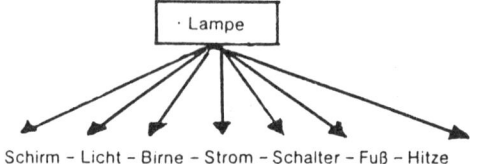

Schirm – Licht – Birne – Strom – Schalter – Fuß – Hitze

Assoziationskreis

Wie Kette, muß jedoch geschlossen werden, d.h. nach vorgegebener Zeit muß mit max. 3-5 Wörtern wieder eine sinnvolle Verbindung zum Ausgangswort hergestellt sein.

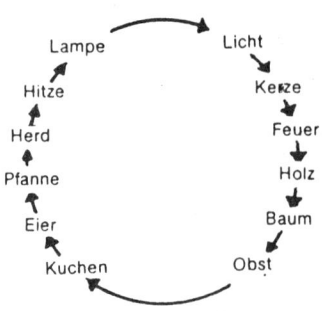

Assoziationsfächer

Das Reizwort wird (2-3-5fach) aufgefächert, jeder neue assoziierte Begriff erfährt wiederum eine Auffächerung:

Beispiel 3er-Fächer

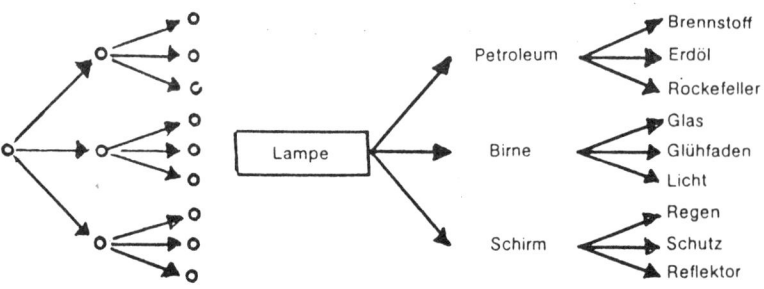

Parallele Gleise

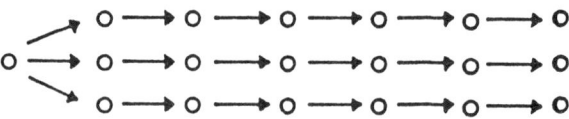

56

Vom Reizwort ausgehend, wird zunächst dreifach (auch mehr) gefächert, dann aber die gefundenen drei Begriffe zum Anfang dreier Ketten, die abwechselnd (also keinesfalls erst Nr. 1, dann 2, dann 3) jeweils um ein assoziiertes Wort zu verlängern sind.

```
                ┌── Licht – Kerze – Wachs – Biene – Honig – Frühstück
Lampe ◄─────────┼── Strom – Kabel – Hochspannung – Mast – Landschaft
                └── Möbel – Schrank – Kleider – Mode – Farbe – Rot
```

Variante

Zur Erschwernis können all diese Assoziationsübungen so durchgeführt werden, daß das neue Wort mit dem Buchstaben beginnen muß, mit welchem das vorangegangene endete:
Am Beispiel 'Assoziationskette':
Lampe – Energie – Elektrizität – Trambahn – Nahverkehr – Richtungsweiser – Rotlicht – Therapie – usw.

Kurzbeschreibung: Gestern — Heute — Morgen

In festgelegter, möglichst kurzer Zeit soll beschrieben (Stichwörter genügen) werden, wie etwas aussah, aussieht, aussehen wird.

Beispiel Auto: Gestern = kutschenähnlich, Trittbrett, Außenschaltung, Karbitlampe, Vollgummireifen, 30 — 60 km/h usw.

                Heute   = automatisches Getriebe, Servolenkung, Differenzial, 200 km/h, Stahlgürtelreifen, Halogenleuchten usw.

           Morgen = kein Fahrer, weil über Straße computergesteuert, Reisezielprogrammierung, Reifen halten 150 000 km, nahezu sicher usw.

5. Die guten Arbeitsgewohnheiten

Fasse dich kurz!

'Wer viel schießt, ist kein guter Schütze — wer viel redet, kein guter Redner!' sagt ein chinesisches Sprichwort. Wer lange redet, hebt damit nicht die Qualität seiner Ausführungen, und wer zu lange redet, senkt sie sogar. Mit dem Schreiben ist es ganz ähnlich. Bemühen Sie sich, in wohlgesetzten Worten möglichst kurz zu sagen, worum es Ihnen geht. Sparen Sie sich und Ihren Hörern/Lesern Zeit! Bei der Vorbereitung sollten Sie sich hingegen Zeit nehmen! Ein Teil dieser Zeit geht dabei darauf zu streichen, was überflüssig ist. 'Was gestrichen ist, kann nicht durchfallen!' sagen die Theaterleute. Trainieren Sie Kürze schon in Gesprächs- und Diskussionsrunden! Als Leiter solcher Runden gehört es zu Ihren Pflichten, andere Teilnehmer an Kürze zu gewöhnen. Notieren Sie sich, wenn Sie anderen zuhören, deren Ausführungen in Stichwörtern! Sollen Sie dann Stellung nehmen, dann sprechen Sie zu jedem Stichwort frei einen Satz, der Ihre Meinung ausdrückt! Auch wenn Sie zu unterrichten haben, sollten Sie wissen, daß es darauf ankommt, anderen etwas klarzumachen – nicht, sie zu beschwätzen. Vormachen kann viele Worte ersparen. Vormachen und sofort nachmachen lassen – heißt es! Auch Modelle und Skizzen helfen. Prüfen Sie, ob es nicht Möglichkeiten gibt, Zeit sparen, wenn Sie unterweisen. Beim Militär war es üblich, einen Befehl wiederholen zu lassen, um zu kontrollieren, ob er verstanden wurde.

Probieren Sie es: Lassen Sie sich Ihre Anweisungen wiederholen! Wenn das dem Beauftragten nicht möglich ist, haben Sie sich nicht klar genug ausgedrückt. Das hat nichts mit der Menge der Wörter zu tun. Ein bissiges Scherzwort sagt:

'Erst denken, dann Mundwerk einschalten!'

Kürze ist relativ. Ein Thema kann in 1 000 Wörtern zu kurz abgefaßt sein, ein Brief von 100 Seiten hat sicher Überlänge. Überprüfen Sie Ihre Entwürfe beim Korrekturlesen auf das Verhältnis von Wort- und Informationsmenge! Dulden Sie nicht die Nachlässigkeit, mit vielen Wörtern wenig zu sagen! Wir empfehlen weder Telegramm- noch Kommandostil. Verständlichkeit und Höflichkeit schließen sich nicht aus. Bemühen Sie sich also um 'angemessene' Kürze! Werfen Sie nichtssagende Formulierungen und Phrasen aus Ihrem Wortschatz! Vermeiden Sie auch bloße Füllwörter! Hören Sie bei Entwürfen für mündlichen oder schriftlichen Sprachgebrauch in sich hinein und prüfen Sie, wie es klingt! Erinnern Sie sich an die Forderung: Neuer Gedanke = neuer Satz, neue Gedankenfolge = neuer Absatz!

Selektion und Lesearbeit

Haben Sie es mit zu langen Lesetexten zu tun, dann lernen Sie selektieren! Richten Sie — bei einem ersten, zügigen Lesen — Ihr Augenmerk nicht auf Wörter, sondern auf Aussagen! Entscheiden Sie erst danach, an welchen Stellen Sie nachfassen wollen!

(Ausführlichere Hinweise zu rationeller Lesearbeit im Kapitel 12.)

Denken Sie als Schreiber an Ihre Leser, bieten Sie den Stoff so dar, daß seine Aussagen leicht zu erfassen sind! Vorsicht beim Lesen von Lehrbüchern. Hier ist oft der umgekehrte Fehler zu finden: Es werden zu viele Informationen auf dichtem Raum angeboten. Fragen Sie, wenn Sie lesen müssen: 'Welche Informationen benötige ich?' Die anderen lassen Sie aus! Fragen Sie auch als Schreibender: 'Welche Informationen muß ich meinen Lesern anbieten — welche lasse ich besser weg?'

Ist der Speicher begrenzt?

Immer wieder hört man, daß wir nur 10 % unseres geistigen Potentials nutzen. Ob diese Zahl stimmt, weiß keiner so recht. Gewiß ist nur, daß in jedem Menschen mehr steckt als er für gewöhnlich herausholt. Manche glauben auch, daß mit dem vielen Wissen, das es zu erwerben, bedenken und bearbeiten gibt, der geistige Speicher binnen kurzem überfüllt wäre. Das sind alles recht unklare Vorstellungen, denn der Vergleich mit dem Speicher im Sinne einer Scheune stimmt sicher nicht. Geistiges Gut wird nicht gelagert, sondern bleibt beständig aktiv in uns. Selbst das, was wir Gedächtnis nennen, besteht aus laufenden Denkvorgängen. Anders ist es mit unserer Zeit — die ist begrenzt. In ihr läßt sich wirklich nicht mehr unterbringen, als sie vorgibt. Um Informationen zu 'speichern' oder sagen wir lieber 'aufzunehmen', ist grundsätzlich Zeit notwendig. Aber es gibt auch hier technische Hilfen wie beispielsweise das 'rationelle Lesen'. Nehmen wir an, jemand kann damit fünfmal schneller lesen als zuvor (das ist durchaus erreichbar). So erwirbt er in gleicher Zeit die fünffache Informationsmenge, oder erspart $^4/_5$ der früher benötigten Zeit. In der gewonnenen Zeit könnte er dann die gesammelten Informationen weiterverarbeiten. Sammelte er hingegen in der ersparten Zeit weitere Informationen ein, so fehlte es ganz sicher an Zeit für deren Verarbeitung. Bedenken Sie das, wenn Sie Ihre Arbeitsentscheidungen treffen! Nicht Ihr geistiger Speicher, sondern die Zeit ist es, die der aufzunehmenden Informationsmenge Grenzen setzt.

Informationsabgabe-Schema

Nachstehender Vordruck (s. S. 61) ist vor allem für theoretische Übungen geeignet. Er hat sich jedoch auch in der Praxis bewährt. Egal ob Sie Mündliches oder Schrifliches vorbereiten wollen, folgen Sie den Anweisungen, die sich aus der Beschriftung der Rubriken ergeben.

Stichwortartige Eintragungen in derartige Formblätter veranschaulichen Ihre Gedanken. Es lassen sich aus diesen Zusammenstellungen leicht Ideen für mündlichen oder schriftlichen Sprachgebrauch entwickeln.

Informationsaufnahme-Schema

Der Fortgeschrittene wird sich auch anderer Formen (z.B. Fragereihen oder Strukturdiagramme) bedienen. Für den Anfänger und als Übung bewährte es sich, in folgendem Blatt stichwortartig die Gedanken/ Absichten zu klären, wenn Informationen einzusammeln sind (s. S. 62).

Überlegen Sie bitte, ob es sich nicht sehr lohnt, von unseren Formblättern Originale zu erstellen und einen Vorrat zu kopieren.

Über die Sorgfalt

Geistige Arbeit muß sehr sorgfältig durchgeführt werden. Nehmen Sie es auch in kleinen Dingen so lange sehr genau, bis Sorgfalt Ihre zweite Natur geworden ist! Es kennzeichnet die wahren Genies, daß sie sich auch den kleinen Dingen aufmerksam zuwenden. Letztlich besteht

Ursachen des Informations-
gegenstandes

a) _____

_____

_____

b) _____

_____

_____

Anzustrebender Zustand

c) _____

_____

_____

Beteiligte Personen	Dinge Mittel Materialien	Einzuhaltende Termine
zu a) _____	_____	_____
_____	_____	_____
_____	_____	_____
_____	stichwortartige Notizen _____	
zu b) _____	_____	_____
_____	_____	_____
_____	_____	_____
_____	_____	_____
zu c) _____	_____	_____
_____	_____	_____
_____	_____	_____
_____	_____	_____
_____	_____	_____
_____	_____	_____
_____	_____	_____
_____	_____	_____

Informationsabgabe-Schema

jede größere Aufgabe aus einer Anzahl kleinerer. Das in der Praxis oft zu hörende Wort: 'Darauf kommt es nicht so genau an!' sollten Sie aus Ihrem Vokabular streichen. Deshalb brauchen Sie sich nicht in Kleinigkeiten zu verlieren. Beides muß ständig im Bewußtsein bleiben: der Überblick über das Ganze und die Sorgfalt im Kleinen. Viele scheinen

Zu welchem Problem brauche ich Informationen?
(klar definieren)

Was will ich ändern / bessern, Neues erfahren?

Bis wann brauche ich die Auskünfte?

Welche Personen kann ich ansprechen?

Welche informationsdienste (Mittel, Stellen, Möglichkeiten) stehen zur Verfügung?

Wozu sollen die Informationen mir verhelfen?

Informationsaufnahme-Schema

nicht zu wissen, daß Sorgfalt in den Details zur Gewohnheit erhoben, dazu führt, daß die ganze Arbeit viel zügiger vorangeht.

Nochmals: Aufmerksamkeit

Sie können gar nicht genug interessiert sein an dem, was Sie zu tun haben. Notfalls müssen Sie sich sogar Interesse suggerieren, denn Interesse geht nahtlos über in Zuwendung und Aufmerksamkeit. Gewöhnen Sie es sich auch an, immer aufmerksam zu sein. Das zählt zu den besten Arbeitsgewohnheiten. Denken Sie an die Beobachtungsübungen und an den positiven Sinn des Wortes, demzufolge man immer mit den Augen und Ohren stehlen gehen solle. Darin besteht ja gerade die erfolgsbringende Aktivität, daß man sich voll seiner Umgebung zuwendet. Aktiv sein heißt nicht unruhig sein. Aufmerksamkeit und Sorgfalt sollten gerade zur Ruhe führen. Wenn Sie außerdem darauf achten, daß Ihre Arbeit kontinuierlich abläuft, haben Sie viel für sich getan. Ruhe hat nichts mit Langsamkeit oder gar Langeweile zu tun, sondern bedeutet Sicherheit, Selbstvertrauen und Leistungsfähigkeit. Unrast blockiert die Geisteskräfte. Das gilt in besonders hohem Maße für Prüfungen. Wer von Anfang an Ruhe in sein Arbeiten bringt, wird auch schwierigen Situationen voller Ruhe entgegensehen. Nehmen Sie in Ihr Programm zur Selbsterziehung auch Lockerungsübungen und Entspannungsverfahren auf! Befassen Sie sich beispielsweise mit 'autogenem Training'!

Standvermögen gewinnen

Sprunghaft zwischen Aufgaben hin- und herzupendeln ist leichter, als bei einer Sache zu bleiben und diese zum guten Ende zu führen. Auch bei vielseitigen Interessen (die wir immer gut heißen) gilt das Gebot: Die vorliegende Aufgabe ist zuerst zu Ende zu bringen oder zumindest soweit als möglich voranzutreiben. Das, was Sie gerade tun, soll mit allen Sinnen, Kräften und aller Aufmerksamkeit getan werden. Auch, oder gerade dann, wenn Schwierigkeiten auftauchen, müssen Sie bei der Sache bleiben. Leistungsschwache schieben gern anspruchsvollere Arbeiten vor sich her. Erlauben Sie sich das nicht! Gewöhnen Sie sich an, gerade die schwierigen oder unangenehmen Arbeiten zuerst zu erledigen! Andernfalls entstehen Unlustgefühle, die die aufgeschobene Aufgabe noch schwieriger erscheinen lassen. Das hat auch etwas mit Mut zu tun - mit dem wagemutigen Anpacken der Dinge. Mutiges Anpacken baut Standvermögen auf.

An sein Ziel kommen

Es soll immer noch Leute geben, die den Kreis quadrieren oder das Perpetuum mobile erfinden wollen. Wer sich in unlösbaren Aufgaben verliert, ist sicher nicht klug. Ausgesprochen unklug ist jener, der mit dem 'Ich-kann-nicht!' oder 'Es-geht-nicht!' aufgibt. Die klugen Fragen heißen: 'Warum geht es so nicht?' Die sich daraus entwickelnden weiteren Fragen und Antworten führen zum erreichbaren Ziel. Der Rest ist das erwähnte Standvermögen. Bedenken Sie auch, daß jede gelöste kleinere Aufgabe - jedes erreichte kleine Zwischenziel - Sie näher an die großen Ziele heranbringt. Stecken Sie sich anfangs kleinere Ziele, über die Sie systematisch an das große kommen.

Wissen annehmen — Kenntnisse abgeben

Auch in der geistigen Arbeit ist geben seliger als nehmen. Durch Lehren lernt man bekanntlich am besten. Wer ständig bemüht ist, anderen von seinen Kenntnissen abzugeben, gewinnt damit selbst den größeren Überblick. Wer geistige Schätze ängstlich zu horten versucht, der kann auch sie durch Motten und Rost verlieren. Wissen bleibt nur lebendig, wenn man sich mit anderen austauscht.

So wie Sie Wissen weitergeben sollen, dürfen Sie sich auch nicht scheuen, Wissen anzunehmen. Lernen kann man vom Geringsten.

Positive Unzufriedenheit

Nichts ist so gut, als das es sich nicht verbessern ließe. Es sollte zu Ihren guten Arbeitsgewohnheiten gehören, daß Sie sich laufend darüber Gedanken machen, wie etwas noch besser werden könnte. Allein die Bereitschaft dazu führt zu neuen Gedanken und Problemlösungen.

Arbeit mit Normen

Normen sollen die allgemeine Arbeit erleichtern. Sie werden, in Zusammenarbeit mit den Praktikern, vom Deutschen Institut für Normung e.V. herausgegeben. Sie erkennen Normen an den Groß-buchstaben DIN und einer Kennziffer. Sie stehen zur Anwendung frei, gelten aber nicht als die einzige Erkenntnisquelle für technisch ordnungsgemäßes Verhalten. Der technische Stand muß berücksichtigt werden. D.h., man ist mit der Anwendung von Normen nicht der eigenen Verantwortung enthoben. Dennoch bringen Normen erhebliche Arbeitserleichterungen, indem sie Maße und Vorgehensweisen vereinheitlichen. Beispielsweise ermöglichen die Zeichnungsnormen eine bessere Verständigung zwischen Technikern.

Vornormen: Entwürfe für Normen, mit denen versuchsweise gearbeitet wird.

Übersichtsnormen: Zusammenstellungen mehrerer Normen.

Beiblätter: Zusätzliche Informationen ohne genormte Festlegung.

Normentwürfe: Vorläufig abgeschlossene Normarbeiten, die in der Öffentlichkeit erprobt werden.

Eine kostenlose Übersicht über die weit mehr als 100 DIN-Taschenbücher (das sind jeweils Zusammenstellungen der wichtigsten Normblätter eines Fachgebietes) ist beim Beuth-Verlag (Berlin/Köln) erhältlich.

Dezimalklassifikation

Zu den Grundnormen zählt unter anderem die Dezimalklassifikation, bei der die erste Ziffer einer Dezimalklassifikationszahl die Haupteinteilung allgemein Wissens kennzeichnet:

0 = Allgemeines
1 = Philosophie
2 = Religion/Theologie
3 = Sozialwissenschaft, Recht, Verwaltung
4 = nicht belegt (für künftiges)
5 = Mathematik/Naturwissenschaften
6 = Angewandte Wissenschaften, Medizin, Technik, Sport
7 = Kunst, Kunstgewerbe, Fotographie, Musik, Sport, Spiel
8 = Sprachwissenschaft, Philologie, schöne Literatur (Wortkunstwerke), Literaturwissenschaft
9 = Heimatkunde, Geographie, Geschichte

Durch Anhängen weiterer Ziffern werden die Hauptabteilungen unterteilt:

6.   Angewandte Wissenschaften
6.2   Technik
6.2.4 Elektrotechnik usw.

Einzel- und Teamarbeit

Die meisten unserer bisherigen Ratschläge wenden sich an den Einzelarbeiter. Geistige Tätigkeit, auch das Lernen, ist jedoch oft im Team wirksamer durchzuführen. Auch dafür gibt es beachtenswerte Grundsätze. Beim Lernen ist die Dreiergruppe die günstigste. Schon ab 4 Teilnehmern könnten sich Gruppen bilden (zwei gegen zwei), die dann gegeneinander arbeiten. Partner sollten einander sympathisch sein, das gilt auch für Gruppenarbeit. Vorkenntnisse und Intelligenz brauchen nicht auf gleichem Niveau zu sein. Drei Genies behindern sich eher gegenseitig, drei Unbedarfte bringen überhaupt nichts fertig. Gruppen altern schneller als Einzelpersonen. Deshalb ist es gut, bei neuen Projekten oder Aufgaben auch neue Gruppen zusammenzustellen. Auch Ihnen wird die Arbeit in neuen Gruppen neue Gedanken bringen.

6. Selektionsarbeit

Goethes Wort: 'In der Beschränkung zeigt sich der Meister!' gilt auch für die Verarbeitung von Informationen. Das Angebot an Wissen wird weiter wachsen. Selbst rationellste Arbeitsweisen werden der Informationslawine nicht mehr Herr. Also ist Selektion von Anfang an nötig. Einerseits ist schon unter den Lernstoffen selbst zu selektieren, andererseits muß auch innerhalb dieser Stoffe noch ausgewählt werden, welche der angebotenen Informationen weiter zu bearbeiten sind. Beispielsweise ist aus dem großen Angebot einer Volkshochschule ein Vortrag für den Abend auszuwählen. Man kann sich aber auch dann nicht jedes Wort des Vortrages einprägen. Oder: Der Leser muß sich für ein Buch entscheiden und dann aus ihm heraus die Gedanken lesen, die ihn fördern. Beim Hören zu vieler Vorträge oder flüchtigem Überlesen großer Textmengen bleibt nur wenig hängen — und ob das das Wichtige ist, weiß niemand. Die Schulen boten früher vieles dar, damit einiges hängenblieb. Heute kann das keine Schule mehr leisten. Deshalb ist es gerade für den Lernenden so wichtig, sich zu entscheiden, mit welchen Informationen er arbeiten will.

Selektion unter Lesetexten

Selbst zu den speziellsten Themen gibt es meist schon mehrere (manchmal zu viele) Bücher. Der Anfänger benötigt die Beratung eines Fachmannes bei der Auswahl. Lassen Sie sich anfangs von Fortgeschrittenen, Lehrern und Spezialisten helfen, Ihre Lesestoffe auszuwählen. Haben Sie als Lernender keine Scheu zu fragen! In Bibliotheken helfen die Kataloge oder Ausleihverzeichnisse (heute meist über Computer abrufbar) und vor allem die Bibliothekare. Beachten Sie die von Fachverlagen herausgegebenen Informationen über Standardwerke und Neuerscheinungen (Verlagsverzeichnisse). Schreiben Sie auch Verlage an und erbitten Sie Angaben über weiterführende Literatur. In den Buchhandlungen liegen mitunter ebenfalls Verlagsverzeichnisse aus. Eine weitere Informationsquelle: Buchbesprechungen, wobei die in der Fachpresse jenen in der allgemeinen Presse meistens vorzuziehen sind. Auch Fachzeitschriften gehören zu den Lesestoffen, unter denen auszuwählen ist. Es gibt ja für nahezu jedes Fachgebiet mehrere Zeitschriften. Die wichtigsten sind in den größeren Bibliotheken ausgelegt. Auskunft über 'alle' Zeitungen und Zeitschriften gibt der 'STAMM' (Leitfaden für Presse und Werbung), der 1989 schon in der 42. Ausgabe erscheinen wird. Auf schriftliche Anforderung übersenden Ihnen Fachzeitschriftenverlage preiswerte oder gar kostenlose Ansichtsexemplare ihrer Periodika und weiteres Informationsmaterial.

Überblick über aktuelle Informationen erhalten Sie aus Ihrer Lokalzeitung, doch sollten Sie überlegen, ob nicht zusätzlich eine überregionale Zeitung abonniert werden sollte. Für Bücher und Broschüren, zu denen auch die preiswerten Paperbackformen (z.B. als Studienmaterial oder Kursunterlagen) gehören, gibt es sogenannten Kompendienkataloge oder Bibliographien. Sie stellen spezielle Literatur zu Fachgebieten zusammen und führen auch wichtige Zeitschriften auf. Mit dem 'Handbuch der bibliographischen Nachschlagewerke' haben Sie so etwas wie eine Bibliographie der Bibliographien - also ein Verzeichnis der Buchverzeichnisse. Über spezielle Bibliotheken informiert das 'Internationale Bibliotheks- Adreßbuch'. Übersehen Sie nicht die Antiquariatslisten, die Verlage und Bibliotheken herausgeben. Überhaupt kann ein Gang durch das Antiquariat einer Buchhandlung zur wahren Fundgrube werden. Fachkundige Buchhandlungen helfen auch dabei, nach antiquarischen Werken zu forschen. (Es läuft dann eine Suchanzeige in der Zeitschrift des Börsenvereins des deutschen Buchhandels). Übersehen Sie bei der Suche nach schriftlichem Informationsmaterial nicht Dissertations- und Habilitationsschriften, über die Sie etwas in den Universitätsbibliotheken erfahren können. Beim Ausleihen gewünschter Buchtitel, die in der von Ihnen angesprochenen Bibliothek nicht einstehen, kann Ihnen der Austauschverkehr (Fernleihe) zwischen den Bibliotheken helfen. Allerdings ist dabei mit Wartezeiten zu rechnen.

Am Rande: Bei Informationsstoffen aus Zeitungen und Zeitschriften ist eine besonders strenge Auswahl nötig. Verschwenden Sie Ihre Zeit nicht mit unwichtigen Meldungen! Auswahlkriterien: Ihre Intention als Leser; die Notwendigkeit, bestimmte Informationen zu erhalten; das Lese- oder Arbeitsziel.

Selektion innerhalb von Lesetexten

Nur selten ist jedes Wort wichtig. Vielmehr tragen meist nur recht wenig Wörter den Sinn des Textes. Sie herauszufinden gehört zu den Techniken des 'Rationellen Lesens'. So gehen Sie vor: Einmal mit hoher Konzentration möglichst schnell durch den Lesetext gehen. Die Stellen markieren, an denen nachgefaßt werden muß (z.B. mit weichem Bleistift unterstreichen). Es versteht sich von selbst, daß das nur in eigenen Büchern erlaubt ist. Wer mit Leihbüchern arbeitet, schreibt auf Zettel Seitenzahl und Zeilen bzw. Fundstelle:

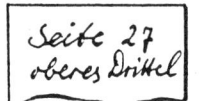

Die Zettel können als Lesezeichen in das Buch gelegt, oder um ein Stichwort ergänzt, – arbeitsgerecht sortiert werden.

Eine andere Möglichkeit:

Schmale Kartonstreifen, so lang zugeschnitten, daß sie aus dem Buch herausragen, erhalten kleine Strichmarken. Diese geben an, was später zu lesen ist. Auch darauf lassen sich bei Bedarf Ergänzungen anbringen (z.B. Arbeitsanweisungen).

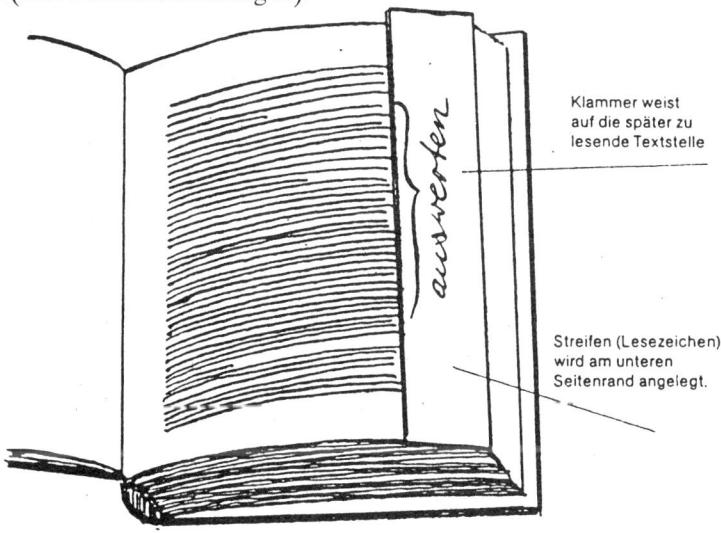

Klammer weist auf die später zu lesende Textstelle

Streifen (Lesezeichen) wird am unteren Seitenrand angelegt.

Lassen Sie Ihre Selektion von der Erwartungshaltung steuern, die eine Funktion Ihrer Informationsabsicht und des textlichen Informationsgehaltes ist. Fragen Sie immer nach dem Nutzen der aufzunehmenden Informationen. Ein ernstes, schnelles Überlesen ist besonders dann ökonomisch, wenn längere Textpartien nur wenige Informationen enthalten. Dann sehr schnell über den Text gleiten (aber immer konzentriert), bis Sie an eine weitere wichtige Stelle kommen. Bitte beachten Sie: Der Leser, der in der besten Absicht, gute Arbeit zu leisten, sozusagen Wort für Wort durch den Text geht, verschwendet einen großen Teil seiner Konzentration an Nichtssagendes. Folgern Sie daraus: Sie müssen sich klar sein über das, was Sie von Ihrem Lesetext erwarten. Selektion im Schnellgang führt zu den benötigten Stellen oder bringt die Erkenntnis, daß aus einem vorliegenden Text nichts zu gewinnen ist. In jedem Fall haben Sie gegenüber konventionellem 'Wort-für-Wort-Lesen' Zeit gespart. Langsames Vorgehen birgt zudem die Gefahr, daß in jenen Texten, wo das Wichtige weiter hinten steht, sich die Konzentration bis zu diesen Stellen soweit abgebaut hat, daß manches übersehen wird. Gewarnt sei vor Verfahren, die als 'Diagonales Lesen' bezeichnet werden. Das schräge Abtasten (Blickführung in der Diagonalen) läßt zu große Textpartien außerhalb des Blickfeldes.

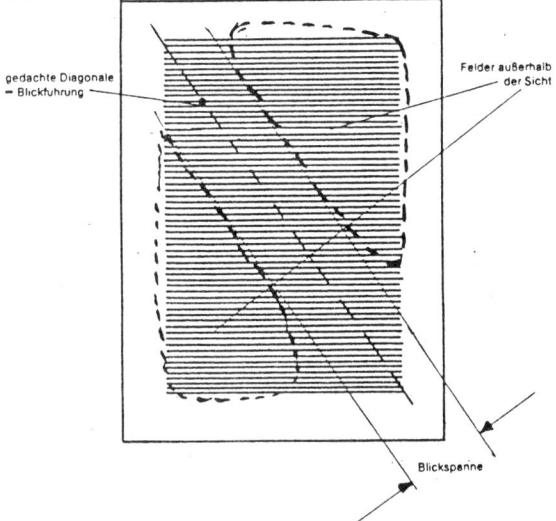

gedachte Diagonale
= Blickführung

Felder außerhalb
der Sicht

Blickspanne

Selektion unter Vorträgen

Das Angebot an Vorträgen, Seminaren etc. ist groß. Es gelten ähnliche Selektionsgrundsätze wie für das Lesen. Zusätzlich sollte sich der Informationswillige Gedanken über den Vortragenden machen. Die persönliche Vortragsart hat Einfluß auf die Informationsaufnahme beim Zuhörer. Die Fähigkeit, sich mitzuteilen, spielt dabei eine Rolle. Volkshochschule, Verbände, Gesellschaften, Vereine, Kirchen bieten Informationsveranstaltungen auf vielen Gebieten. Hinzu kommt noch eine größere Zahl spezieller Veranstalter, über die Fachzeitschriften in ihren Veranstaltungskalendern berichten. Sie sollten sich laufend die Veranstaltungsverzeichnisse Ihrer Fachverbände zusenden lassen. Überlegen Sie bei Ihrer Auswahl, ob Ihre Vorkenntnisse ausreichen oder ob Sie zunächst Ihr Vorwissen reaktivieren müssen! Vergleiche zwischen Veranstaltungsprogrammen zeigen, daß bestimmte Themen mitunter gerade 'in' sind. Ein recht gut gestreutes Angebot, das die Aktualitäten berücksichtigt, bietet das 'Rationalisierungskuratorium der Deutschen Wirtschaft', welches in allen größeren Städten seine Landesstellen hat. Für speziellere Themen wenden Sie sich an die einschlägigen Vereine (z.B. Verein Deutscher Ingenieure) oder die technischen Akademien (Wuppertal/Eßlingen). Bei vielen großen Wirtschaftsunternehmen (etwa Ford, Henkel, Siemens) gibt es volkshochschulähnliche Weiterbildungsprogramme für die Mitarbeiter.

Selektion innerhalb von Vorträgen

Selten nur haben Hörer Gelegenheit, aktiv an der Gestaltung einer Lehrstunde oder eines Vortrages mitzuwirken. Dennoch gibt es Möglichkeiten, auch in Vorträgen und Lehrstunden zu selektieren. Hin und wieder ermöglichen es Lehrer den Lernenden, die Stunde mitzugestalten. Bevorzugen Sie solche Lehrveranstaltungen, auch wenn sie Ihnen etwas Mühe abfordern! Es lohnt sich!

Im übrigen stellen Sie Zwischenfragen! Setzen Sie auch einmal eine kleine Diskussion in Gang. Natürlich muß diese im Lernstoff weiterführen und darf nicht von ihm ablenken (wie es gewitzte, aber lernunlustige Schüler oft gut verstehen). Warten Sie nicht, bis man zu fragen auffordert, sondern ergreifen Sie selbst die Initiative, sobald sich Gelegenheit bietet! Um in Vorträgen richtig mitzuarbeiten und selektieren zu können, bedarf es guter Vorbereitung. Informieren Sie sich vorab über das Vortragsthema, das ja Ihr Lernthema ist! (z.B. durch Lesen vorbereitender Literatur und Gespräche mit Fortgeschrittenen!) Bauen Sie eine Erwartungshaltung auf und gehen Sie mit ihr in den Vortrag! Stellen Sie sich Listen mit Fragen zusammen, die Sie später einbringen wollen. Die Gefahr, durch solche Vorbereitungen eine schwer korrigierbare Vormeinung aufzubauen, ist gering. Unterliegen können ihr nur Besserwisser, nicht aber Lernwillige. Schreiben Sie sparsam mit! Hören Sie aufmerksam zu, damit Sie auch wissen, was sich zum Mitschreiben nicht lohnt! Stichwörter und Arbeitshinweise genügen oft als Mitschreiben in Vorträgen. Allerdings sollten Sie die Auswertung bald vornehmen, wenn die Eindrücke des Vortrages noch frisch sind.

Auch für bevorstehende Gespräche, aus denen Sie lernen wollen, ist gründliche Vorarbeit wichtig. Das Gespräch kann dann gezielter geführt werden. Lassen Sie im Gespräch keine Passagen durchgehen, in denen nur geschwätzt wird. Schalten Sie aber nicht ab, wenn Sie keinen Einfluß darauf nehmen können. Sie verpassen sonst Ihren Einsatz, d.h., wenn Sie etwas nicht interessiert und Sie dann anderen Gedanken nachhängen, könnte es passieren, daß Sie aus dem Konzept kommen und keinen Anschluß mehr finden, wenn es im Gespräch wieder um für Sie Wichtiges geht. Am Rande: Befassen Sie sich mit der Körpersprache, denn deren Zeichen könnten Signale geben, ob etwas Wichtiges kommt, es glaubwürdig ist oder besondere Bedeutung hat!

Denken — nicht grübeln!

Die Aufmerksamkeit, die Sie Unwesentlichem widmen, geht dem Wichtigen verloren. Wenn Sie für sich alleine arbeiten, lassen Sie Unwesentliches gar nicht erst in Gedanken aufkommen! So wirken Sie auch dem Zeitmangel entgegen. Es wird überall viel Zeit mit dem Unwesentlichen verbracht. Grübeln ist nutzloses Denken. Grübeln Sie nicht, sondern denken Sie sorgfältiger! Wägen Sie alle Möglichkeiten ab! Mit solchen Ansätzen wie 'hätte ich doch...'; 'wenn ich aber ...' ist bestenfalls für eine spätere Vermeidung von Fehlern etwas gewonnen. Meist aber führt es nur im Kreis herum. Mit der Sorgfalt der Vorüberlegungen aber vermeidet z.B. der Ingenieur die Fehlkonstruktion, der Verkehrsteilnehmer den Unfall, der Informationswillige die Zeitverschwendung und Mangelhaftigkeit seiner Arbeitsergebnisse.

Fragen Sie vor anstehenden Arbeiten:
— Was will ich erreichen?
— Wie will ich es erreichen?
— Welchen Aufwand an Zeit habe ich zu erwarten?
— Worin bestehen die Hauptgedanken
  (Hauptanliegen/Hauptaufgaben)?
— Welche Unterlagen sind wichtig?
— Ist alles praktikabel?
— Wenn nicht, wie kann es praktikabel gemacht werden?
— Welche Fehler wurden früher gemacht — wie verhindere ich sie künftig?

Ergänzen Sie die Liste durch eigene Fragen!

Wenn Arbeiten weniger belasten sollen, schnell und gut erledigt werden müssen, sind alle Gedanken darauf zu richten. Dann ist zu selektieren, zwischen Wesentlichem und Unwesentlichem zu unterscheiden und das Wesentliche herauszuarbeiten.

7. Planungsverfahren für die Denkarbeit

Hinter guten Arbeitsergebnissen steht eine vortreffliche Planung. Das gilt auch für die geistige Arbeit, zu der ja ein gutes Maß an 'Handarbeiten' gehört. Richtiges Planen hängt von klaren Zielvorstellungen ab. Liegt ein endgültiges Ziel noch nicht fest, muß mit Zwischenzielen (Arbeitszielen) begonnen werden. Daraus ergibt sich ein scheinbarer Widerspruch: Bei aller Sorgfalt der Planung und strengem Einhalten des Planes, muß dennoch alles flexibel bleiben! Der Widerspruch löst sich so: Grober Zielvorstellung und Planung folgt Arbeit, die Erfahrung bringt, wodurch das Ziel und die Planung immer mehr verfeinert und gerichtet werden. Stellen sich noch zu späterer Zeit Planungsfehler heraus — eigentlich ein Zeichen dafür, daß nicht sorgfältig genug geplant wurde — müssen Plan und Ziel korrigiert werden, auch wenn bis dahin einige Arbeit vergeblich getan wurde. Korrekturbedürftige Fehler dürfen nicht aus Unlust, Langeweile (weil es zu lange dauert) oder gar Faulheit unkorrigiert bleiben. Anfängern kann nicht dringend genug geraten werden, Sorgfalt in der Zielentwicklung und Planung walten zu lassen.

Lernen Sie für die Zukunft aus der Vergangenheit! Überlegen Sie, wofür Sie bisher Ihre Zeit aufbrachten oder gar verschwendeten! Planung beginnt damit, sich eine Zeitlang selbst zu beobachten. Noch besser: Protokollieren Sie, womit Sie Ihre Zeit verbringen! Gehen Sie dabei nach folgender Einteilung vor, oder wandeln Sie unser Formular für die eigene Praxis ab.

Tatigkeiten	Zeitbe-darf	Zeitre-serve	Wichtig-keit	Sonstiges

| 1 | 2 | 3 | 4 | 5 |

Zu 1: Hier notieren Sie alle Arbeiten des Tages in der Reihe der Durchführung.

Zu 2: Hier einkreuzen, wenn gleiche Arbeiten auch später selbst zu verrichten sind. Durch Hinweise wie 'vorrangig' — 'wichtig' - 'nötig' — 'weniger wichtig' — eine Verordnung schaffen.

Zu 3: Namen von Helfern oder Stellen, die Ihnen Arbeiten abnehmen könnten.

Z.B. ist es oft billiger (und geht schneller), etwas kopieren zu lassen als sich mühevoll eine Skizze anzufertigen.

Zu 4: Zeitverbrauch auf volle Viertelstunden aufrunden.

Geringfügige Arbeiten zu Zeiteinheiten zusammenziehen.

Zu 5: Neben der Art der Störung auch vermerken, wie sie vermeidbar gewesen wäre bzw. sich abstellen ließe.

Beim Tagesplan gehen wir davon aus, daß Sie es selbst in der Hand haben, Ihren Tag einzuteilen. Wer als Schüler nur über den Nachmittag selbst bestimmen kann oder als Vollbeschäftigter nur über den Abend, wird seine Planung auf diese Zeiträume einstellen.

Muster eines Planungsformulares (persönliche Abwandlungen empfohlen):

Tätigkeiten	selbst weiter verrichten	delegieren an:	Zeitverbrauch	Störungen Zeitverbrauch	Sonstiges

1	2	3	4	5	6

Zu 1: Zunächst Arbeiten auflisten, die an diesem Tage auszuführen sind.

Zu 2: Zeitbedarf schätzen. Nicht zu wenig ansetzen (Anfängerfehler).

Zu 3: Zeitzuschlag bei der Vorplanung, z.B. für unerwartet auftretende Störungen. Später werden hier auch eingesparte Zeiten vermerkt, um bei künftiger Planung genauer arbeiten zu können.

Zu 4: Ähnliche Wichtigkeitsvermerke wie beim Zeitprotokoll oder Notensystem wie im folgenden vorgeschlagen:

1 = vorrangig, unbedingt zu erledigen

2 = sehr wichtig, ebenfalls an diesem Tage zu tun

3 = wichtig, wird ausgeführt, wenn 1 und 2 erledigt sind

4 = nötig, ist durchzuführen, wenn 1 − 3 erledigt sind

5 = weniger wichtig, wird verrichtet, wenn Zeit übrig ist

Was heute vielleicht nur nötig oder weniger wichtig ist, kann in der morgigen Planung vorrangig sein. Lernen Sie es, anhand solcher Tagespläne Ihre Zeit von Tag zu Tag besser einzuteilen!

Kümmern Sie sich bei der Auflistung noch nicht um eine Rangordnung bzw. Gliederung nach Wichtigkeit. Anfänger nehmen ein zweites, gleiches Formular und gliedern dann die Arbeiten in der zeitlichen Reihenfolge in der sie sie durchführen wollen. Der Versierte spart Zeit, indem er gleich auf dem ersten Formular die Gliederung vornimmt oder durch zusätzliche Ordnungsziffern kenntlich macht. Nach Erledigung der jeweiligen Arbeit wird diese im Formular abgehakt. Störungen sind in der Spalte 'Sonstiges' zu vermerken.

Nicht immer läßt sich der Wichtigkeitskennzeichnung streng folgen. Sind z.B. wichtige Telefonate zu führen, kann sie der morgens um sieben Uhr mit der Arbeit Beginnende kaum als erste Arbeiten einsetzen, sondern wird sie auf einen Zeitpunkt legen, wo er die Anzuwählenden sicher antreffen wird. Sogenannte Blockbildung kann viel Zeit einsparen.

Wer ein halbes Dutzend wichtiger Telefonate über den Tag verteilt, braucht mehr Zeit als der andere, der alle Telefonate in einem Zeitblock zusammenfaßt (soweit die Ansprechpartner das ermöglichen). Ähnliches gilt auch für andere Tätigkeiten. Einschränkung: Es gibt Arbeiten, die nur begrenzte Zeit mit voller Konzentration durchgeführt werden können. Dazu zählt z.B. das Sprachenlernen. 5 Stunden Vokabellernen ist von vornherein zum Scheitern verurteilt. Da bringt eine Stunde täglicher intensiver Arbeit gewiß dauerhafteren Erfolg. Pausen sind mit einzuplanen!

Die Schuleinteilung: Etwa eine Stunde Arbeit – 10 Minuten Pause, empfiehlt auch mancher Planungsfachmann. Mitunter wird gefordert, sich zu solchen Pausen so lange zu zwingen, bis der Arbeit-Pausen-Rhythmus zur Gewohnheit geworden ist.

Konzentration läßt sich nur begrenzte Zeit hochhalten. Lassen die Konzentrationskräfte nach, bedürfen sie einer Auffrischung. Wir verlangen keine überstrenge Einteilung, sondern empfehlen, durch Selbstversuche eine Arbeitsteilung zu finden, bei der Arbeitsleistung und Erholung ausgewogen sind. Das Wichtigste ist und bleibt mitzudenken.

Beispiele für die Tagesplanung

Tätigkeiten	Zeit-bedarf	Zeit-reserve	Wichtig-keit	Sonstiges
Telefon X-Schule	5'	3'	1	Kursbeginn/Be-dingungen
Französisch Lektion 8	50'	10'	2	Wiederholung 7
Telefon Meyer	2'	1'	3	Bescheid geben
Exzerpt Leihbuch Z	20'	10'	1	Rückgabetermin
Karteiarbeit Geisteskartei	30'	10'	4	
Telefon Schmitz wegen Besprechung	5'	3'	2	Terminvereinba-rung
Fotos abholen	20'	10'	5	nach Arb.Schluß
Besprechung Schulz/hier	30'	15'	1	11 Uhr fest
Telefon Huber	5'	3'	3	
Aufsatz vorberei-ten	45'	15'	2	Liefertermin
Karteikarten bestellen	45'	15'	3	
Post erledigen				

Endplan

Tätigkeiten	Zeitbe-darf	Zeitre-serve	Wichtig-keit	Sonstiges
Französisch Lekt. 8	1 h			ca. 8/9 Uhr
Exzerpt Leihbuch Z	30'			
Aufsatz vorbereiten	1 h			
Telefonate X-Schule Schmitz Meyer Huber	30'			ca. 10.30 Uhr vor Besuch Schulz
Besprechung Schulz	1 h			
Post/Karteikarten	1 h			ca. 13/14 Uhr
Geisteskartei	45'			
Fotos abholen	45'			Post mitnehmen

Mittagspause etwa 12 – 13 Uhr. Weitere Pausen ergeben sich aus Reservezei-ten bzw. zusätzlich zu Zeitvorgaben.

In der Schreibweise können Notizen für die Tagesplanung flüchtig sein. Vom Inhalt, von der Denkarbeit, bedürfen sie großer Sorgfalt. Der Zeitaufwand dafür sollte klein sein. Zehn Minuten müssen für die Arbeit an der Tagesplanung reichen. Es kommt auch nicht auf die Formulare an. Wichtig ist, daß die Planung zu einem rationellen Tagesablauf führt, der Zeitbedarf bekannt ist und die Absicht, mit der kostbaren Zeit sorgfältig umzugehen, realisiert wird. Die zahlreichen, vom Handel angebotenen Planungshilfen können nützliche Dienste tun - nur: Machen Sie sich nicht von ihnen abhängig! Schon die bekannten Tafelkalender sind brauchbar — doch vielleicht finden Sie auch im Angebot der Schreibwarengeschäfte unter den zahlreichen Planungshelfern etwas, das Ihren Absichten genau entspricht.

Mitunter haben Hilfsmittel für die Planung recht anspruchsvolle Namen (z.B. Chefplaner) — im Prinzip handelt es sich immer um Möglichkeiten, Tages-, Wochen-, Monats-, Jahresplanungen mit Hilfe von Formblättern durchzuführen. Wer die Prinzipien kennt, wird auch mit dem Heim- oder Personalcomputer planen können. Es gibt Planende, die sehr gut mit schlichten Zetteln arbeiten, die sie in einer Zeitreihe übereinanderlegen. Eine Variante: Arbeit mit Zetteln verschiedener Farben. Da kommen dann beispielsweise die Telefonate auf gelbe Zettel, Lernvorgänge erscheinen auf blau, Besprechungen grün, Besorgungen rosa, Erledigung der Post weiß usw.

Ein Karteikästchen kann Ordnungskarten mit der Zeiteinteilung erhalten:

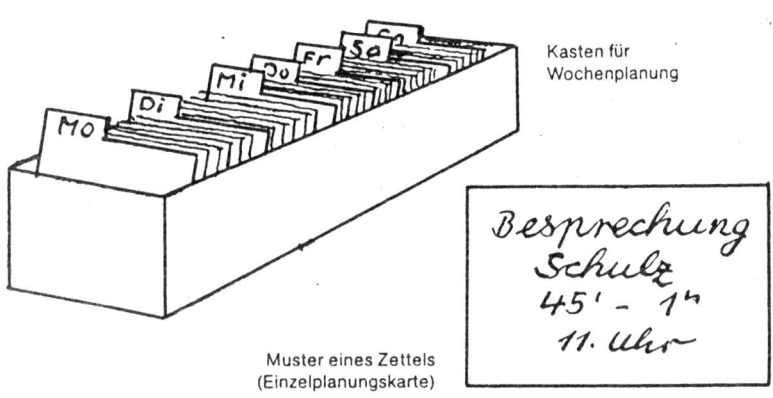

Kasten für
Wochenplanung

Muster eines Zettels
(Einzelplanungskarte)

Zunächst wird für den Tag eingeteilt. Die Tageszeitkarten wandern dann zwischen die Ordnungskarten mit den Wochentagsbezeichnungen (oder Tagesdaten). Zettelarbeit hat den Vorteil, daß Nichtbearbeitetes (ggf. mit Hinweisen versehen) gleich am nächsten Tag ins Auge sticht. Auch diese Arbeit wird heute schon größtenteils auf dem Monitor des Computers vollzogen.

Die Definition von Zielen

Fehlt die Zielklarheit, wird Planungsarbeit unmöglich. Das gilt besonders für langfristige Pläne. Z.B. eine Sprache erlernen zu wollen ist zwar ein Ziel, aber noch kein klares. Wie gut soll die Sprache beherrscht werden? Wie groß soll der zu erarbeitende Wortschatz sein? Was soll mit der Sprache später erreicht werden? Es ist schon ein Unterschied, ob man sich lediglich während des Urlaubs im fremden Land besser zurechtfinden will oder anstrebt, fremdsprachige Korrespondenz zu erledigen.

Grundsätze, um ein erreichbares Ziel aufzustellen:

- Notieren Sie alle Wünsche und Absichten in klarer Formulierung!
- Klare Formulierung heißt Gedankenklarheit. Zwingen Sie sich zu klarem Denken, indem Sie sich um Präzision bemühen!
- Versuchen Sie das Ziel meßbar zu machen! Zahlen und Zeitangaben festlegen!
- Bringen Sie Begeisterung und Interesse auf für das, was Sie erreichen wollen!
  Je begeisterter Ihre Vorstellungen vom Zukünftigen sind, desto wahrscheinlicher erreichen Sie Ihr Ziel.
- Malen Sie sich in Ihrer Vorstellung aus, wie Sie vorgehen wollen und welche Schwierigkeiten auftreten könnten!
- Schaffen Sie auch Klarheit darüber, was Sie nicht wollen, was nicht eintreten soll! Je strenger alle falschen Wegrichtungen ausgeschaltet sind, desto klarer ein Ziel.
- Listen Sie auf, was Sie beherrschen (an Fertigkeiten in bezug auf das Ziel) und welche Mittel Ihnen zur Verfügung stehen!

- Rechnen Sie mit unverhofften Schwierigkeiten (Zeit-, Geld-, Kraft-reserven vorsehen)!
- Setzen Sie das Ziel weder zu hoch noch zu tief an. Eine gewisse Höhe ruft alle Kräfte wach — aber Unerreichbares anzustreben ist Selbstbetrug!
- Bedenken Sie auch eventuell notwendige Opfer, die von Ihnen gebracht werden müssen!
  Soll Sie der Kurs nach Feierabend zum Ziel bringen, muß auf den Fernsehkrimi verzichtet werden.

Einfache Beispiele von Lern- und Arbeitszieldefinitionen

- Abschlußprüfung als technischer Zeichner am ...
  (Zu erreichen über Grundkurs und Aufbaukurs an der Technischen Abendschule)
  um mich um die zum ... freiwerdende Stelle als Detailkonstrukteur in unserer Firma bewerben zu können. (Lern- und Aufgabenziel eines Maschinenschlossers).
- Bis zum ... sind 5 Artikel zum Thema 'Mitarbeiterführung im Betrieb' (je 6 Manuskriptseiten zu 30 Zeilen a 60 Anschlägen) für die Zeitschrift 'Produktion' zu schreiben (Nahziel eines Fachschriftenverlegers).
- Innerhalb der nächsten 10 Monate (bis zum ...) ist für den Verlag 'moderne industrie' das Manuskript zum Buchprojekt 'Methodik der geistigen Arbeit' druckreif zu liefern (400 Seiten zu je 40 Zeilen/ 60 Anschläge/ca. 40 Bilder) — Fernziel eines Fachschriftstellers.
- Vom ... bis ... Abendschulung für den Taxischein. Ab ... Bewerbung als Taxifahrer. 2 Jahre Sammlung praktischer Erfahrungen. Monatliche Rücklage von ... zum Ankauf eines eigenen Fahrzeuges und Linzenzgebühren (bzw. Anzahlung/Restfinanzierung ...) Lern- und Berufsziel eines Kraftfahrers, der sich selbständig machen will.
- Umstellung des Angebotes auf Trockenobst, Nußkerne, spezielle Backzutaten (wie Orangeat, Zitronat, Pistazien) sowie Tropen-Südfrüchte bis zum .../ Umgestaltung von Laden und Dekoration bis zum ... (Berufsziel eines Obst- und Gemüsehändlers, der durch die Spezialisierung der Konkurrenz, u.a. durch Großverbrauchermärkte, dem entgegenwirken will).

- Rücklage von je 2,00 DM des wöchentlichen Taschengeldes, um am Ende des Jahres (nach ...) einen gebrauchten Heimcomputer kaufen zu können (Hobbyziel eines Jungen).
- Ergänzung meines Schulenglisch durch konsequenten Zuerwerb von fünf Vokabeln pro Tag = rund 1 500/Jahr (Lernziel eines Sprachinteressierten).

Wie verteilt sich meine Arbeitszeit?

Entwerfen Sie, nach hier vorgegebenem Muster, auf Ihre Bedürfnisse abgewandelt, ein Formular. Kopieren Sie sich einen Vorrat! Tragen Sie ein, — zunächst nach Schätzungen — wie sich Ihre Arbeitszeit verteilt. Später, wenn Sie Ihren Zeitaufwand protokollieren, errechnen Sie es auf einem weiteren Blatt genauer. Vergleichen Sie dann Schätzung und tatsächliche Messung.

Arbeitszeit für das Lesen insgesamt _____	davon Korrespondenz Informationen Sonstiges	_____ _____
Arbeitszeit für das Schreiben insgesamt _____	davon Korrespondenz Berichte, Aktennozi- zen u. ä. Sonstiges	_____ _____
Arbeitszeit für Be- sprechungen insges. _____	davon mit Vorgesetzten mit Mitarbeitern mit Kunden, Besuchern, Antragstellern usw.	_____ _____ _____
Arbeitszeit für Telefonate insgesamt _____	Selbst verursacht angerufen worden	_____ _____
Sonstige Arbeitszeit _____	davon für Zeichnen für Rechnen Organisation Reisen für .... für	_____ _____ _____ _____ _____ _____

Wo liegt Ihre Haupttätigkeit? Beim Lesen, beim Besprechen, beim Schreiben? Es gibt Kurse und Selbstunterrichtswerke, mit denen sich z.B. die Lesegeschwindigkeit verdoppeln läßt. Es gibt Rhetorik- und Dialektikkurse. Auch das ökonomische Schreiben wird gelehrt. Einige Tips finden Sie in diesem Buch. Nützen Sie das aus!

Ihre Zeit — Wieviel verschwenden Sie davon?

Nichts gegen Freizeit und Erholung (die sollten nicht so streng verplant werden), aber alles gegen die Zeitverschwendung. Wer nur 10 Minuten täglich vertrödelt, verschwendet 8 Arbeitstage im Jahr. Bei einer verschlampten Stunde täglich, sind es gar 45 Arbeitstage jährlich.

Könnten Sie Ihre Zeit nicht besser nützen?

Andererseits: Eine Stunde täglich durch rationellere Arbeitsweisen erspart, bringt Ihnen einen Zeitgewinn von 15 vollen Tagen jährlich oder ein volles Jahr in der Zeit vom 35. — 60. Lebensjahr.

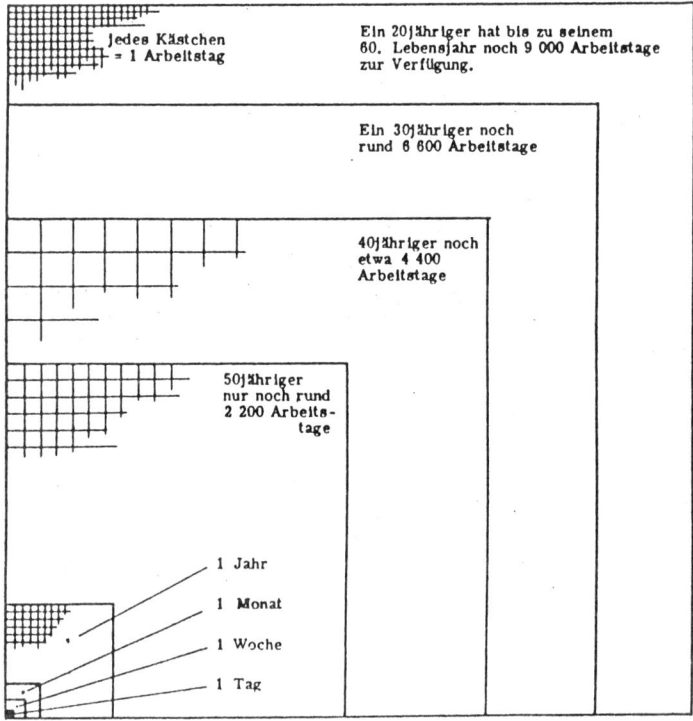

Wieviel Zeit haben Sie voraussichtlich noch?

Überlegen Sie gut, wie Sie Ihre Zeit nützen wollen!
Ihr Alter in Jahren: _____
Bis zum 60. Lebensjahr (oder bis zu dem Jahr, wo Sie noch arbeiten
möchten) haben Sie noch _____ Jahre
Ein Jahr hat rund 220 Arbeitstage (oder wie viele hat Ihres? _____)
Sie haben demnach noch _____ Arbeitstage, das heißt, es
stehen Ihnen (den Arbeitstag zu 8 Stunden gerechnet) noch _____
Stunden zur Verfügung.
Überlegen Sie:
Was schaffe ich an einem Tag, in einer Stunde (wenn ich so weiterma-
che wie bisher)? Wieviel Zeit will ich noch verschwenden oder in Hetze
kommen?
Bemühen Sie sich um Rationalisierung! Wir helfen Ihnen dabei!
Bewerten Sie Ihre Arbeiten wieder nach dem Schlüssel:
- lebenswichtig — muß unbedingt weiter getan werden!
  (aber geht es nicht rationeller?)
- wichtig — kann nicht übertragen werden!
  (sicher läßt sich auch hier manches vernünftiger tun)
- nötig — ich komme nicht umhin!
  (und will es ökonomisch hinter mich bringen)
- unwichtig — aber halt zu tun!
  (vielleicht läßt sich die Arbeit delegieren — an wen?)
- unnötig — ich muß mich disziplinieren — solche Tätigkeiten abstellen!
- unsinnig — machen Sie sich Ihren eigenen Vers darauf!

Planung — Arbeit — Störung

Immer wieder wird gesagt, daß Störungen sorgfältige Planung unmöglich machen. Solche Störungen werden als unvermeidlich angesehen,
sind es aber meist nicht. Manche Störung hat der Schaffende selbst
veranlaßt. Außerdem kann man sich gegen Störungen abhärten.
'Nichtbeachten' läßt sich trainieren. Ist die Konzentration hoch genug,
wird manche Störung nicht einmal bewußt. Leider läßt sich der ernst-

zunehmende Rat, in störungsfreien Zeiten zu arbeiten, nicht immer in die Tat umsetzen. Hingegen läßt sich beispielsweise die Stunde, die jemand am Morgen früher aufsteht, wunderbar für Sprachübungen nutzen. Auch Gleitzeit hilft dabei, Arbeiten auf störungsfreie Zeiten zu legen. Manchmal hilt sogar schon ein kleines Schildchen am Arbeitsplatz:

Stör mich nicht oder hilf mir arbeiten	**Wenn Sie nichts zu tun haben, dann tun Sie es bitte nicht hier!**

Vorgesetzte vermeiden manche Störung dadurch, daß sie zu ihren Mitarbeitern gehen (statt diese zu sich zu rufen), weil sie dann ihren Abgang besser selbst bestimmen und verhindern, daß Besprechungsthemen zur unpassenden Zeit an sie herangetragen werden. Erwiesen ist ferner, daß mit sorgfältiger Planung viele Störungen von vornherein unterbunden werden. Beispielsweise läßt sich ja die eingeplante Pause für einen kleinen Plausch nützen, der Sie sonst, wenn er von anderen an Sie herangetragen wird, erheblich in Ihren Gedanken stört.

8. Lernverfahren - Lernvorgänge

Die Forderung, lebenslang zu lernen, ist nach wie vor gültig. Dennoch gibt es Menschen, die nicht weiterlernen möchten. Vielleicht liegt das auch an den Lehrern und Lernsystemen, denn noch immer wird zu viel über das 'Was gelernt werden muß' ausgesagt, anstatt über das 'Wie?' Das Lernen selbst wird kaum gelehrt. Dabei macht Lernen Spaß, wenn es nur richtig angepackt wird. Uns geht es nicht nur um schulisches oder schulähnliches Lernen. Auch geringere Informationsaufnahmen sind mit Lernen verbunden. Schon das Einprägen eines Namens ist ein Lernprozeß. Wie schlecht solche Prozesse durchgeführt werden, merkt man am Vergessen. Der Aufwand zwischen dem Einprägen eines Namens, der Vorbereitung einer frei zu haltenden Rede oder gar dem

Erwerb einer Fremdsprache wird unterschiedlich groß sein − das Lernprinzip ist aber immer das gleiche: Neuer Lern- oder Wissensstoff ist in vorhandenen Wissenshintergrund zu integrieren.

Aktives Lernen

Viele Lernende hören den Lehrdarbietungen passiv zu (oder nicht mal das). So erreichen Sie keine guten Lernergebnisse. 'Sich berieseln lassen' heißt, daß vieles einfach abläuft. Ohne innere Anteilnahme am Lehrstoff und seiner Darbietung gehen die Gedanken spazieren, wandern ab − es wird nicht aufgenommen. Generell heißt es: sich bei jedem Lernen bemühen, aktiv zu sein! Sich eine Minute mit dem Namen dessen zu beschäftigen, der sich gerade vorstellte (beispielsweise durch Fragen nach Herkunft und Schreibweise) genügt vielleicht, um den Namen nie mehr zu vergessen. Aufmerksames Hinhören mit sofortigem Zurückfragen und gezieltem Mitschreiben im Unterricht prägt schon so viel Stoff ein, daß die Hausaufgaben in einem Minimum an Zeit erledigt werden können. Die Anlage einer Vokabelkartei verankert (allein durch die Schreibarbeit) einen Teil der sonst mühsam einzuprägenden Wörter im Sprachschatz. Also: Befassen Sie sich immer aktiv mit Ihrem Lernstoff! Gute Lehrer warten ja auf solche Aktivitäten und fördern aktive Schüler. In den Ruf zu kommen, ein guter Schüler zu sein, kann sich über Jahre hinaus bezahlt machen − auch oder besonders dann, wenn einmal etwas schiefgeht. Also warten Sie weder in der Schule noch beim späteren, lebenslangen Lernen darauf, daß Ihnen Aktivitäten aufgezwungen werden − seien Sie selbst aktiv!

Klarheit der Lernabsicht

Vielerlei lernen heißt nicht viel lernen. Wer heute dies und morgen das erlernt, weiß zum Schluß nicht allzuviel. Zum Lernen gehört die Klarheit, was erlernt werden soll. 'Ich möchte Französisch lernen!' reicht nicht. 'Ich will (ab heute) in drei Jahren die Fremdsprachenkorrespondenten-Prüfung in Französisch an der ... ablegen, um mich bis zum ... bei der ... zu bewerben!' Das wäre weitaus besser, denn es legt ein Ziel fest. Mit klaren Daten versehene Vorsätze sollten mit großen Buchstaben auf die erste Seite der Lehrmaterialsammlung geschrieben werden oder als Kleinposter ständig im Blickfeld hängen. Hier beginnt die Aufgabe für den Lehrer. Sie sind gegenüber Lernwilligen verpflichtet, diesen bei der Schaffung von Klarheit über das Lernziel Hilfe zu leisten. Mit dem grauen Spruch 'Wir lernen für das Leben, nicht für die Schule!' ist es nicht getan.

Bei kleinen Lernzielen dauert es nur Sekunden, bei mittleren Minuten, bei größeren aber möglicherweise Stunden und Tage, um das Lernziel genau zu bestimmen. Diese Zeit muß sich der Lernende nehmen. Halten Sie sich während des ganzen Lernens vor Augen, wohin Sie mit Ihrer Wissensaufnahme gelangen wollen!

Von den Interessen und der Lernmotivation

Ohne Interesse wird jede Arbeit zur Qual. Das gilt für die Lernarbeit in besonders hohem Maße. Dabei ist der Mensch von Natur aus neugierig und lernt gern. Halten Sie die positive Neugier bis ins Alter wach! Wissen zu wollen, was die Welt im Innersten zusammenhält, braucht nicht ins Faustische zu führen. Nennen wir es natürlichen Wissensdrang. Pflegen Sie ihn! Dann werden Sie wenig Mühe beim Lernen verspüren. Kennzeichen des Wissensdranges sind Fragen. Beantworten Sie auch Kindern alle Fragen — und verhelfen Sie ihnen damit zu gewohnheitsmäßigem Interesse, welches lebenslangem Lernen nützlich ist. Sie selbst erleichtern sich das Lernen ebenfalls durch Fragen. Wer gezielt fragt, erhält ein genauer auf seine Intentionen zugeschnittenes Wissen. Für einige Menschen ist das Lernen ein Hobby — für die meisten nur ein Mittel zum Zweck. Es gibt Menschen, die ein Dutzend oder mehr Sprachen aus Spaß erlernen, viele andere dagegen benötigen Fremdsprachen für ein berufliches Vorwärtskommen. Beides ist intrinsische Motivation. Lernt jemand nur, um schlechte Schulnoten zu vermeiden, ist das extrinsische Motivation. Letztere führt nur zu begrenzten Lernerfolgen. Fällt nach Schulabschluß der Notendruck weg, wird das Erlernte schnell vergessen. Wie viele hatten Latein oder Französisch in der Schule und vergaßen es wieder. Machen Sie sich immer den Nutzen des Lernstoffes klar, um sich intrinsisch zu motivieren.

Müssen Sie ein Fach oder einen Stoff erlernen, der Sie langweilt oder gar abschreckt, so suchen Sie intensiv nach seinen guten Seiten. Vielleicht lassen sich Brücken schlagen zu einem Gebiet, das Sie interessiert. So fand mancher Zugang zur Mathematik über die Physik. Lassen Sie sich von Fortgeschrittenen oder anderen, die Spaß an der Sache haben, motivieren. Begeisterung wirkt ansteckend. Leider aber auch das Desinteresse. Meiden Sie Bekanntschaften mit negativer Einstellung! Gleiches gilt für geistige Genossenschaft: Die Beschäftigung mit seichten Comics oder banaler Lektüre kann dazu führen, daß die Zeit fehlt, sich mit gewinnbringenden Stoffen auseinanderzusetzen. Wer sich motivieren will, darf nicht warten, bis andere ihm dabei helfen. Warten Sie beim Sprachenlernen z.B. nicht darauf, daß Gespräche an Sie herangetragen werden.

Suchen Sie selbst Situationen auf, in denen Sie Ihre Sprachkenntnisse erproben und verbessern können. Denken Sie sich selbst Lehrgespräche aus. Nehmen Sie darin abwechselnd die Rolle des Lehrers und des Lernenden ein. Sollte es auf dem Gebiet, auf dem Sie lernen wollen, Lernprogramme geben, benützen Sie sie!

Erfolgskontrollen sind ein gutes Mittel zur Motivation. Hingegen halten wir nicht viel von Motivationshilfen wie die Tasse Kaffee, die Zigarette, die 5-Minuten-Pause. Solche Belohnungen werden bald in Anspruch genommen, wenn die Aufgabenlösungen, für die sie bestimmt waren, noch gar nicht vorliegen.

Motivieren heißt aktivieren

Wollen Sie als Lehrer gute Lernergebnisse erzielen, so ist es Ihre Pflicht, die Lernenden zu motivieren. Wollen Sie für sich selbst gute Lernergebnisse, wenn Sie im Unterricht sitzen, haben Sie die Pflicht, sich selbst zu bemühen. Es ist immer ein hohes Maß an Anteilnahme einzubringen. Sie selbst müssen lernen wollen, zuhören d.h. hinhören wollen!

> hinsehen/mitreden/mitschreiben/mitdenken

Fragend lernen

Kinder fragen nach dem, was ihnen gerade in den Sinn kommt und lernen dabei. Kinder haben auch noch sehr viel Zeit. Mit zunehmendem Alter benötigen wir unsere Zeit für viele Dinge, für das Lernen bleibt nun mehr wenig Zeit. Sie müssen also gezielter fragen. Zuerst wahrscheinlich nach dem Nutzen oder Wert des Lernstoffes. Finden Sie schon darauf keine Antwort, wird das Interesse schnell nachlassen. Wenn Sie dennoch weiterlernen müssen, geht es nur über mühsames Pauken. Haben Sie aber Wert und Nutzen eines Lernstoffes erkannt, dann lautet die nächste Frage: 'Wie lerne ich am besten?' Sie sollten wissen, wie Sie am schnellsten vorankommen. Also gilt es auch zu klären, welcher Zeitaufwand Sie erwartet. Schon aus diesen Fragen bzw. zugehörigen Antworten ergibt sich die Auswahl des Lernstoffes. Ist er vorgegeben, blättern Sie nicht gedankenlos darin hin und her, sondern wenden Sie sich bewußt dem zu, was erlernt werden muß. Die Zuwendung gilt dabei mehr dem Inhalt und weniger den Wörtern, mit dem er dargeboten wird. Können Sie unter verschiedenen Lernstoffen auswählen, so fragen Sie:

- An welche Adressaten ist der Stoff gerichtet?
- Bringe ich die verlangten Voraussetzungen mit?
- Welche Vorkenntnisse sind ggf. nachzuholen (z.B. Fachtermini)?
- Welche Kenntnisse habe ich schon?
- In welcher Weise möchte ich sie erweitern?
- Erfüllt der Lernstoff die Wünsche und Ansprüche, die ich stelle?

  Richten Sie Ihr Augenmerk auf die Übersichtlichkeit, die Gliederung, die Stoffeinteilung — denn davon hängt die spätere Arbeit ab.
- Ist der Stoff gut gegliedert?
- Finde ich einen leichten Einstieg?
- Läßt sich der Lernzeitbedarf ermitteln?
- Wieviel Zeit erfordert der Stoff etwa?
- Mit welchen Arbeitstechniken gehe ich an diesen Stoff am besten heran?

Halten Sie während des ganzen Lernens weitere Fragen bereit, etwa diese:

- Enthält der Stoff Fehler?
- Worin bestehen diese Fehler — stören sie beim Lernen?
- Wie müßte es richtig heißen?
- Welche Ansprüche stellt der Stoff?
- Wie passe ich mich diesen Ansprüchen an?
- Sind genug Erklärungen, Aufgaben, Beispiele enthalten, an denen ich meine Aktivitäten entwickeln kann?

Und so treten Sie fragend an spezielle Probleme heran:

- Worin besteht das Thema/Problem?
- Weshalb muß ich mich damit auseinandersetzen (genau begründen)?
- Wie stimmt die Meinung des Stoffes, andere Meinungen zum Thema und meine eigene Meinung überein?
- Gibt es vielleicht andere (bessere/richtigere) Anschauungen?
- Welche Beweise sind gegeben?
- Welche Lösungsvorschläge bieten sich an?

Lehrstoffsammlung und Lernplanung

Was und wo immer Sie lernen wollen, Sie können nicht früh genug damit beginnen, für den zugehörigen Lernstoff zu sammeln, wo immer Sie Lehrmaterial zu Ihrem Thema finden! Heben Sie Zeitungsberichte, Zeitschriften, Aufsätze, Bücher, Broschüren, eigene Notizen, Bilder und technische Zeichnungen auf und ordnen Sie alles frühzeitig. Wenn Sie sammeln und sichten, sich grob mit dem Inhalt vertraut machen, prägt sich Ihnen so manches ein, was Ihnen die Lernarbeit erleichtert.

Zur Lernplanung gehört es, feste Lernzeiten (wenn möglich täglich) vorzusehen. Regelmäßiges Arbeiten baut positive Gewohnheiten auf. Es ist z.B. besser, täglich eine halbe Stunde Sprachübungen zu machen und damit pro Woche auf 3 Stunden zu kommen, als sich am Samstag 5 Stunden hinzusetzen, um es mit Gewalt schaffen zu wollen.

Zu viel Planung macht schwerfällig. Niemals in Plänen steckenbleiben! Oft genügt es, sich der bekannten Stundenpläne aus der Schulzeit zu bedienen, sie etwas abzuwandeln und zu ergänzen.

Tag/ Stunde	Stoff	Kontrolle	Bemerkungen
Mo 19–20h	English Business 1 – 4	Vokabeln 1–40 Fehler 12	
Do 19–20h	dito 4 – 8	Vokabeln 41–70 Fehler 18	10 eigene Sätze auf Karten
Sa 19–20h	Wiederholung 1 – 8	Vokabeln 1 – 70 Fehler Gramm. a/b	

Konzentrationsprobleme lösen

Lernarbeit verlangt ein Höchstmaß an Konzentration. Wer lernen will, sollte nichts anderes dabei oder dazwischen tun, auch nicht Radio hören, es lenkt ab. Denken Sie an störungsfreie (oder zumindest -arme) Räume und Zeiten! Finden Sie sich mit unvermeidbaren Störungen ab (abhärten). Betätigen Sie möglichst alle Sinne – also beobachten Sie sehend, hörend, tastend ... Ziehen Sie alle Register, um Interesse zu wecken. Arbeiten Sie besonders sorgfältig! Sorgfalt spart Zeit - entgegen der Meinung oberflächlich Arbeitender. Mitdenken bei Handgriffen dauert nicht so lange wie der Handgriff selbst. Es verhindert jedoch Fehler und läßt Arbeiten besser gelingen.

Selbstkritik fördert ebenfalls Ihre Konzentration. Äußere Ordnung sagt etwas über den inneren Ordnungszustand aus – bewußt hergestellte Ordnung führt zu einer leistungsfähigen Stimmungslage.

Vom Erfassen und Behalten

So läßt sich der Lernvorgang unterteilen:

- Die Vorarbeiten
- Das Aufnehmen der Informationen
- Das Verstehen (Durch Vergleichen mit bereits vorhandenem Wissen)

- Das Einprägen (vorzugsweise durch Assoziationen)
- Das Beherrschen des Gelernten

Zu den Vorarbeiten gehört es, sich für den Lernstoff zu motivieren, das Interesse zu erweitern und auf ein Ziel zu richten, seine Zeit und Mittel einzuteilen (Planung), den Lernstoff zu beschaffen oder sich bei den Lehrinstituten anzumelden, Ordnung in die Vielfalt zu bringen und die Konzentration herzustellen.

Zur Aufnahme gehört es, den Überblick im ganzen zu gewinnen und sich für das genauere bearbeiten bestimmter Partien zu entscheiden. Dem folgt die erste Durcharbeit, sie leitet das Verstehen ein. Hier beginnen auch die ersten Markier- und Exzerpierarbeiten. Es darf nichts mehr unverstanden aufgenommen werden. Aufgaben, sie zu lösen, Beispiele die denkend nachzuvollziehen, Behauptungen und Beweisführung des Textes müssen überprüft werden. Achtung: Pausen einblenden! Bei schwierigen Stoffen weitere Durchgänge und Wiederholungen nachschieben.

Zwischen den Durchgängen dem Unterbewußtsein Zeit für die Arbeit lassen. Der Punkt 'Verstehen', der sich schon beim 'Aufnehmen' abzeichnet, geht ebenso gleitend in den Punkt 'Einprägen' über. Wiederholen und bewußt Vergessen des Unwesentlichen sind ja schon Einprägevorgänge. Erlerntes möglichst früh in der Praxis einsetzen — so gerät es gar nicht erst in Vergessenheit.

In der Praxis andererseits erhält der Lernende manchen Denkanstoß für weiteres Lernen. Mit all diesen Vorgängen reift das Können. Es bedarf nur noch des weiteren, intensiven Einsatzes in der Praxis.

Sinnvolle Pausentechnik

Kräfte sind nicht unerschöpflich, Konzentration läßt sich nicht beliebig lange hochhalten — Pausen sind zu planen! Bei äußerster Konzentration (z.B. feinmechanischen Arbeiten) bedarf es schon nach wenigen Minuten der bewußten Atempause. Arbeiten mittlerer Anspruchshöhe sollte nach 45 — 60 Minuten eine 5-Minuten-Pause folgen. Am Vormittag eine Pause von 15 — 20 Minuten zusätzlich und eine

Mittagspause von einer Stunde sind ebenfalls zu befürworten, wie auch die etwa 15minütige Nachmittagspause nicht unterschlagen werden darf.

Es ist überhaupt sehr bedenklich, wegen eines vorgezogenen Feierabends Pausen wegfallen zu lassen. Zum einen wird dann zu viel Unterdurchschnittliches geleistet, zum anderen sind die Kräfte so erlahmt, daß der frühere Feierabend kaum noch sinnvoll genutzt werden kann. Davon abgesehen werden manche sich heimlich die angeblich ausgelassenen Pausen 'irgendwie' verschaffen. Gewöhnen Sie sich regelmäßigen Pausen an. Machen Sie ein paar Entspannungsübungen/Lockerungsübungen. Dulden Sie in den Pausen keine Dienstgespräche oder Nebenarbeiten.

Was zu vergessen ist

Halten Sie sich weder mit Unwichtigem noch mit bereits Bekanntem auf, wenn Sie lernen! Das ist ein Kennzeichen von Wenigkönnern. Üben Sie zu vergessen, was sich nicht zu merken lohnt! Wehren Sie sich dagegen, sich bei dem aufzuhalten, was Sie schon beherrschen! Wer nicht gerade Korrektur liest, sollte selbst Schreib- oder Druckfehler großzügig übersehen. Sie zu bemängeln heißt, sich unnützem Ärger auszusetzen. Um so mehr es an Zeit für das Wichtige mangelt, desto notwendiger wird es, das Unwesentliche oder gar Unnütze zu übersehen.

Schlaflernen — eine Möglichkeit?

Schlaflernen ist tatsächlich eine Möglichkeit. Es ist aber meines Erachtens selten rationell. Der Aufwand ist zu groß, man gewinnt keine Zeit. Außerdem ist es noch nicht sicher erforscht, ob das Lernen im Schlaf nicht zu gesundheitlichen Störungen führen kann. In den USA gibt es eigene Schlaflerngesellschaften, die vielleicht schon standartisierte Lerntexte herstellen. Bei uns ist zur Zeit der Aufwand für solches Lernmaterial erheblich und bleibt dem Lernenden selbst überlassen.

Außerdem bedarf es einiger Apparaturen, die die Lernsteuerung übernehmen. Wesentlicher Kritikpunkt: Im Schlaf ist keine Auseinandersetzung mit dem Stoff möglich, denn – wie Sie vom Traum her wissen – ist die Logik ausgeschaltet. Vergessen wir auch nicht, daß wir Schlaf für die Erholung brauchen, die Schlafzeiten der Regeneration dienen.

Partnerschaftsarbeit

Als Zwischending einer Arbeitsgruppe und der Einzelarbeit steht die Arbeit mit einem Partner. Wenn zwei Lernwillige gleich stark an einem Lernstoff interessiert sind, können sie alle Vorteile der Gruppenarbeit nützen: Wechsel von Stillarbeit mit Gesprächen und gegenseitiger Korrektur, gemeinsames Bearbeiten von Aufgaben und Lösungen.

Prüfungslisten

Prüfungen nach- (bzw. vor-) zuspielen wirkt sich positiv auf die spätere Prüfung selbst aus. Bei Partnerschaftsarbeit oder in der Gruppe sind solche Simulationen leicht vorzunehmen. Aber auch der Alleinarbeitende kann ähnliches tun. Er sammelt während seiner Lernarbeit Fragen. Am besten jede Frage auf einem Zettel oder Karteikärtchen. Auf der Rückseite steht die (ebenfalls während der Lernarbeit gewonnene) Antwort. Später, wenn eine Prüfungssituation simuliert werden soll, werden die Karten gemischt, gelesen und beantwortet. Es ist sinnvoll für die spätere Prüfung, die Antwort laut zu sprechen. Auch die Kontrolle anhand der richtigen Antwort (auf der Kartenrückseite) sollte laut gesprochen werden. Der Lernende kann hieraus ein kleines Rollenspiel machen, indem er sich erst (sozusagen der Prüfer) die Frage laut vorliest und sie dann (als Prüfling) klar beantwortet. Es macht etwas mehr Mühe, eine Antwort auszusprechen, als sie nur denken – Mühe, die aber besser einprägen hilft. Was allerdings nicht gemeint ist: Wortwörtliches Auswendiglernen. Prüfungsantworten sollten auch in der Prüfung nicht heruntergeleiert, sondern frisch und frei formuliert werden.

Hilfe durch das Unterbewußtsein

Der in der Fachliteratur oft zu findende Rat, kurz vor dem Zubettgehen zu lernen, damit das Unterbewußtsein sich in der Nacht mit dem Lernstoff befasse, hat etwas für sich. Die letzten Gedanken des Tages werden wirklich mit in den Schlaf hinübergenommen. Wir geben jedoch zu bedenken, daß der Schlaf der Erholung dienen soll. Außerdem ist zu befürchten, daß nach harter Tagesarbeit die Kräfte ermüdet sind. Eine Lernstunde vor dem Schlafengehen wird dann nicht allzuviel bringen. Besser ist es schon, morgens eine Stunde früher aufzustehen und mit frischen Kräften eine Lernaufgabe anzugehen. Ich selbst bevorzuge die frühen Tagesstunden um etwas neues zu lernen. Sicher ist, daß nach bewußt vollzogener Lernarbeit der Stoff in uns weiterarbeitet, besonders dann, wenn wir mit viel Selbstvertrauen an das Lernen gehen. Gedanken, die wir bewußt verfolgen, tendieren dazu, sich im Unterbewußtsein weiterzuentwickeln. Das gilt im Negativen wie im Positiven. Wer immer an Krankheit und Leiden denkt, verschlimmert seine Beschwerden. Wer an Gesundheit und Besserung denkt, ruft Heilungskräfte herbei. Auch Lernstoff verankert sich im Unterbewußtsein und wird dort weiterverarbeitet. Die bewußt gesprochene Formel: 'Ich werde es morgen schaffen und meinen Stoff glänzend beherrschen!' trägt durchaus dazu bei, die Kräfte zu mobilisieren, die Ihnen bei Ihren Aufgaben helfen und beispielsweise Prüfungen bestehen lassen.

Ausschaltung von Störgedanken

Ungestörte Arbeiten gelingen besser — das ist selbstverständlich. Überprüfen Sie vorab, ob sich Störungen vermeiden lassen. Anderenfalls bemühen Sie sich, mit den Störungen zu leben. Aber viele Störungen sind selbst verursacht, es fällt einem etwas Ablenkendes ein, und schon hängt man dieser 'Störung' mit den Gedanken nach. Das passiert besonders bei Desinteresse. Auch der Interessierte ist aber nicht ganz gefeit. Dann kommt es darauf an, solche Störgedanken nicht zu verfolgen, sie einfach ziehen zu lassen. Das wird mit der Zeit wirklich 'einfach'.

Sollte etwas Wichtiges stören, das später keinesfalls vergessen werden darf, so hilft die Kurznotiz auf Kalender oder Merkzettel. Bei neuartigen Einfällen arbeitet man mit der Notiz auf der Ideen-Karteikarte, wendet sich aber unmittelbar nach dem Notieren wieder bewußt der eigentlichen Arbeit zu. Lassen Sie keine Gefühle aufkommen, die die Gedanken spazierenführen. Weder in Freude über eine 'geniale Idee' ausbrechen noch in Ärger über eine dumme Ablenkung. Freuen können Sie sich später, wenn Sie sich mit dem Neuen befassen und sich ärgern ist immer Unfug!

Ein wenig über den Lerntypus

Die frühere Lernpsychologie unterschied zwischen Lernenden, die vorzugsweise über den Gesichtssinn lernten (Visuelle), anderen, die besser hörend lernten (Akustiker), und dritten, die lieber handwerklich etwas taten, um zu lernen (Motoriker). Auch ein abstrakter Lerntyp wurde ermittelt. Bald stellte sich heraus, daß es keine 'reinen Typen' gibt, sondern jeder Lernende als Mischtyp angesehen werden muß. Lediglich die eine oder andere Art zu lernen, wird von Fall zu Fall bevorzugt. Wir können über solche Betrachtungen hinweggehen. Selbst wenn es wirklich reine Lerntypen gäbe, so stießen diese ständig auf Lehrstoffdarbietungen, die ihrem Typ nicht gemäß wären. Der Visuelle müßte hörend, der Akustiker sehend lernen. Es empfiehlt sich immer, alle Sinne zu schulen und die Konzentration auf die gerade vorliegende Darbietungsform zu richten. Bei Einseitigkeit ist es geradezu ein Gebot, die vernachlässigten Sinne in Hochform zu bringen, um nicht irgendwann benachteiligt zu sein. Es spricht jedoch nichts dagegen, dort mit der bevorzugten Art der Sinnesaufnahme zu arbeiten, wo sich die Gelegenheit bietet.

Transfereffekte

Die immer wieder zu hörende Frage: 'Wie kann ich mich für weniger Interessantes motivieren?' ist nicht leicht zu beantworten. Die durchaus richtige Antwort: 'Es gilt so lange zu suchen, bis die interessante Seite gefunden ist!' verärgert manchen Frager. Vom Nutzen war schon die Rede. Je mehr Nutzen erkannt wird, desto höher die Motivation. Vielleicht kommen Sie aber über sogenannte Transfereffekte der Sache näher. Unter Transfer verstehen wir hier die Übertragung von Lernergebnissen auf neue Situation oder Verhaltensweisen. Wer beispielsweise am Klavier Geläufigkeitsübungen macht, kann von der erworbenen Fingergeläufigkeit auch beim Maschinenschreiben profitieren. Wer eine Fremdsprache erlernt hat, kann einen Transfer auf weitere zu erlernende Sprachen durchführen. Wer sich um eine gute Handschrift bemüht, betreibt damit eine der wirksamsten Konzentrationsübungen. Wer sich mit 'Rationellem Lesen' befaßt, lernt zugleich, besser zu formulieren, also besser zu schreiben, zu berichten, zu reden. Suchen Sie nach Transfereffekten, vielleicht kommt dann die Motivation für einen zunächst uninteressanten Lernstoff von ganz allein! Es gibt ja auch wirklich kaum einen Lernerfolg, der sich nicht an mehreren Stellen auszahlt.

Programmiertes Lernen

Eigentlich ist jedes Lernen, das einem Lernplan folgt, programmiert. Unter 'Programmiertem Lernen' verstehen wir jedoch die Arbeit mit speziell aufbereiteten Lernprogrammen. In den 60er und 70er Jahren glaubten Pädagogen, mit dieser Lernform einen neuzeitlichen 'Nürnberger Trichter' gefunden zu haben. Heute ist es sehr viel stiller darum geworden. Das ist bedauerlich. Der Oberbegriff 'Programmierte Instruktion' umfaßt 'Programmierte Unterweisung' und 'Programmiertes Lernen'. Lernprogramme im Sinne des programmierten Lernens folgen genau festgelegten Prinzipien:

- Einteilung des Lernstoffes in kleine Einheiten, die mühelos aufgenommen und eingeprägt werden können.
- Darbietung, die weitgehend verhindert, daß Fehler gemacht werden (Aufbau des Selbstvertrauens beim Schüler).
- Ständige Anregungen für den Lernenden, aktiv etwas zu tun (z.B. kleine Aufgaben zu lösen)/Zweck = Konzentrationsverstärkung.

- Sofortige Bestätigung, daß die Aufgaben richtig gelöst wurden (Lösbare Aufgaben / Vergleich mit Musterlösung / Motivation).
- Schüler können im individuellen Lernrhythmus den Stoff durcharbeiten.
- Einprogrammierte Wiederholungen, die das Wissen festigen.
- Zwischenkontrollen, die den Erfolg bestätigen.
- Vorhersagbares Lernergebnis. Lernprogramme sind auf konkrete Lernziele hin programmiert. Ziel und Forderungen sind im voraus angegeben.

Fragen Sie im Fachhandel und in den Bibliotheken nach, ob es für Ihr Interessengebiet bzw. für Ihre Lernabsicht nicht spezielle Lernprogramme gibt. Es waren in der Zeit der 'Programmierten Instruktion' über 5 000 Lernprogramme auf dem Markt. In der innerbetrieblichen Schulung gab es weitaus mehr.

Bei der programmierten Instruktion abgeschaut

Lernen mit Lernprogrammen ist dem Wesen nach autodidaktisch. Als Lernwillige können Sie auch ohne spezielle Programme von der 'PI' etwas abgucken:

- Gehen Sie in kleinen Schritten voran! Teilen Sie sich den Stoff so ein, daß jede Stufe gut zu bewältigen ist und Sie Schritt für Schritt vorankommen!
- Stellen Sie sich selbst kleine Aufgaben, um sich zu aktivieren! Erfinden Sie auch Fragen zum Thema und suchen Sie sich die Antworten aus dem Lernstoff!
- Versuchen Sie gleichzeitig, laufend und kontrollierend, ob Sie richtig arbeiten. Vergleichen Sie z.B. beim Fremdsprachenlernen Ihre Aussprache mit der auf Lernkassetten, indem Sie auf Band sprechen!
- Erkundigen Sie sich, ob es für Ihr Fach 'Aufgabensammlungen' gibt und benutzen Sie derartiges Material!

- Fragen Sie auch Fortgeschrittene, ob Sie richtig arbeiten!
- Suchen Sie Ihren persönlichen Lernrhythmus zu finden, und teilen Sie Ihre Lernzeiten danach ein! Sie sollten wissen, wieviel Lernstoff Sie in der vorgegebenen Lernzeit bewältigen können!
- Berücksichtigen Sie die bei solchem Vorgehen gemachten Erfahrungen in jeder zukünftigen Lernplanung!

Übrigens: Computerunterstützter Unterricht ist auch programmiert im Sinne der 'PI'. Hier wird es in der Zukunft noch mancherlei Lernhilfe geben.

9. Fragetechnik, eines der wirksamsten Arbeitsmittel

In den letzten Jahren konnte man einen ständigen Zuwachs an Literatur zu dem Thema Fragetechnik auf dem deutschen Buchmarkt erkennen.* Denn es steht fest: Wer richtig zu fragen versteht, kommt schneller zu gültigen Antworten, Auskünften, Informationen. In der psychologischen Therapie wie bei guten Verkäufern, zählen geschickte Fragen zu den praktizierten Maßnahmen. Fragen entspringen dem Denken und sollen weitere Denkanstöße geben. Den Satz 'Wer viel fragt, erhält viele Antworten!' sollten Sie positiv nehmen, und sich um viele guten Antworten bemühen. Nur mit konsequenten Fragen gibt es ein Vorwärtskommen. Schüler, die ständig fragen, gehören sicher zu den besten. Haben Sie zu lehren, dann ermuntern Sie Ihre Schüler zu ständigen Fragen. Machen Sie für sich selbst das Fragen zur guten Gewohnheit! Stellen Sie aber keine Fragen über Unwichtiges. Wer nach Klatsch fragt oder seine Antworten aus Skandalblättern bezieht, wird für seine geistige Entwicklung keinen Gewinn haben. Halten Sie vor allem fest: Beim Lernen ist Fragen unentbehrlich. Auch Rückfragen, ob ein Stoff verstanden wurde, gehören dazu.

---

* Zu diesem Thema sind bei der Modernen Verlagsgesellschaft bereits erschienen: Kommunikation für Könner/Vera F. Birkenbihl. Fragetechnik − schnell trainiert/Vera F. Birkenbihl. Kommunikationstraining/Vera F. Birkenbihl.

Kluge Frager = kluge Menschen

Fragen sind sowohl Auskunftsbegehren als auch ungelöste Aufgaben. Im allgemeinen enthält jede Frage zwei Bestandteile: Etwas Bekanntes und etwas Unbekanntes, das man eben kennenlernen möchte. Schon die schlichte Frage: 'Wie wird das Wetter?' setzt als bekannt voraus, daß es eben irgendein Wetter geben muß - unbekannt ist nur, welches. Häufiger Fehler: Es wird zuviel gefragt, zugleich aber der Eindruck erweckt, als handle es sich nur um eine Frage, die sofort mit Ja oder Nein beantwortet werden könnte. Außerdem wünscht der Fragende die Antwort unmittelbar zu erhalten. So werden Befragte leicht verwirrt. Der Trick wird gern in der unfairen Dialektik angewandt.

Ein altes Beispiel: 'Hast Du aufgehört zu lügen?' Es enthält die Fragen: 'Hast Du nicht schon immer gelogen?' und 'Hast Du nunmehr damit aufgehört?' Ähnlich unerlaubt ist es zu fragen: 'Was heißt Arbeitstechnik, und wozu brauchst Du das?' Hier müßte der Befragte die Fragen auseinanderziehen und dann in ihren Teilen beantworten. In klug gestellten Fragen, ebenso wie in richtigen Experimentieranordnungen, stecken oft schon die Antworten. Mit anderen Worten: manche Antwort kann nicht gegeben werden, weil die Frage falsch gestellt wurde.

Ein weiteres Beispiel: 'Bist Du nun zur Einsicht gekommen?' Eine Frage darf noch kein Urteil enthalten, es ist dann keine Frage, sondern nur eine als Frage verkleidete Behauptung (bis jetzt hattest Du keine Einsicht).

Fragen und verkaufen

Gute Verkäufer gehören zu den wendigsten Menschen. Diese Berufsgruppe wendet sich immer den neuesten Erkenntnissen zu, sucht ständig nach Möglichkeiten, Arbeitsergebnisse zu verbessern. Verkaufstrainer lehrten schon Rhetorik, als andere Branchen noch gar nichts von der Renaissance dieser alten Kunst gehört hatten. Verkaufstrainer arbeiteten bereits nach dem Prinzip neuer Lerntheorien, als noch niemand vom 'Life-long-learning' sprach. Sie schickten ihre Mitglieder in Kurse 'Rationelles Lesen' als andere noch die Nase darüber rümpften. Verkäufer wurden auch schon immer darin unterwiesen, Verkaufsgespräche durch Fragen zu steuern. Beim Verkauf sollen ja die Fragen derart zum Nachdenken anregen, daß der Befragte für das Verkaufsobjekt eingenommen wird. Derartige Fragen werden Stimulierungs- oder Motivierungsfragen genannt. Beispiele: 'Haben Sie schon bemerkt, wie viele Kunden nach ... fragen?' 'Was tun diese Kunden, wenn sie es nicht in ihrem Geschäft finden?' 'Bedenken Sie auch gut, daß unsere Werbung Ihren Absatz fördert?' Steuernd wirken auch Fragen, die die Meinung des anderen zusammenfassen: 'Ich verstehe doch richtig...?' Ein wenig Verkaufspsychologie liegt auch in Fragen, die eine positive Bejahung verlangen. 'Sie sind doch sicherlich an einem langhaltenden ... interessiert?' 'Sie möchten doch gewiß nicht, daß das Gerät schon nach wenigen Wochen defekt ist?'

Befassen Sie sich auch als Lernender mit allen möglichen Fragen! Es geht ja für Sie um den günstigeren 'Einkauf' von Informationen.

Nochmals die berühmten W-Fragen

Wahrscheinlich wurde das System schon Methusalem in der Jugend beigebracht. Doch es ist heute noch brauchbar, wie wir an verschiedenen Stellen unseres Buches unterstreichen. Wer? — Wie? — Was? — Wo? — Wann? — Warum? — Weshalb? — Wozu? lauten die Fragen. Die Reihe kann anders sein, auch werden nicht immer alle ihre Fragewörter benötigt. Auf das Prinzip kommt es an. Achten Sie in der Tagespresse besonders auf Kurzmeldungen! Sie werden sehen, daß die Berichte fast immer Antworten auf die meisten der oben angeführten Fragen sind. Fast immer sind Personen beteiligt, also fragt man nach dem WER: Wer ist betroffen? Wer handelt? Wem widerfährt etwas? Damit ist schon das WAS angesprochen: Um was geht es? Was geschieht (ist geschehen)? Wer wird, will oder muß etwas tun? Nun taucht die Frage WIE auf. Wie soll das geschehen? Wie ist es dazu gekommen? Wie ist die ganze Handlung verlaufen? Spielen Ort und Zeit eine Rolle, so sind wir schon bei WO und WANN: Wo ist es passiert? Wann war es/oder wird es sein?

WANN fragt nach zeitlichen, WO nach örtlich-räumlichen Bezügen, das WIE will kausale Zusammenhänge ergründen. Wollen Sie weiter gehen? Dann fragen Sie nach dem WARUM — nach den tieferen Ursachen. Geht es mehr um die Folgen, so benötigen wir die Frage WOZU. Das WESHALB bezieht sich strenggenommen auf Personen (wessen halber), wird aber meist als Ersatz für warum genommen, weil manche es für gehobenere Sprache halten.

In der Praxis bewährt: Probleme mit schlichtem Fragebogen (s. folgenden) angehen:

Wer?	Was?	Wie?	Warum?	Wann?	Wo?
		stichwortartige Antworten			

Beispiel: Stichwort 'Instant-Prinzip'

Prinzip bei der Gestaltung von Produkten, das dem Verbraucher einen unkomplizierten, möglichst vorbereitungsfreien Konsum ermöglicht. Beispiel: Pulverisierter Kaffee, oder Milch und Tiefkühlkost. Auch bei gewerblichen Gütern gebräuchlich; Beispiel: einbaufertige Türen, die mit Bekleidung und Schlössern versehen sind, einbaufertige Möbelteile. (nach: Lehrbuch angloamerikanischer und deutscher Managementbegriffe)

Gehen wir davon aus, daß die Definition einwandfrei ist und sehen davon ab, daß es auch andere Auslegungen des Wortes geben kann:

WAS?   Instant-Prinzip/Produkte (Lebens- und Genußmittel), gewerbliche Güter (Bauteil)
WER?   Verbraucher (indirekt auch Produzent)
WIE?   pulverisiert/tiefgekühlt/einbaufertig (mit Bekleidung und Schlössern)
WO?   Bei der Produktgestaltung (eigentlich Herstellung)
WANN?   Nicht gesagt
WARUM?   um unkomplizierten, vorbereitungsfreien Verbrauch zu ermöglichen.

Das Beispiel zeigt auch einen Informationsmangel, denn nicht die Pulverisierung von Kaffee ist das Entscheidende (auch fein gemahlener Kaffee ist pulverisiert), sondern die sofortige Löslichkeit. Das zeigt, daß man über die W-Fragen auch ermitteln kann, ob man sich noch anderweitig informieren muß. Stichwörter in Lexika usw. bringen sehr viele Informationen auf engem Raum. Wäre das Instant-Prinzip im Artikel einer Zeitschrift erklärt worden, so hätte dieser wahrscheinlich weitaus mehr Wörter. In solchen Fällen hilft unser Fragensystem, die eigentlichen Aussagen und Informationen hervorzuheben und die füllenden Wörter in den Hintergrund zu drängen. Wichtig bei jeder Fragearbeit ist die Gründlichkeit, mit der Sie vorgehen. Das Mittel bleibt immer praktikabel, auch wenn sich im Einzelfalle nur einige Fragen der Reihe ansetzen lassen. In anderen Fällen werden gleiche Fragen mehrfach zu stellen sein. Mit dem WER und WAS sollten Sie beginnen, d.h., die ersten Fragen zielen immer auf Subjekt und Objekt im Satz. Wer tut was? Wem geschieht was? Alle weiteren Fragen richten sich auf die Satzergänzungen. Bei großem Informationsangebot kommt der Zwang zur Selektion dazu. Dann geht es wieder um 'wichtig?' oder 'nicht wichtig?'. Im Sinne der Einstimmung und Motivation können Fragen auch im voraus gestellt werden. Das kann in Gedanken sehr schnell ablaufen. Sie lesen 'Instant-Prinzip' und fragen sich sofort: 'Wer wird davon betroffen?' 'Wer wendet es an?' 'Wo wird es angewendet?' 'Wie geht das etwa vor sich?' Bekommen Sie dann aus dem Text Antworten im vorbedachtem Sinne, so können Sie schnell vorangehen. Sagt der Text anderes aus, als Sie erwarteten, dann müssen Sie sich sozusagen mit seinen Belehrungen auseinandersetzen. Im ersten Falle erfährt Ihr Wissen eine Festigung, im zweiten lernen Sie Neues. Sie aktivieren auf jeden Fall Ihre Denkarbeit.

Wissen anderer durch Fragen anzapfen

Vor dem Befragen anderer sollte man wissen, ob diese antworten wollen. Vielleicht auch, ob sie antworten können. Wenn Antworten den Befragten bloßstellen könnten, wird er wahrscheinlich lügen.

Fragen müssen ankommen und beantwortbar sein. Dazu gehört sowohl, daß die Frage akustisch-phonetisch gehört als auch verstanden wird. Dazu gehört sogar, daß der Befragte einsieht, weshalb Frage und Antwort für Sie wichtig sind.

Wenn Sie Fragen stellen wollen, dann befragen Sie sich selbst zunächst gründlich: Ich möchte eine Auskunft über ..., wird sie mir der Befragte geben können und wollen? Was könnte ihn veranlassen, mir gern Auskunft zu geben? Vielleicht sollte ich sein Ansehen, Selbstbewußtsein, Prestige ansprechen ('Bei Ihren umfangreichen Erfahrungen können Sie mir sicher sagen ...')? Vergessen Sie auch nicht, sich in angemessener Form zu bedanken, wenn Sie Auskunft erhielten ('Danke sehr, Sie haben mir ein gutes Stück weitergeholfen!'). Wissen, daß Sie bei anderen abrufen, erspart Ihnen selbst viel Zeitaufwand. Fragen versetzen Sie in den Ruf, ein interessierter und interessanter Mensch zu sein.

Befragte nicht verärgern

Fragen Sie ehrlich, wenn Sie mit den Antworten Wissenslücken schließen wollen. Erheben Sie keine Vorwürfe, wenn der andere nicht antworten kann. Denn auch ein Meister auf seinem Gebiet kann nicht *alles* wissen. Vorwürfe vermindern die Bereitschaft zu weiteren Auskünften und blockieren vorhandenes Wissen. Denken Sie nur an Prüfungen - vorher und hinterher weiß man alles ganz genau. Falsche, taktlose, dumme oder provozierende Fragen sind verboten. Versetzen Sie sich als Fragender in die Lage des Befragten. Stellen Sie Ihre Fragen weder im geschraubten Stil noch sich bewußt dumm stellend. Es empfiehlt sich fast immer, zunächst eine kurze Hauptfrage zu stellen und ihr, wenn es weiterer Klärung bedarf, eventuelle Unterfragen anzuhängen. Vielleicht erscheint es Ihnen selbstverständlich, doch viele Frager übersehen es: Eine Frage sollte auch mit einem Fragewort beginnen, dann weiß der Befragte sofort, daß Sie nach Antwort suchen. Bemühen Sie sich um kurze Formulierungen bei Ihren Fragen. Haben Sie einen größeren Fragenkomplex, lassen Sie eine Frage nach der anderen beantworten, nicht alle auf einmal stellen! Fragen sollten kein Urteil vorwegnehmen. Also nicht: 'Haben Fragetechniken überhaupt größeren Wert?' Sondern: 'Welchen Wert haben Fragetechniken?' Nicht: 'Was bringen mir diese neumodischen Lernprogramme schon?' Sondern: 'Worin besteht der Unterschied zwischen herkömmlichen Lehrbüchern und Lernprogrammen?'

Schriftliche Fragen

Mit dem Niederschreiben Ihrer Gedanken, auch Ihrer Fragen, zwingen Sie sich zu sorgfältigerem Denken. Bereits das Bemühen um einfache, kurze, klare Formulierungen, zwingt zu präzisem Denken. Es kommt nicht darauf an, viel zu schreiben. Mancher sagt oder schreibt mit vielen Worten nur Unsinn. Erwägen Sie, ob Ihnen Formulare die Schreibarbeit erleichtern könnten! Beispielsweise könnten Sie sich neben das Inhaltsverzeichnis eines Lehrbuches einen Schreibbogen legen, der folgende Rubriken enthält: weiß (ich schon) / soll (ich das lernen?) / muß (ich intensiver bearbeiten) / nicht (weiter beachten).

Auch im Buch selbst kann auf ähnliche Weise gearbeitet werden.

In vielen Fällen genügt es, beim ersten Durchlesen in die Rubriken einzutragen, wie später weitergearbeitet werden soll. Es gibt verschiedene Arbeitsvarianten, so wird z.B., beginnend mit der Zeile eines Abschnittes, der gekennzeichnet werden soll, eine große, geschweifte Klammer bis zur letzten Zeile gezogen und die Seitenzahl daneben geschrieben. So können auf einem Formularblatt mehrere Textstellen kenntlich gemacht werden. Erstreckt sich die Aussage über die Seite bzw. mehrere Seiten, so kommt (immer noch in derselben Rubrik des ersten Bogens) eine zweite, dritte usw. Klammer. Am unteren Ende der letzten erscheint die letzte Seitenzahl. Bei eigenen Büchern benutzt man keinen zusätzlichen Bogen, sondern setzt die geschweiften Klammern auf den rechten Buchrand und schreibt das Bearbeitungswort (weiß - soll - muß - nicht) daneben.

Bei manchen Arbeiten hilft eine andere Art von Fragebogen weiter:

Art der Arbeiten	lebens-wichtig	wichtig	nötig	unnö-tig	un-sinnig

Noch einmal das Thema 'Zeitverbrauch'

Finden Sie nur ungenügend Antwort auf die Frage nach dem Verbleib Ihrer Zeit, so kann Ihnen wieder einmal ein Formular weiterhelfen. Sie notieren sich, gleich mit Wichtigkeitsvermerk (für die spätere Planung unentbehrlich), die Art der Arbeiten. In die Wochentagsrubrik kommt die Zeit. Am Ende der Woche sehen Sie, welche Arbeiten Sie die meiste Zeit gekostet haben.

Zeit „Sprechen"	Mo	Di	Mi	Do	Fr.	Sa
sehr wichtig/z. B. Vortrag						
wichtig/z. B. Anweisung						
nötig/z. B. Telefonate mit Kunden						
unnötig/z. B. Plauschereien						
unsinnig/z. B. Schimpfen ü. Störungen						
Zeit „Schreiben"						
sehr wichtig/z. B. Bericht						
wichtig/z. B. Protokoll						
nötig/z. B. Korrespondenz						
unnötig/z. B. Aktennotizen zu Banalitäten						
unsinnig/z. B. Notieren von Dingen, die sich kopieren lassen						
Zeit „Lesen"						
sehr wichtig/z. B. Fachberichte über Neuentwicklungen						
wichtig/z. B. Korrespondenz						
nötig/z. B. Tagesmeldungen						
unnötig/z. B. viele Lokalmeldungen für manche Leser						
unsinnig/z. B. fast alle Comic-Strips						

Setzen Sie die Tabelle nach Bedarf fort, z.B. mit Rubriken wie 'Rechnen' (Kalkulieren)/ 'Zeichnen' (Entwerfen)/ 'Telefonieren'.

Wenn Sie über solche Protokolle genau erkennen lernen, wie sich Ihre Zeit verbraucht, so ist es verhältnismäßig leicht zu korrigieren, um bei der Planung zu einer besseren Zeiteinteilung zu kommen.

Ein ganz besonderer Fragebogen

In dem Buch 'Frag' dich vorwärts' besprechen wir ausführlich ein besonderes Formular, welches wir Ihnen hier kurz vorstellen.

Problemanalyse mit Ansatz für einen Lösungsvorschlag

Problemkennzeichnung

Entwicklung/ Wie kam es dazu?	Verhinderung/ Wie wäre es zu verhindern gewesen?

Beteiligte Betroffene?	Zeitverbrauch	Benötigte Mittel und Material	Wo und wie zu beschaffen?
	Das Problem (in Stichworten)		
	Zeitdauer/Termine		
Anzusprechende			

Problemlösung (Lösungsansatz)

Reihe der Maßnahmen	Sachbearbeiter	Mittel Material	Zeiten Termine

Die Kennzeichnung der Rubriken spricht für sich. Mit Hilfe solcher Blätter sind Problemlösungen leichter zu finden. Es wird sichtbar gemacht, was alles in ein Problem hineinspielt. So vermeidet man einerseits später gleiche Fehler und findet andererseits Ansätze für die Lösung dieses und ähnlicher Probleme. Am besten, Sie erproben seinen Einsatz an einem bei Ihnen anstehenden Problem.

Fragen mit Checkliste

Bei Problemlösungen wird in der Praxis häufig mit Checklisten gearbeitet. Checklisten sind Fragereihen, die Punkt für Punkt durchzuarbeiten sind. Sie kennen Sie beispielsweise von der TÜV-Kraftfahrzeugüberprüfung her. Viele Verlage geben für häufig auftretende Probleme allgemeinverständliche Checklisten heraus (z.B. der verlag moderne industrie/Landsberg). Für Ihre speziellen Probleme sollten Sie sich die Checklisten maßschneidern. Hier einige Anhaltspunkte:

- Fragen Sie zunächst 'Worin besteht mein Anliegen, das Problem, die Aufgabe, die Schwierigkeit ...?'
- Fassen Sie die Frage bzw. die Antwort auf das WORIN in klare Worte!
  z.B.: 'Ich lese zu langsam!' oder 'Ich verbrauche zu viel Zeit für die Lesearbeit!'
- Erforschen Sie die Ursachen. Zum Beispiel mit den Fragen 'Warum lese ich zu langsam?'- 'Was mache ich beim Lesen falsch?' - 'Wie machen es andere richtiger?'
- Fragen Sie weiter: 'Wieso taucht das Problem auf?' - 'Weshalb muß ich mich mit ihm auseinandersetzen?'
- Auch hierzu suchen Sie wieder Formulierungen feststellender Art oder weitere Fragen. Etwa: 'Andere sind mit der gleichen Lesearbeit in kürzerer Zeit fertig als ich - woran liegt das?'
- Das führt Sie zum Wunsch nach Auskunft: 'Von welchen Lösungsmöglichkeiten hörte ich schon?' - 'Sind Schnellesekurse seriös?'
- So tasten Sie sich an Lösungsmöglichkeiten heran: 'An welchem Kursus könnte ich teilnehmen?'

- Sie können aber auch weiterfragen: 'Welche anderen Lösungsmöglichkeiten bieten sich an?' 'Läßt sich der Lesestoff verringern?' - 'Was brauche ich überhaupt nicht zu lesen?' - 'Könnte ich Wege finden, mir die benötigten Informationen vortragen zu lassen?'
- Weitere Fragen mit entsprechenden Lösungsansätzen: 'Wer hat das gleiche Problem schon gehabt?' - 'Wer löste es und wie?' - 'Wer versuchte vergeblich zu einer Lösung zu kommen, und warum?' - 'Wie komme ich an derartige Erfahrungen heran?'

Mit der Zahl der Unterteilungen und zunächst einfachen Fragen stößt man automatisch tiefer in den Problembereich und analysiert ihn. Mancherlei Lösungsansätze finden sich so wie von selbst. Stehen später ähnliche Probleme an, kann auf frühere Checklisten zurückgegriffen werden.

Beispiel einer Fragereihe zum Thema 'Konzentration' (Mit Kenntnis der Ausführungen in Kapitel 2 werden Sie sicher zu Rande kommen):

- Bin ich konzentrationsschwach?
- Oder ist Konzentrationsmangel nur eine Ausrede für mein Desinteresse?
- Bin ich diszipliniert bei meiner Arbeit?
- Bin ich mit Sinn und Seele bei meinen Tätigkeiten?
- Beobachte ich genau, besonders dann, wenn Langeweile droht?
- Bemühe ich mich, Störungen zu mißachten?
- Stehen mir Zwischenziele und Endziel deutlich vor Augen?
- Bemühe ich mich um sorgfältiges Arbeiten?
- Gewinne ich Spaß an meinen Arbeiten?
- Vermeide ich es, mehreres gleichzeitig zu tun?
- Habe ich eine Rangliste an Arbeitsprioritäten?
- Bemühe ich mich auch ausreichend, diese Liste einzuhalten?
- Bestätigt die laufende Arbeit die Richtigkeit meiner Planung?
- Habe ich meine Umgebung an meine Arbeitszeiten gewöhnt?
- Berücksichtigt meine Umgebung meine Arbeitsgewohnheiten?
- Ist Einsicht bei anderen vorhanden, mich nicht abzulenken?
- Bleibe ich gelassen, wenn dennoch Störungen auftreten?

- Bemühe ich mich bei meiner Arbeit immer um Selektion?
- Verschwende ich keine Aufmerksamkeit an Unwichtiges?
- Tue ich das, was nun einmal zu tun ist, mit voller Hingabe?
- Setze ich mich immer hundertprozentig ein?
- Beachte ich den Wechsel von Pausen und Arbeit?
- Vermeide ich es, in Pausen weiterzuarbeiten?
- Verstehe ich es, mich richtig zu entspannen?
- Bedenke ich auch den Erholungswert der Freizeit?
- Setze ich eine Entspannungsmethode ein?
- Mache ich Körperübungen, Gymnastik, Sport?
- Bin ich bemüht, mich neuen Gedanken, Einsichten zu öffnen?
- Hat auch Gelassenheit in meinem Leben ausreichend Platz?

Fragen nach dem Lehr- und Lernstoff

Sich richtig zu informieren heißt Neues, Verwendbares kennenzulernen. Informationsvorgänge sind Lernprozesse. Schon das Kind lernt, indem es sich zu informieren sucht. Das geschieht noch unsystematisch – dafür hat das Kind auch noch ausreichend Zeit. Uns fehlt sie meist, wir müssen System in unser Lernen, in unsere Informationsaufnahme bringen. Was wir beibehalten sollten: den kindlichen Spaß an der Aufnahme von Wissen. Wir dürfen nicht planlos, sondern müssen sehr gezielt fragen, wenn wir uns informieren wollen. Unsere Freiheit besteht zu einem guten Teil darin, Verantwortung für die aufgenommenen Informationen zu übernehmen. Fragen Sie nach dem Nutzen für sich und die Gemeinschaft, wenn Sie unter Informationen auswählen. Steht deren Wert fest, gilt die nächste Frage dem schnellen Einstieg.

Um nochmals ein früheres Beispiel aufzugreifen: Wenn Sie vom Wert des 'Rationellen Lesens' überzeugt sind und wissen, daß sich mit seiner Hilfe die Leseleistung verdoppeln läßt, dann fragen Sie: 'Wie kann ich es erlernen?' Ein Kursus oder Selbstunterrichtswerk können es Ihnen vermitteln. Nehmen wir an, Sie hätten sich für den Selbstunterricht entschieden. Werden Sie dann nicht müde, weiterzufragen! Etwa so: 'Wie wird das Wissen vermittelt?' - 'Finde ich praktische

Übungen?' - 'Wird gesagt, mit welchem Zeitaufwand ich rechnen muß?' - 'Gehen die Aussagen vielleicht andere Wege als meine Erwartungen?'-

Wenn Sie ein Lernprogramm des 'Rationellen Lesens' haben, dann ist der Weg ohnehin genau vorgezeichnet. Wollten Sie aus einem Buch lernen, müßten Sie weiterfragen: 'Welche Kapitel bringen mich besonders voran?' 'Gibt es Ordnungsmittel, Register, Verzeichnisse usw., an denen ich mich genau orientieren kann?'

Es geht also bei Lehrstoffen darum, durch gezieltes Fragen den Überblick über seine Brauchbarkeit zu erhalten. Mancher Informationsstoff ist gar nicht für Sie bestimmt. Es ist Ihre Arbeit und Ihr Zeitaufwand, wenn Sie sich dennoch damit befassen. Ist ein Lernstoff für eine Alters- oder Berufsgruppe vorgesehen, der Sie nicht angehören, so erkundigen Sie sich, ob es nicht speziell für Sie etwas gibt, dem der Vorrang zu geben ist. Ebenso wie man fragen kann: 'Für wen ist ein vorliegender Lehrstoff bestimmt?' sollte man auch fragen: 'Für wen ist er nicht bestimmt?'

Richten Sie Ihr Augenmerk bei Lernstoffen auch auf gute Gliederung, auf die Überschaubarkeit des Lernweges, die Überprüfung Ihres Fortschritts. Achten Sie auch auf nötige und unnötige Wiederholungen, die Zusammenhänge zwischen den einzelnen Aussagen und darauf, wie alles in den Gesamtkontext paßt. Natürlich sollte ein Lernstoff aktuell sein und möglichst Angaben darüber enthalten, wie nach seinem Abschluß weitergearbeitet werden kann. Wenn er außerdem noch Merkhilfen und Ratschläge für Ihre Lernarbeit gibt, ist er für Sie sicherlich wertvoll.

Richtigkeit und Schwierigkeit

Immer wenn Sie in ein neues Thema oder Kenntnisgebiet einsteigen, werden sich Fragen nach der Richtigkeit und Schwierigkeit ergeben. Das gilt für Lesestoffe wie für Akustisches, für Bilder, statistische Darstellungen, Formeln, kurz für alle Informationen. Sie können Falsches erlernen, das wäre schlecht. Sie können aber auch aus dem Falschen lernen - und sei es nur, was man unterlassen sollte. Versuchen Sie auf folgende Fragen Antwort zu finden:

- Enthält der Stoff sachliche Fehler (kann ich sie erkennen)?
- Lassen sich 'Schönheitsfehler' (wie schlechte Formulierungen oder kleinere Druckfehler) übergehen, ohne daß das Verständnis leidet?
- Wenn nicht, auf welchen Stoff kann ich ausweichen?
- Woher bekomme ich sachlich richtigen Lernstoff?
- Beherrscht der Darbietende sein Thema ausreichend? (Wenn nicht, − wechseln!)
- Ist das Thema weder zu umständlich noch zu knapp dargestellt?
- Kann ich mich mit meinem Lernen dem Schwierigkeitsgrad des Stoffes anpassen?
- Welche Toleranzen kann ich zulassen. Also: Wie genau muß alles sein?
- Oder anders: Wie ungenau darf es sein (beispielsweise aus wirtschaftlichen Erwägungen)?
- Komme ich mit - oder ist es besser, zu einfacherer (ausführlicherer) Darstellungsweise überzugehen?
- Es kann auch etwas zu leicht sein. Frage: Werde ich auch nicht unterfordert?
  Es könnten sonst die Gedanken abschweifen.
- Werden Zusammenhänge sorgfältig erklärt?
- Andererseits: Erklärt ein Lehrer zu ausführlich, was leicht zu verstehen ist?
- Werden Übungsmöglichkeiten geboten, enthält der Stoff Aufgaben?
- Wird gesagt, wie das Erlernte in die Praxis übernommen werden kann?
- Ist der Stil verständlich, die Sprache angemessen?

Nicht immer werden Sie alle Fragen stellen können. Der Anfänger braucht geraume Zeit, bis er methodisches Einfragen in einen Lernstoff beherrscht. Doch bemühen Sie sich von Anfang an darum, dann werden Sie Gewinne für Ihre Konzentration, Ihren Lernerfolg, Ihr Gedächtnis, Ihren Zeitaufwand verbuchen.

Fragen im Gespräch

Verhelfen Sie Ihren guten Gedanken durch gezielte Fragen zum Durchbruch, wenn Sie mit anderen Informationsgespräche führen! Wenn Sie in Gesprächen Ihre Ansichten oder Absichten durchsetzen, so sind das für Sie Erfolge. Sie gelangen um so sicherer zum Erfolg, je präziser Sie fragen.

Keine Maschinengewehrfragen

Wer fragt, muß dem Befragten für die Antwort Zeit lassen. Hintereinander herausgesprudelte Fragen tun das nicht – sie verwirren nur. Achten Sie bei anderen darauf, ob diese Sie auf diese Weise verwirren wollen (Maschinengewehrfragen sind ein Mittel der unfairen Dialektik). Lassen Sie also andere zu Wort kommen, und achten Sie darauf, daß auch Ihnen Zeit für Antworten bleibt.

Selbstverständlichkeiten

Fragen müssen klar und unmißverständlich sein. Geschickte Frager 'testen' ihren Gesprächspartner darauf hin und stellen erst dann ihre eigentlichen Fragen, wenn sie wissen, daß diese verstanden werden. Kurze Formulierungen tragen im allgemeinen immer zur Verständlichkeit bei. Erst wenn die Frage nicht verstanden wurde, gegebenenfalls weiter ausholen. Bedenken Sie, daß lange Formulierungen unterschiedliche Aussagen zulassen (das gilt nicht nur für Fragen). Neuer Gedanke = neue Frage! Also nicht mehrere Dinge in einer Frage klären wollen. Besonders günstig ist es, wenn Fragen so gestellt werden, daß der Befragte einen Vorteil für sich selbst erkennt.

Gegenfragen

Gegenfragen werden auch als unerlaubte Mittel unfairer Dialektik eingesetzt. Im Alltag gelten sie als ungehörig. Weisen Sie sie höflich, doch bestimmt zurück. Sie können auch sagen, daß die Gegenfrage wohl interessant sei, man jedoch die erstgestellte zuerst beantwortet haben möchte.

Genauigkeit

Achten Sie darauf, daß Antworten korrekt sind. Daten oder Meßwerte in Antworten sollten genau und nicht 'in etwa' gegeben bzw. verlangt werden. Bei Ungenauigkeiten nachfragen.

Nein-Blockade

Vermeiden Sie Fragen, die ein schroffes 'Nein!' provozieren könnten. Besser ist es, so zu formulieren: 'Sind Sie mit mir einig ...?' — 'Könnten Sie sich unter diesen Voraussetzungen entschließen ...?' (Der Gefragte wird dann wohl nach diesen Voraussetzungen fragen). Bedenken Sie: Ein hartes 'Nein!' kann das Gespräch frühzeitig beenden.

Alternativen, die keine sind

Die Frage 'Lag die Münze auf der Zahl- oder Wappenseite?' ist, streng genommen, keine Alternative, denn die Münze könnte (wenn auch in seltenen Fällen) auf der Kante stehengeblieben sein. 'Stand die Ampel auf Rot oder Grün?' übersieht, vielleicht sogar in böser Absicht, daß es auch ein Gelb auf der Ampel gibt. Stellen Sie niemals 'Entweder-oder-Fragen', wenn es noch weitere Möglichkeiten gibt, und wehren Sie sich mit dem Hinweis auf diese anderen Möglichkeiten gegen derartige Unfairneß.

Mehrere Fragen in einer

Niemand darf korrekterweise mit einer Frage gleich mehrere Antworten einkassieren wollen. 'Würden Sie heute mal eine Stunde länger bleiben und danach die Post wegbringen?' ist schon eine solche Frage. Vielleicht würde der Befragte, wenn auch nicht gern, eine Stunde länger bleiben, aber es ist ihm nicht möglich, den Umweg über die Post zu machen. Vielleicht würde er auch die Post mitnehmen, hat aber keine Zeit für die Stunde mehr. Stellen Sie Ihre Fragen einzeln, und wenn Sie der Befragte sind, nehmen Sie in Ihrer Antwort einzeln Stellung.

Übersicht über die wichtigsten Fragearten

Alternativfragen

Fragen, auf die mehrere Antworten zur Auswahl stehen (streng genommen nur zwei: Ja/Nein, Entweder/Oder — wird aber heutzutage oft erweitert).
'Ich habe hier Bier, Wein und Mineralwasser, was möchten Sie trinken?' (setzt voraus, daß der andere überhaupt etwas trinken will.)

Bestätigungsfragen

Diese Fragen nehmen die Antwort, die die eigene Meinung bestätigen soll, schon vorweg: 'Sie halten doch Tee auch für bekömmlicher als Kaffee?' 'Sie sind doch mit mir einig, wenn ...?'

Direkte Fragen

Fragen, die ohne Umschweife die Antwort einholen wollen: 'Wohin führt dieser Weg?'- 'Was kostet das?' - 'Wie schnell können Sie liefern?'

Entscheidungsfragen

Unterform der Alternativfragen, mit denen eine Entscheidung herbeigeführt werden soll: 'Darf ich Sie morgen um 18.00 h erwarten?'

115

Ergänzungsfragen

Fragen zu bereits früher gestellten, die zusätzliche Information einholen wollen: 'Verstehe ich Sie richtig, wenn ...?' - 'Könnten Sie mir das genauer erläutern?'

Fangfragen

Fragen, die eine andere Auskunft einholen wollen, als ihr Wortlaut vortäuscht, und den Befragten gewissermaßen in eine Falle locken: 'Wie gefällt Dir mein neuer Mantel?' könnte heißen: 'Bist Du nicht neidisch auf meinen neuen Mantel/daß ich mir schon wieder etwas leisten kann?', 'War es schön gestern abend?' könnte heißen: 'Was habt Ihr gestern noch ohne mich gemacht?'

Gegenfragen

Mitunter eine Unhöflichkeit oder Verlegenheitsmaßnahme, wenn eine unangenehme Frage gestellt wird (oder wenn der Befragte keine Antwort weiß). Sie sollten vermieden oder mit ehrlichem 'Ich weiß es nicht!' beantwortet werden. Manchmal ist eine Gegenfrage auch das Zurückschlagen bei dialektischer Unfairneß. 'Können Sie hier überhaupt mitreden?'/'Und Sie - haben Sie selbst fundierte Kenntnisse?' Auch hier wäre es besser, so zu antworten: 'Ich kann sehr wohl mitreden, doch weiß ich nicht, ob Sie es können!'

Taktische Gegenfrage

Diese Frage folgt nicht einer anderen, sondern ist gegen einen Einwand gerichtet. 'Das finde ich aber sehr teuer!' - 'Wissen Sie auch, daß dieses Gerät völlig wartungsfrei ist und Ihnen damit erhebliche Kosten einspart?'

Herausforderungsfrage

Meist nur eine Unterstellung, mit der der Befragte aus der Reserve gelockt werden soll. Zu jemanden, der sich etwas kaufen will: 'Machen

116

Sie den Kostenrummel auch mit?' Herausforderungsfragen unterstellen meist Falsches oder Boshaftes: 'Gehören Sie auch zu den Ewiggestrigen?' Am besten vermeiden bzw. sich dagegen wehren.

Geschlossene Fragen

Fragen, die eine Antwortmöglichkeit einschränken. Meist Alternativfragen: 'Ist das Kind ein Junge oder ein Mädchen?'

Höflichkeitsfragen

'Darf ich einen Moment stören?' Wer antwortet auf eine solche 'Höflichkeit' schon mit Nein! ?
Solche Fragen verquicken eine Vorausentschuldigung mit der Ankündigung eines Anliegens: 'Ich möchte gar nicht stören, sehe aber keine andere Möglichkeit!'

Indirekte Fragen

Fragen, mit denen etwas anderes ermittelt werden soll, als der Wortlaut ermuten läßt (oft zugleich Fangfrage und unseriös): 'Hast Du richtig gewählt?'
Will ermitteln, was der andere wählte. Mitunter haben indirekte Fragen noch nicht einmal strenge Fragenform: 'Das kannst Du dir doch nicht leisten!'

Informationsfragen

wollen in der Form der direkten Frage unmittelbar eine Auskunft einholen: 'Wie spät ist es?'- 'Was kostet es?'

Innovationsfragen

Fragen, die einen Denkprozeß anregen sollen: 'Welche Möglichkeiten für eine Lösung des Problemes sehen Sie?'

Ja-Fragen

Fragen, die ein zwingendes 'Ja' herausfordern: 'Möchten Sie nicht mit weniger Mühe mehr Geld verdienen?' Ja-Fragen werden in Verkaufsgesprächen mitunter zu einer Kette verbunden, um den Befragten über eine Reihe von Zustimmungen systematisch zum Kaufentschluß zu führen.

Kontrollfragen

Sie können mit Bestätigungsfragen identisch sein, doch kann es sich auch um eine Kontrolle des Gesprächsfortschritts handeln: 'Ist Ihnen klar, daß es nicht so sehr auf die Stärke der Wand als auf die Wärmedämmung ankommt?'

Kritikfragen

Positive Form einer Kritik. Es ist besser zu fragen: 'Wie konnte es zu diesem Fehler kommen?' als zu schimpfen: 'Da haben Sie aber miserabel gearbeitet!' Kritikfragen müssen so gestellt werden, daß sie zum Nachdenken und zur Einsicht führen.

Motivationsfragen

Fragen, die anregen, stimulieren (auch loben) sollen: 'Wie konnten Sie das nur so schnell erlernen?' (regt zu weiterem Lernen an.)

Multiple-Choise-Fragen

Fragen, zu denen Auswahlantworten vorgegeben sind: 'Welcher Bleistift zeichnet am härtesten?': 3H / HB / 3B. Mit Auswahlantworten wird heute vielfach in Prüfungen gearbeitet.

Offene Fragen

Fragen, auf die der Befragte beliebig viele Antworten geben könnte: 'Was halten Sie von Kernenergie?' Selbst auf die Frage: 'Wie viele

Einwohner hat München?' gibt es unendlich viele Antwortmöglich-
keiten, wenngleich nur eine die richtige ist.

Rhetorische Fragen

Fragen in Gespräch oder Rede, auf die keine wörtliche Antwort
erwartet wird, die aber Zustimmung erzeugen sollen: 'Ist es nicht unsere heilige Pflicht?' 'Wollen wir nicht das Beste für unsere Mitglieder?'
Rhetorische Fragen sind in Überzeugungsreden beliebt. Es folgt eine
kleine Pause, damit sich die Hörer die richtige Antwort denken
können.

Streitfragen

In Frageform ausgedrückte Probleme, über die sich streiten läßt, weil
es verschiedene Problemlösungen gibt (oder geben könnte): 'Soll die
Todesstrafe wieder eingeführt werden?' (Beliebtes Übungsthema in
Rednerkursen). Streitfragen werden oft derart formuliert, daß alle im
Gespräch Beteiligten sich engagieren: 'Müssen wir nicht die Wieder-
einführung der Todesstrafe verlangen?' Allerdings sollten Streitfragen
so formuliert sein, daß auch eine Einigung im Gespräch möglich ist, es
sei denn, man will lediglich die verschiedenen Standpunkte ermitteln.

Suggestivfragen

Sie legen dem Angesprochenen eine Antwort im Sinne des Fragenden
in den Mund 'Sie müssen mir doch zustimmen ...?' 'Das haben Sie
doch so gemeint ...?' Oft sind Suggestivfragen identisch mit Motivierungsfragen oder rhetorischen Fragen. Auch mit Suggestivfragen soll
ja eine Beeinflussung vorgenommen werden. Da Suggestivfragen oft
mit Scheinantworten arbeiten, sollten Sie sich wehren, wenn man sie
Ihnen stellt: 'Sie wollen doch nicht diesen ehemaligen ... wählen? - 'Ich
wähle den, den ich für den Fähigsten halte!'

Vertrauensfrage

(Nicht in der parlamentarischen Bedeutung zu verstehen.) Hier
handelt es sich um Fragen, mit denen man sich vergewissern will, ob

der Gesprächspartner auf der gleichen Linie liegt wie der Fragende. 'Sind wir uns soweit einig?' Es handelt sich um keine spezielle Frageform, vielmehr treten Vertrauensfragen in Form der vorher genannten auf.

Wissensfrage

Siehe 'Informationsfrage'.
Trainieren Sie die verschiedenen Frageformen einzusetzen, damit Sie Ihren eigenen Ansichten zum Erfolg verhelfen! Achten Sie darauf, welche Fragearten andere einsetzen. Denken Sie dann auch an die empfohlenen Abwehrtechniken!

10. Karteiarbeit für Lernende und geistig Schaffende

Mit eigenen Karteien zu arbeiten ist sowohl für den Lernenden als auch für den geistig Schaffenden in der Praxis unentbehrlich. Zwar wird mancherlei von den nachstehend besprochenen Arbeitsweisen über kurz oder lang sicherlich dem Computer übergeben werden – wo heute noch Karten mit der Hand gemacht werden müssen, genügen dann ein paar Tastendrücke ... Solange jedoch nicht jeder wirklich zeitsparend und fehlerlos mit diesen Geräten arbeiten kann (überhaupt die Technik zur Verfügung hat), sollte er die alte Arbeitsform kennen und sich mit ihr behelfen. Die Grundprinzipien sind gleich. Was an einer Kartei erlernt wurde, kann zur gegebenen Zeit leicht auf den Computer übertragen werden.

Vorteile der Karteiarbeit: Rascher Zugriff auf Informationen; nahezu unbegrenzte Erweiterungsfähigkeit; Altes kann aussortiert werden; Platz wird gespart: Karten, Kartengruppen und die ganze Kartei lassen sich schnell umstellen; Kosten sind niedrig; Wartung entfällt; Karteiarbeit erleichtert das Suchen nach Ablagegut erheblich. Einen Stapel Bücher, aus denen jeweils nur einige Stichwörter gebraucht werden, kann man schwerlich in eine Sitzung mitnehmen, mit ein paar Karteikarten ist das einfach. Verschmutzte oder überholte Karten lassen sich leicht erneuern. Durch Auswahl verschiedener Farben kann bereits eine Vorordnung erreicht werden.

Beispiele und Tips für Karteien

Bücherkartei

Darin werden die eigenen Bücher (Titel, Verlagsangaben, kurzer Inhaltsumriß) aufgenommen. Auf andersfarbigen Karten können ausgeliehene Bücher oder noch zu beschaffende aufgeführt werden. Bei der Arbeit kommen zusätzliche Hinweise auf die Karten, wann und wofür das Buch genutzt wurde (hilft besonders bei späteren Literaturhinweisen).

Fachgebietskartei

Sammelt in Stich- und Schlagwörtern mit zugehörigen kurzen Erläuterungen Aussagen über Fachwissen und spezielle Allgemeininformationen — jenen Stoff, mit dem laufend gearbeitet wird. Nimmt vor allem Kurzexzerpte auf. Unentbehrlich für Schreibende und Vortragende, aber auch für Lernende allgemein, insbesondere zur Vorbereitung auf Prüfungen.

Zitaten- und Ausspruchskartei (Bonmot-Kartei)

Nimmt wortwörtliche Aussprüche von anerkannten Persönlichkeiten auf. Kann ergänzt werden durch eigene, gelungene Formulierungen, die dann auf Karten anderer Farben erscheinen.

Bildkartei

Sammelstelle für Bilder, Fotos, Zeichnungen, statistische Darstellungen u.ä. Unterlagen, die schnell griffbereit sein müssen. Sammelgut, welches größer ist als das Kartenformat, wird gefaltet, in kartengroße Taschen (Umschläge) gegeben und in die Kartei eingeordnet. Kann oder darf Bildmaterial nicht gefaltet werden, so kommen Hinweiskarten (anderer Farbe) in die Bilderkartei, die die Aufbewahrungsstellen nennen und Arbeitshinweise geben. Negative von Fotos werden in Klarsichthüllen gesteckt und auf der Rückseite von Karteikarten aufgeklebt.

Fundstellen-(Quellen-)Kartei

Sie sagt, wo Informationen für ein bestimmtes Sachgebiet zu finden sind. Hier erscheinen Adressen von Bibliotheken und Museen (mit Öffnungszeiten), Schulen mit ihren Lehrplänen, welche Sender wann welche wissenschaftlichen Programme bringen. Auch Buch- und Zeitschriftentitel finden Eingang (wenn keine besondere Bücherkartei geführt wird).

Ideenkartei

Urform = Zettelsammlung. Die Idee wird als Stichwort (Überschrift) am oberen Kartenrand vermerkt. Dazu kommen die weiteren Gedanken zum Thema. Die einzelnen Karten so lange ergänzen, bis die Idee realisiert oder als unrealisierbar aufgegeben wird. Karten können alphabetisch oder nach Sachgebiet abgelegt (bzw. nach Gebrauch vernichtet) werden. Abgelegt wandern sie in die Fachgebietskartei. Unentbehrliches Hilfsmittel für alle schöpferischen Menschen. Immer ein paar Karten/Zettel mit sich führen und jede Idee gleich festhalten!

Formelkartei

Nimmt Formeln, Lehrsätze, Axiome auf und kann durch Aufgaben und Beispiele ergänzt werden. Bei mathematischen Lehrsätzen sollten auch die Beweise eingefügt werden. Eignet sich besonders zur Vorbereitung auf Prüfungen.

Fragesatzkartei

Spezielles Lernmittel und Hilfe für Examina. Geordnet nach Schlagwörtern (sachbezogene Ordnung). Diese Kartei enthält, in möglichst präziser Formulierung, Fragen, die sich auf wichtige Lerninhalte beziehen. Die Antwort wird unmittelbar beigegeben. Kurz vor Prüfungen durchgehen — Wissen wird ins Gedächtnis gerufen.

Fremdwort- und Fremdsatzkartei

Hierher kommen weniger geläufige Termini aus Fremdsprachen und Fachsprachen. Zu Fremdwörtern sind immer ein oder zwei Satzbeispiele aufzuführen. Besonders nützlich für das Vokabellernen = die Erweiterung des Wortschatzes.

Adressenkartei

Alphabetisch geordnete Sammlung aller wichtiger Adressen. Hierbei kann durch die Farbe der Karte wieder die Art der Adresse besonders kenntlich gemacht werden (Schulen, Institute, Geschäftspartner, Privatadressen, Helfer wie Ärzte, Handwerker ...) Karten erhalten Notizen über Kontakte, Korrespondenzdaten, Art der Zusammenarbeit. Diese Kartei ersetzt u.a. das Telefonregister.

Inhaltsverzeichnis in Karteiform

Ordnungshilfsmittel für jede Sammlung. Das Sammelgut selbst wird einfach in der Reihenfolge des Einganges abgelegt, braucht also nicht in Sachgebiete unterteilt zu werden. Die Karteikarte hält Stichwort, laufende Nummer des Ablagegutes und den Vermerk, wo es zu finden ist. Durch die laufende Ablage braucht nicht für die einzelnen Sachgebiete Platz auf Vorrat gehalten zu werden. Besonders geeignet, wenn auf vielen Interessen- oder Fachgebieten gesammelt wird.

Finanzkartei

Kann oft im Kleinstformat DIN A7 gehalten werden und nimmt Zahlungserwartungen und -verpflichtungen auf (durch verschiedene Farben kennzeichnen). Kärtchen werden dann, je nach Bedarf, in Wochen-, Monats-, Vierteljahres- oder Jahresregister abgelegt, d.h. gesonderte Ordnungskarten, die aus dem Stapel etwas hervorragen, geben die Zahlungstermine an.

Beispiel einer Karteikarte aus der Fachgebietskartei:

Beobachtungsschulung   RL/Beo

im Lesetraining)

Gleichzeitig Konzentrationstraining. Da Lesen Augenarbeit, hat B. starken Anteil
im Lesetraining.

Spezielle Übungen (Tachistoskop/Blitzkartentechnik s. dort) schulen das Auge,
größere Gruppen von Zeichen in kürzeren Fristen zu erfassen.

Nicht mehr so vergeßlich sein/127 ff
Schneller lesen —besser lesen/85 ff

verwendet in bsl-TaBu 1974
               Info   1976

Schlagwort/Stichwort | Kurzerklärung | Kurzzeichen der Karte
Hinweise auf Bücher mit weiteren Erläuterungen
Hinweise auf eigene Nutzung
(Auf der Rückseite können Kurzexzerpte aus verschiedenen Schriften erscheinen)

DIN-Formate

Da handelsübliche Karten nahezu ausnahmslos der DIN A-Reihe folgen, ist es am zweckmäßigsten, bei dieser zu bleiben.

DIN A4 (für Karteien selten benutzt) = 297 mm x 210 mm

DIN A5 (für Fachgebietskartei und technische Sammlung empfehlenswert)
  210 mm x 148 mm

DIN A6 (Postkartengröße - für die meisten Karteien angemessen)
  148 mm x 105 mm

DIN A7 (für Inhaltsverzeichnis und Finanzkartei, ggf. auch für Adressen)
  105 mm x 74 mm

Ergänzung: Für Zeichnungen benötigt man oft die größeren Formate, die sich aber durch Faltung auf das jeweils nächstkleinere zurückbringen lassen. Die DIN-Reihe beginnt mit dem 1 m² großem Blatt.

DIN A0: 1189 mm x 841 mm
DIN A1: 842 mm x 594 mm
DIN A2: 594 mm x 420 mm
DIN A3: 420 mm x 297 mm

Die B- und C-Formate / sind Zusatzreihen für abhängige Papiergrößen wie z.b. Briefhüllen, Mappen, Aktendeckel, Ordner.

Stärke des Karteikartons

Die Dicke der Kartonkarten wird nach dem Papiergewicht angegeben. Um Karten in die Maschine spannen zu können, sollten sie nicht zu dick sein. Andererseits haben häufig gebrauchte Karten einiges auszuhalten. Die handelsüblichen Stärken liegen zwischen 150 g und 300 g / m². Im Gebrauch sind zumeist jene von 190 g Stärke. Von solchen Karten gehen 100 Stück auf 21 mm (Platzbedarf im Stapel oder Karteikasten). 1000 Karten benötigen also einen Kasten von mindestens 210 mm Länge. Er sollte jedoch etwas größer sein, damit auch Ordnungskarten Platz finden und der Kartenblock etwas schräg gelegt bzw. bewegt werden kann. Bei selten benötigten Karten ist es denkbar, sie aus festem Papier (etwa 90 g / m²) zu schneiden, doch sollten dann die Stützkarten (die zugleich das Register bilden) aus fester Pappe oder Kunststoff sein.

Farben der Karten

Wählen Sie blasse Farbtöne, weil sich von diesen schwarze bzw. dunkle Schrift deutlich abhebt. Am besten zu lesen ist schwarze Schrift auf gelbem Grund. Vermeiden Sie zu dunkle rote und blaue Karten, weil sich von ihnen die Schrift schlecht abhebt. Hingegen können Registerkarten — schon zur besseren Unterscheidung — dunkle Farben erhalten. Beschriftung mit Maschine und sattem schwarzen Farbband oder dunklem Stift. Achtung: Manche Karteikartons verblassen schnell im Tageslicht. Karteikästen geschlossen halten, wenn die Kartei nicht gebraucht wird. Bedenken Sie mögliche Verschmutzung. Weiße Karten sind in der Werkstatt deplaziert. Nützen Sie unterschiedliche Kartenfarben zur Kennzeichnung unterschiedlicher Karteien und

Karten. Beispiel: In der Bücherkartei werden eigene Bücher in anderer Farbe gekennzeichnet als die auszuleihenden Titel, die dort ebenfalls Aufnahme finden. Ebenso könnten Büchergruppen farblich unterschieden werden (Verschiedene Sachgebiete oder Fachbücher/Unterhaltung).

Faltungen

Falten Sie größere Karteiformate auf kleinere zurück, wenn Sie sie auch in der normalen Kartei unterbringen wollen.

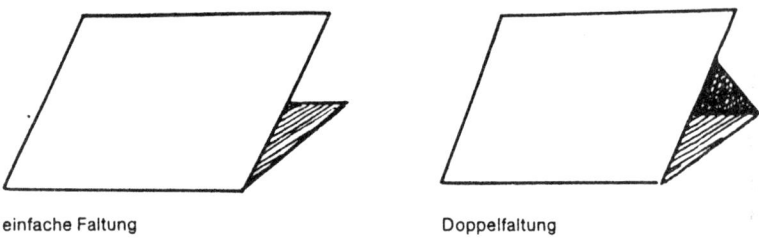

einfache Faltung   Doppelfaltung

Achten Sie jedoch darauf, daß beim Einstellen in den Karteikasten nicht kleinere Formate in die gefalteten hineinrutschen.

Karteitaschen

Für gebräuchliche Kartenformate gibt es fertige Taschen im Handel. Es lohnt nur, sie anzuschaffen, wenn größere Mengen gebraucht werden. Ansonsten Taschen aus Brief- oder Klarsichthüllen schneiden.

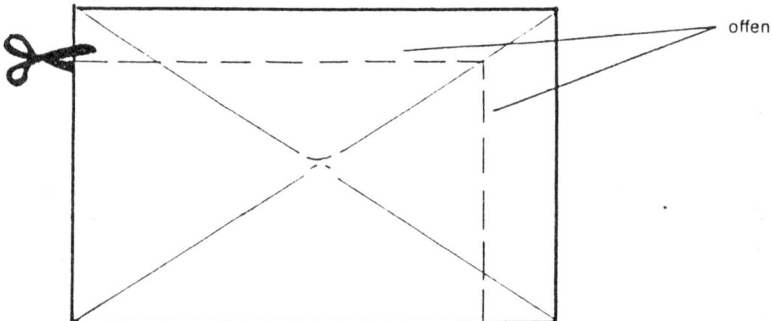

offen

Daß bei derart selbstgefertigten Taschen zwei Seiten offen bleiben, stört im allgemeinen nicht. Wenn doch, so ist eine Seite mit einem Klebstreifen zu schließen. Die Außenseiten der Taschen werden wie normale Karteikarten beschriftet.

Achtung: Handelsübliche Taschen oder auch normale Karten, die schon mit vorgedruckten Schreiblinien versehen sind, darauf überprüfen, daß diese Linien parallel zum waagerechten Rand verlaufen, da es sonst bei maschineller Beschriftung Ärger gibt.

Einteilung

Betrachten Sie nachstehendes Muster als Vorschlag. Nach kurzer Zeit eigener Versuche werden Sie sicher bald die für Sie zweckmäßigste Karteneinteilung selbst herausfinden.

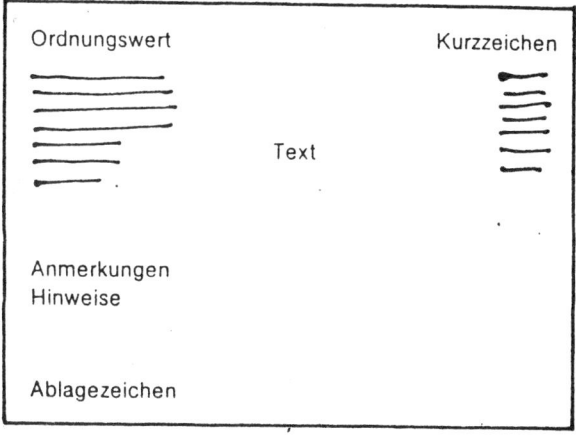

Wie immer die Einteilung vorgenommen wird, welche Kartengröße und -farbe Sie auch wählen, welche Beschriftungen verwendet werden, es sollte auf allen Karten einer Kartei Gleichheit herrschen. Abweichungen sind nur dann erlaubt, wenn es zwingende Gründe dafür gibt.

Leitkarten, Hinweiskarten, Ordnungskarten

Karten, die durch besondere Farbe, Reiter oder Kennzeichen hervorgehoben sind, können Hinweise auf anderes Material geben. Wird z.B. unter verschiedenen Ordnungswörtern gleiches ausgesagt, genügt es, nur eine Karte voll zu beschriften. Die anderen erhalten dann nur einen kurzen Hinweis auf das Ordnungswort, unter dem der ausführliche Text zu finden ist. Die einfachste Ordnungsform ist fast immer die alphabetische.

Registerkarten gibt es im Handel, ebenso Karten mit herausstehenden Abschnitten (zur Beschriftung) − sogenannten Tabs − oder vorgedruckten Schneidelinien dafür.

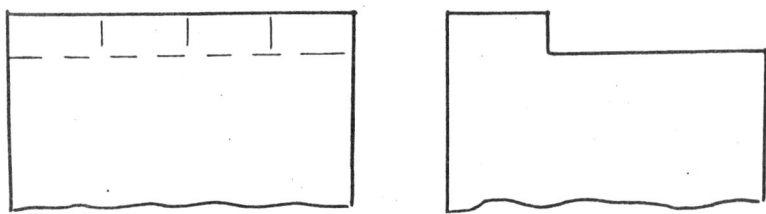

Weitere Möglichkeiten, zu kennzeichnen und zu ordnen, bieten Aufsteckreiter, die es in zahlreichen Varianten im Handel gibt. Besonders praktikabel sind dabei jene, die ein Fenster mit auswechselbarem Beschriftungsfeld haben.

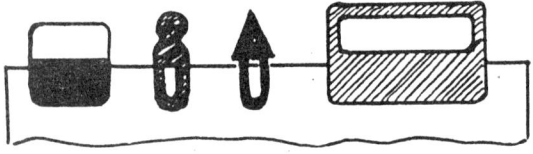

Alphabetische Ordnung

Für die alphabetische Ordnung gelten die Regeln der DIN 5007, denen unter anderem zu entnehmen ist, daß Umlaute wie Doppellaute einzuordnen sind (Ä = Ae); ch zwischen cg und ci steht und sch wie st zwar geschlossene Gruppen bilden können, doch dann als Gruppe

128

zwischen scg und sci bzw. ss und su einzuordnen sind; ß gilt als ss. Je nach Zahl der Karten Ihrer Kartei teilen Sie gröber oder feiner auf:

Bis 150 Karten nur 5-fach = A / F / K / N / S
Bis 300 Karten 10-fach   = A / C / F / H / K / L / N / R / S / W
Bis zu 800 Karten 25-fach = wie Alphabet (I und J / P und Q / Y und X können dabei wahlweise zusammengenommen werden.)

Sind große Mengen einzuordnen, dann wird das ABC rund 100-fach unterteilt:

A al an ar	P pe pf po pr
B be bi bl bo	Q
C co	R re ri ro ru
D de di dr	S se si so
E ei em	T ti
F fi fr fo	U
G ge gi go gr	Ü
H he hi ho hu	V vi
I	W we wi wo wu
J je	X
K ke ki kl kn	Y
L le li lo lu	Z zi
M me mi mo mu	Sch schi schm scho schu schw
N ne ni no	St sta sti str
O oe oi oo	

Wir geben Ihnen deshalb eine ausführliche Darstellung alphabetischer Unterteilungen, weil sie nicht nur für die Karteiarbeit nützlich ist, sondern auch überall dort, wo Sammelgut alphabetisch zu ordnen ist.

Was bei der Karteiarbeit weiter zu beachten ist

Karten können verloren gehen, rutschen beispielsweise zwischen andere Unterlagen. Deshalb zur Regel machen: Nicht mehr benötigte Karten sofort wieder in die Kartei einordnen. Falsch abgelegte Karten sind fast verloren, besonders in umfangreicheren Karteien. Deshalb: Legen Sie sorgfältig ab!

Wenn auch die Erstellung einer Kartei aufwendig erscheint, scheuen Sie die Mühen nicht, außer Sie erwägen ernsthaft den Einsatz des Computers! Schon bei der Anlage der Karten wird ja gelernt, also zählt die Arbeit bereits zu den gedächtnisfördernden Maßnahmen. Auch im ganz privaten Bereich können Karteien nützlich sein. Man denke nur an die bekannten Hobby-, Ratschlags-, Spiele-, Rezepte-Karteien. Vielleicht schaffen Sie ähnliches durch Ausschneiden und Aufkleben entsprechender Zeitschriftenbeiträge. Für kleinere Kartensammlungen hält der Fachhandel Spezialordner bereit, in die die Karten übersichtlich eingesteckt werden können. Trommelkarteien sind Walzen, auf denen die Karten (auf Walze) so angebracht sind, daß sie durch Drehung schnell ins Blickfeld gebracht werden können. Hängekarteien sind Taschen oder Schnellhefter, die in einem besonderen Rahmen (mitunter im Schreibtisch ausziehbar eingebaut) eingehängt sind, so daß sie schneller griffbereit sind als aus dem Stapel. Für den einfachen Gebrauch eignen sich als Karteikästen feste Kartons, etwa im Schuhkartonformat. In stabilem Holz, Blech oder Kunststoff hat sie der Handel in vielen Ausführungen vorrätig.

Ordnungs- und Gliederungsarbeit mit einer Kartei

Es ist immer gut, seine Gedanken zu ordnen, bevor ein Aufsatz geschrieben oder eine Rede gehalten wird. Das gilt für jede Art von schriftlicher oder mündlicher Äußerung. Steht erst einmal ein Gedankengerüst, ist es leicht, die ausführenden Formulierungen dazu zu finden. Hier hilft Karteiarbeit in besonders hohem Maße. Die dabei verwendeten Karten werden auf einem großen Tisch ausgelegt oder an eine Pinnwand geheftet. Dabei kann so lange umgestellt, ergänzt, entfernt werden, bis die gedankliche Ordnung einwandfrei ist.

Beispiel:

Es soll ein Aufsatz geschrieben werden. Thema: 'Es ist notwendig, gut reden zu können!' Folgende Karten sind vorhanden (z.B. in der eigenen Fachgebietskartei) und werden nach einem Vorentwurf ausgelegt:

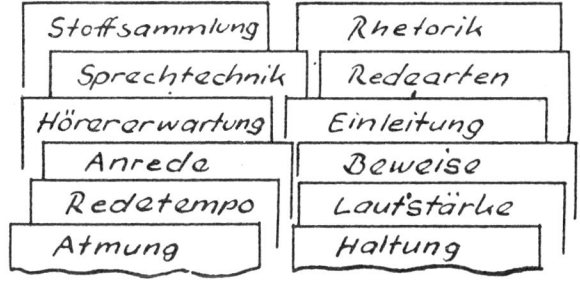

Anstelle von Karten können auch Notizzettel verwendet werden, wenn die Aussagen nur für dieses eine Mal gebraucht werden, keine weiteren Karten anzulegen sind und das ganze Material nicht aufbewahrt werden muß.

Die Karten/Zettel werden in eine Ordnung gebracht (Entwurf A):

Entwurf A

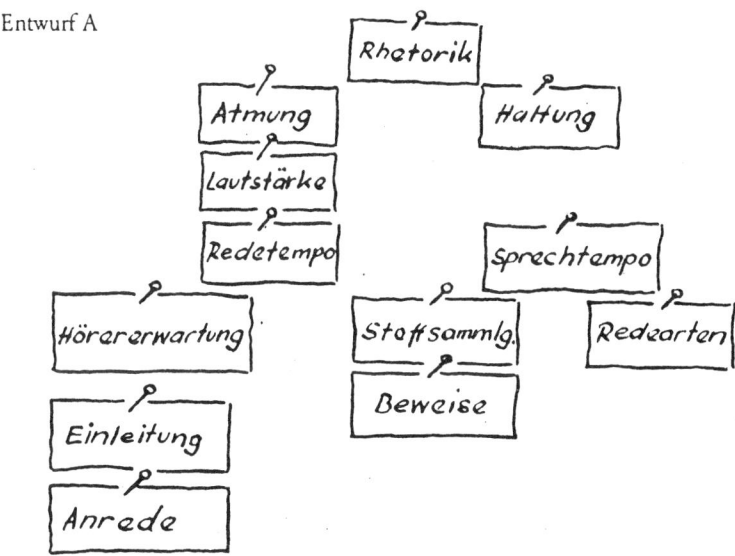

Es zeigen sich dabei Mängel und Lücken. Neue Karten oder Zettel werden hinzugezogen (neu entworfen), eine neue Ordnung entsteht:

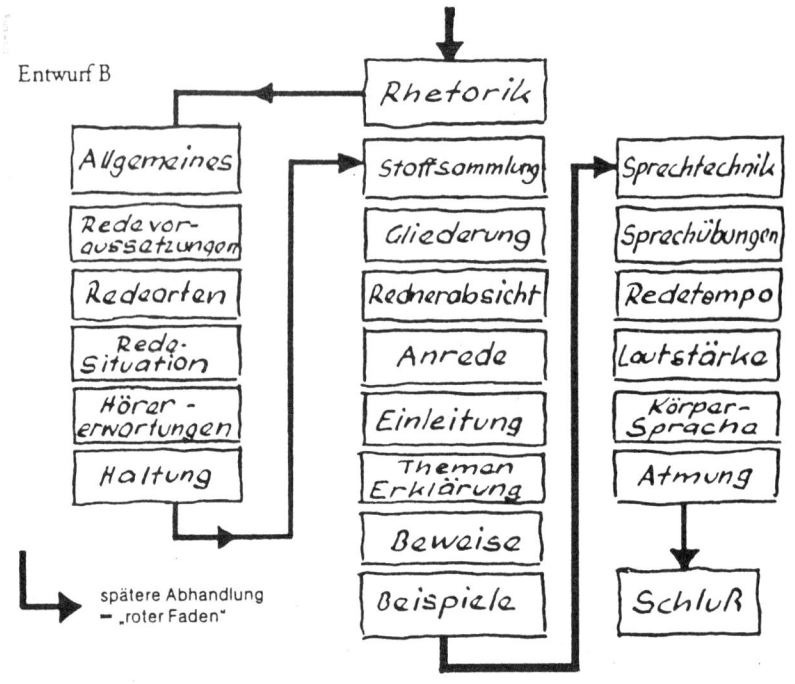

Entwurf B

Rhetorik

Allgemeines | Stoffsammlung | Sprechtechnik

Redevor- | Gliederung | Sprechübungen
aussetzungen

Redearten | Rednerabsicht | Redetempo

Rede- | Anrede | Lautstärke
Situation

Hörer- | Einleitung | Körper-
erwartungen | | Sprache

Haltung | Themen | Atmung
| Erklärung |

| Beweise |

spätere Abhandlung | Beispiele | Schluß
= „roter Faden"

Es wird so lange ergänzt (auch aussortiert) und umgestellt, bis der rote Faden sichtbar, d.h., die endgültige Gliederung erkennbar ist.

Angenommen, B wäre die beizubehaltende Ordnung, dann wird — von dieser Gliederung ausgehend — der Aufsatz gestaltet. Ebenso ist es möglich, nach einer solchen Gliederung, die dann auf DIN A4-Format umzuschreiben ist, eine freie Rede zu halten. Themenbeherrschung vorausgesetzt, ersetzt eine derartige Übersicht das Redemanuskript.

Die Arbeit mit der Vokabelkartei

Die im folgenden beschriebene Vorgehensweise kann — im übertragenen Sinne — auch erfolgreich bei der Arbeit mit Formel- oder Fremdwort-(satz)kartei eingesetzt werden.

132

E 1	D 1
Tab(e)s	*Vorspringender*
täb	*Teil einer*
	Karteikarte

Vorderseite
Kennzeichen der Sprache
(hier E für Englisch)
laufende Nummer
Fremdwort mit Mehrzahlangabe
(falls erforderlich auch
Geschlechtsangabe)
Aussprache in Lautschrift

Rückseite
Kennzeichnung der Sprache
(hier D für Deutsch)
laufende Nummer
Übersetzung der Vokabel
Arbeitsmarken

Ein Päckchen von 50 − 100 Vokabelkarten wird gemischt. Dann, wahlweise von der Mutter- oder Fremdsprache ausgehend, die Wörter übersetzen, ohne auf die Rückseite zu schauen. Karten, die nicht auf Anhieb übersetzt werden können, zur Seite legen. Es können Strichmarken angebracht werden, die später zeigen, wie oft eine bestimmte Vokabel wiederholt wurde. Den Stapel der nicht gewußten Vokabeln geht man erneut durch und wiederholt das so lange, bis alle beherrscht werden. Dann wird das Spiel, von der Rückseite ausgehend, wiederholt. Karten, die auf Anhieb übersetzt werden konnten, brauchen am nächsten Tag nicht wieder mitgenommen zu werden. Sie werden durch neue Vokabelkarten ergänzt. Von Zeit zu Zeit sollte kontrolliert werden, ob die als 'fehlerlos beherrscht' abgelegten Vokablen noch sitzen. Es gibt im Handel fertige Vokabelkarteien zu kaufen. Die Selbstanfertigung ist jedoch ein Lernprozeß, der nicht zu unterschätzen ist. Werden die Karten nach einem Schema ausgelegt und nach einem anderen wieder aufgenommen, so mischen sie sich wie von selbst und es wird verhindert, daß sich beim Vokabellernen eine starre Reihe einprägt.

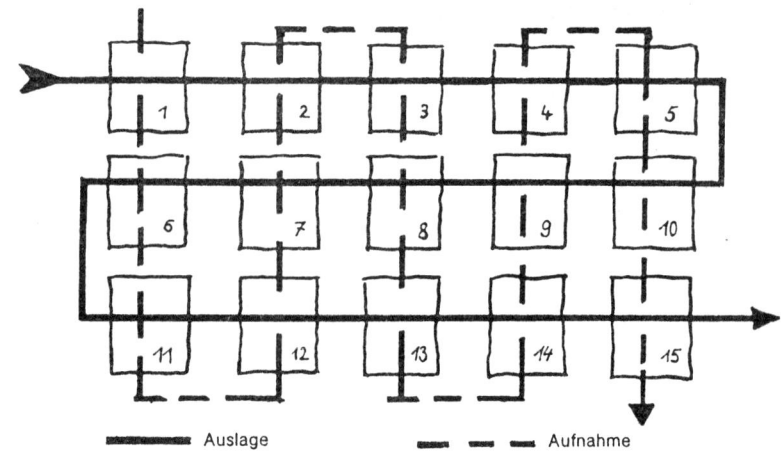

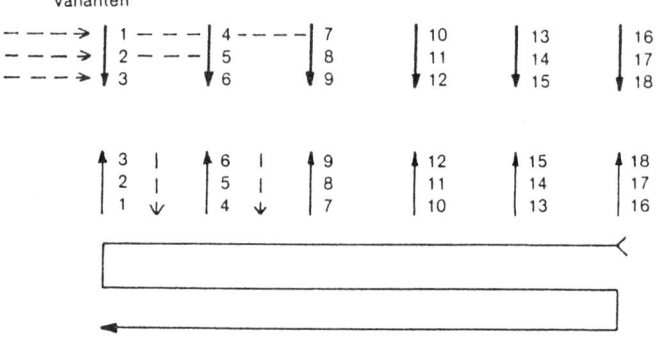

Das Spielerische bei diesem Vorgehen trägt dazu bei, der Monotonie des Vokabellernens entgegenzuwirken. Auch gemeinsames Arbeiten von zwei oder mehreren Lernenden ist empfehlenswert. Es wird dann abwechselnd vorgelesen und übersetzt.

11. Ein Bild sagt mehr ...

Wem es gelingt, seine Gedanken so zu verbildlichen, daß andere anschließend 'im Bilde' sind, hat ein gutes Maß an Bildung. Unsere Sprache schätzt Verbildlichungen hoch ein. Sie birgt in sich viele Wörter, die Informationen durch Bilder abgeben und wirksamer speichern. Wichtig ist, daß Bilder den Kern der Sache treffen ('Kern der Sache' ist auch ein Bild). Besonders dann, wenn abstraktes Geschehen zu beschreiben ist, können Bilder gute Hilfe leisten. Anschauliches trägt Bildhaftigkeit in sich. Der Grundsatz für alle Bilder, ganz gleich in welcher Form: Der Betrachter muß mit wenigen Blicken das Wesentliche erfassen können. Wie Texte nicht mit Informationen überladen sein dürfen, so sollten es auch Bilder nicht sein. Klarheit, Übersichtlichkeit und Verständlichkeit sind die Kennzeichen guter, informationsvermittelnder Bilder. Durch Weglassen von weniger Wichtigem in einem Bild kann das Wesentliche hervorgehoben werden.

Schauen und Beschreiben üben

Gute Gestaltung, ja Auswahl guter Bilder bedingt die Fertigkeit des Schauens. Schauen verlangt intensives Mitdenken. Auch hier helfen Beobachtungsübungen, die Fertigkeiten zu verbessern. Gut gestaltete Bilder sind zwar gefälliger als unbeholfene, doch kommt es zuerst auf die Richtigkeit und die Verständlichkeit an. 'Zeichnen ist sehen!' heißt ein altes Wort, welches treffender lauten würde: 'Zeichnen ist schauen!'

Übung: Notieren Sie alle Gegenstände (Möbel usw.), die üblicherweise in einem bestimmten Raum stehen, den Sie derzeit nicht sehen! Vergleichen Sie Ihre Notizen später mit der Realität! Sahen Sie alles klar vor Ihrem geistigen Auge?

Beschreiben Sie ähnlich einen einzelnen Gegenstand (beispielsweise einen Schrank)! Vergleichen Sie im Anschluß wieder die Notiz mit dem Original! Überprüfen Sie, wieviel Ihnen entgangen ist. Wiederholen Sie solche Übungen mit verschiedenen Räumen und Gegenständen, bis Ihnen treffsichere Beschreibungen gelingen, die nichts übersehen. Ähnliche Schau- und Beschreibungsversuche mit verschiedenen Dingen durchführen! Wissen Sie z.B. genau, wie die verschiedenen, derzeit gültigen Geldscheine aussehen? Kennen Sie Farben und Motive der aktuellen Postwertzeichen? Können Sie Ihre Zigarettenpackung/Ihr Schokoladenpapier beschreiben? Sehen Sie sich zehn Sekunden bis eine Minute lang eine Schautafel in einem Nachschlagewerk an — versuchen Sie dann zu beschreiben, was Sie sahen! Beschreiben Sie zuerst Ihren Wagen, dann das Auto von Bekannten usw.! Mancher kennt nicht einmal das Muster seiner Wohnzimmertapete oder seiner Krawatte. Wer es sich angewöhnt, genauer hinzuschauen, wird in sich so viele Bilder aufnehmen, daß ihm das Beschreiben leichter fällt. Üben Sie sich auch im Zeichnen, vor allem im Zeichnen nach der Natur!

Statistische Darstellungen in einfacher Form

Umgangssprachlich nennt man sie 'Kurven', obgleich statistische Darstellungen unterschiedlichen Charakters sein können. Ein bekanntes Beispiel ist die 'Fieberkurve'. Richtiger ist es, von Diagrammen oder noch besser, von 'Schaubildern' zu sprechen. In der populärwissenschaftlichen Literatur bestehen solche Schaubilder in vereinfachten, naturalistischen Darstellungen oder geometrischen Figuren verschiedener Größe.

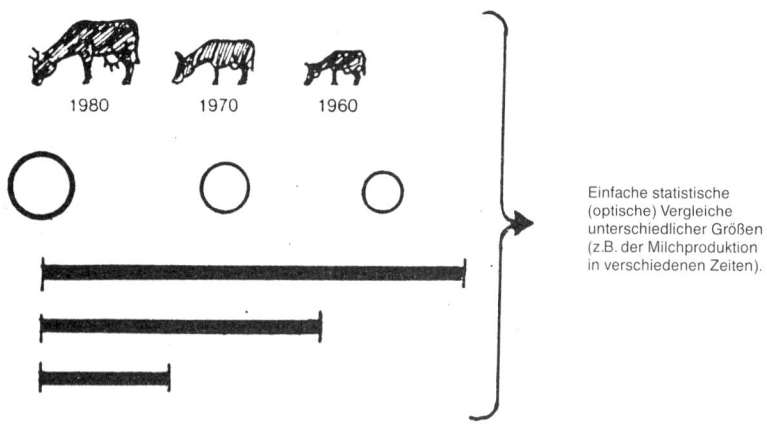

1980   1970   1960

Einfache statistische (optische) Vergleiche unterschiedlicher Größen (z.B. der Milchproduktion in verschiedenen Zeiten).

136

Sinn derartiger Darstellungen: Zwei oder mehrere Größen werden miteinander verglichen. Achtung: Gefahr der Täuschung, z.B. wenn eine Verdoppelung durch Vergleich von zwei Quadraten mit doppelter Seitenlänge dargestellt wird (tatsächlich 1 : 4)

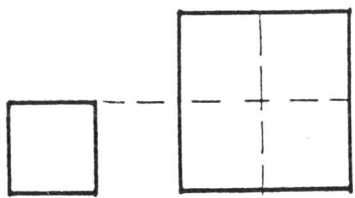

Das rechte Quadrat hat hier den vierfachen Inhalt des linken. Kritisch wird es, wenn das Bild sich der Perspektive bedient. Dann ruft ein doppelt so hohes Gefäß nicht den Eindruck der (tatsächlichen) Verdoppelung hervor, sondern täuscht optisch einen Anstieg von 1 : 8 (2 x 2 x 2):

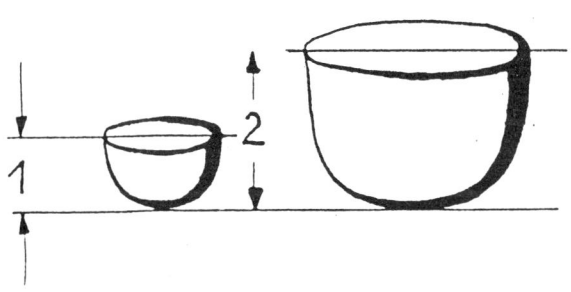

Leicht zu erstellen und fast immer sehr anschaulich ist das Kurvendiagramm, wobei in einem Koordinatenkreuz (Koordinate = Längsachse, auch Y-Achse genannt/Abszisse = Querachse, auch X-Achse genannt) die zu vergleichenden Größen eingetragen werden. Ist eine Meßgröße eine Zeitreihe, so wird diese grundsätzlich auf der Abszisse eingetragen.

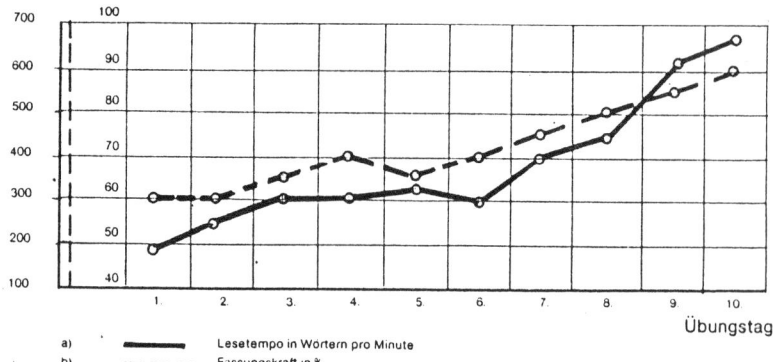

a) ▬▬▬▬ Lesetempo in Wörtern pro Minute
b) ▬ ▬ ▬ Fassungskraft in %

Auch mit solchen Darstellungen läßt sich leicht täuschen. Will einer den Anstieg einer Leistung besonders augenfällig machen, so gestaltet er das Koordinatennetz etwa so:

B

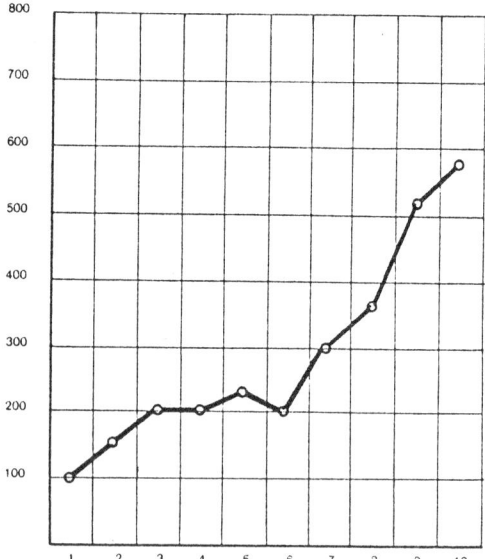

Die gleichen Meßwerte eines Lesetempos (wie im Bild A dargestellt) täuschen in diesem Bild (B) eine weitaus höhere Steigerung vor.
Ebenso kann vorgespiegelt werden, daß ein Anstieg minimal ist, wenn
das Bild flach gehalten wird (siehe Seite 138).

Das Stab- oder Balkendiagramm

Zu vergleichende Meßgrößen werden in Form von Längs- oder Quer-
balken dargestellt:

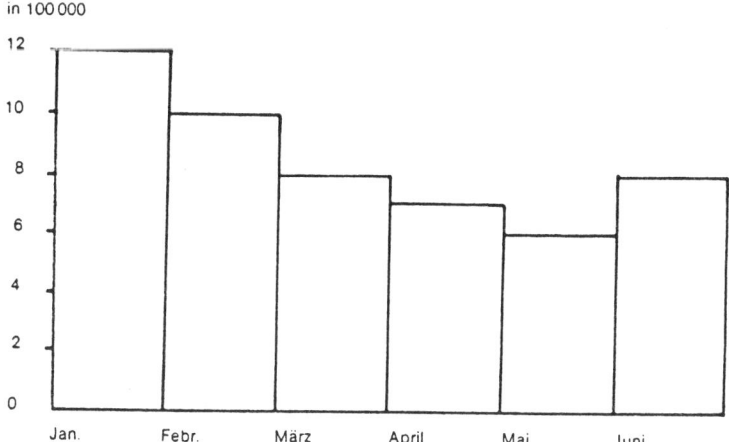

Entwicklung der Arbeitslosenzahlen

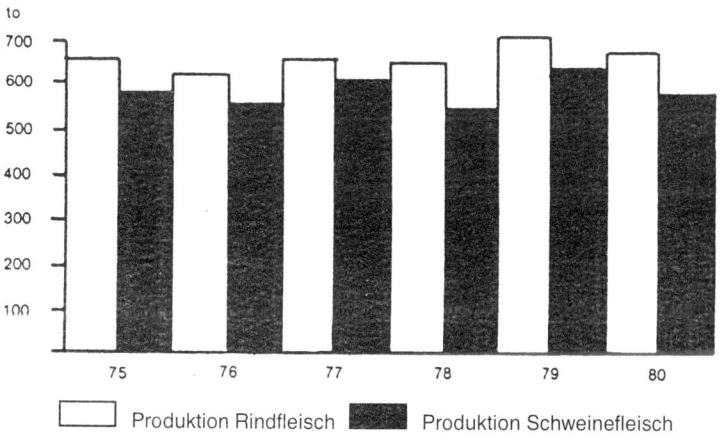

☐ Produktion Rindfleisch ■ Produktion Schweinefleisch

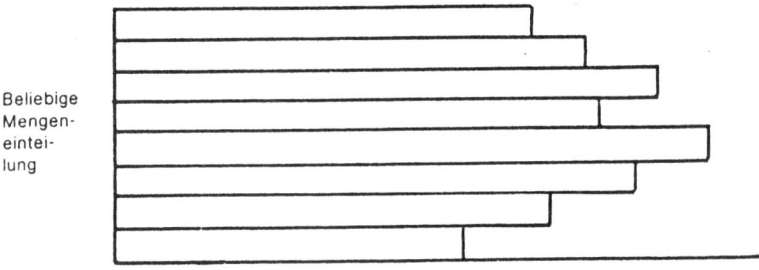

Beliebige Mengeneinteilung

Beliebige bzw. vorgegebene Zeiteinteilung

Achtung: Auch hier kann durch das Verhältnis von Balkendicke zur Balkenhöhe der gewünschte Eindruck gesteuert werden.

Das Kreisdiagramm

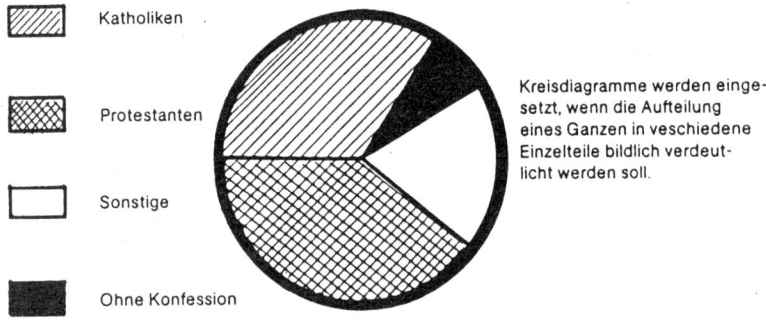

Katholiken

Protestanten

Sonstige

Ohne Konfession

Kreisdiagramme werden eingesetzt, wenn die Aufteilung eines Ganzen in veschiedene Einzelteile bildlich verdeutlicht werden soll.

Um Kurven oder Balkendiagramme zu zeichnen, nimmt man am besten das handelsübliche Millimeterpapier. Bei einfachen Darstellungen genügt kariertes Schreibpapier. Millimetereinteilungen gibt es auch auf festem Karton und als Transparentpapier. Im allgemeinen sind die Gitternetze schwach rot, grün oder blau. Zeichnungen in schwarzer Farbe heben sich am besten vom Papier ab. Bei Farbdarstellungen sind farbige Tuschen den meist zu blassen Farbstiften und schmierenden Kugelschreibern vorzuziehen. Das gilt besonders dann, wenn lichte Kurvenpunkte zu zeichnen sind:

140

Manchmal empfiehlt es sich, Linien, welche die Kurvenpunkte verbinden, nicht eng an die Punkte heran zu ziehen, sondern einen kleinen Abstand zu lassen:

Allerdings ergeben eng verbundene Punkte geschlossenere Kurven. Bitte beachten, daß die Kurvenpunkte nicht mit Tusche zulaufen!

Zu viele Farben oder zu viele unterschiedliche Linien machen Diagramme unübersichtlich. Faustformel: Höchstens drei (besser nur zwei) verschiedene Linienarten in einem Koordinatensystem einbringen!

Die wichtigste Linie mitteldick/durchgehend; die zweitwichtigste dünn und gleichfalls durchgehend; die eventuelle dritte mitteldick/gestrichelt.

Läßt es sich durchaus nicht vermeiden, weitere Linienarten zu verwenden, dann in dieser Folge:

141

Sonderformen von Diagrammen

Mit hintereinanderstehenden oder ineinandergesetzten Säulen lassen sich Zusammenhänge zwischen einzelnen Aussagen besser verdeutlichen:

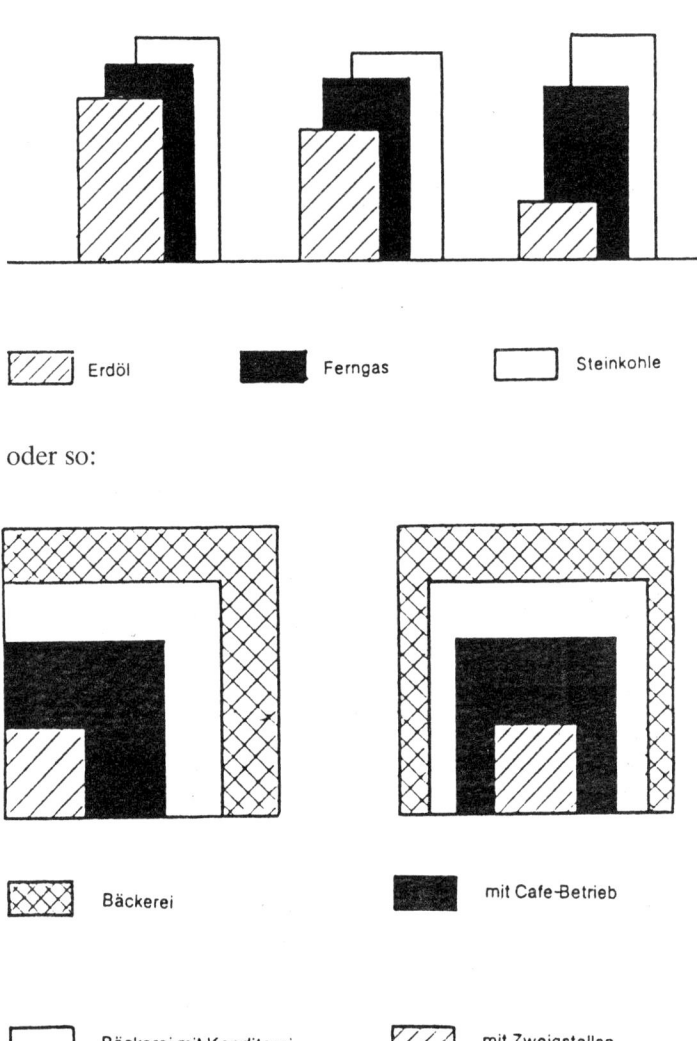

oder so:

Wichtig: Die Schraffierungen eines Diagrammes müssen deutlich voneinander unterscheidbar sein. Deshalb die unteren Reihen unserer Muster nur wenn nötig verwenden.

Kartendiagramme / Kartogramme

Umrißzeichnungen (meist vereinfacht) geographischer Gebiete, mit Unterteilung von Untergebieten, zählen auch zu den Sonderformen. Erwägen Sie ihren Einsatz!

143

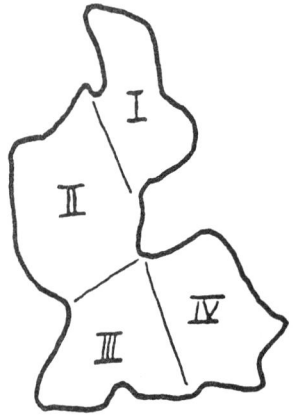

Numerierte Flächen kennzeichnen z. B.
verschiedene Geschäftsbereiche in der
Bundesrepublik (Nielsengebiete).

Wegskizzen

Sie zählen zwar nicht mehr zu den Diagrammen, sind aber brauchbares
Bildmaterial. Die Skizze zeigt schneller Weg und Ziel als eine umständliche Beschreibung.

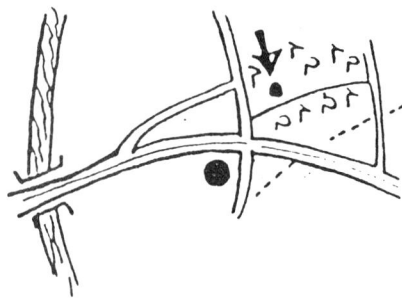

Einfache Skizzen und Zeichnungen

Mit den Wegeskizzen fanden wir den Übergang von den statistischen
Darstellungen zu schlichten Zeichnungen und Skizzen im weitesten
Sinne. Mit einer kleinen Skizze lassen sich Gedanken besser verdeutli-
chen als mit wortreichen Beschreibungen.

144

Kennt jemand die Form von Ahornblättern, so informiert ihn das Wort 'ahornblattförmig' ausreichend. Weiß er nicht, wie ein Ahornblatt aussieht, kennt aber das 'Blatt' in der kanadischen Fahne, so schafft ein Hinweis darauf Klarheit. Kennt jemand beides nicht, so wird er durch eine Skizze besser informiert als durch die wortreichste Schilderung. Ähnliches gilt für sehr viele Dinge, z. B. Werkzeuge oder Werkstücke. Beispiel: Spezialzange

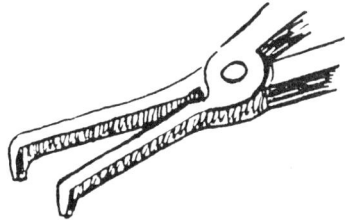

Was für einzelne Details gilt, gilt geradeso für Zusammenhänge und Abläufe. Irgendwann kommt man schließlich zum technischen Zeichnen. Daß es aber nicht nur in der Technik hilfreich ist, mit Bildern zu arbeiten, zeigt uns die Psychologie, wenn sie die Beziehungen zwischen Personen verdeutlichen will und sich sogenannter Psychogramme bedient.

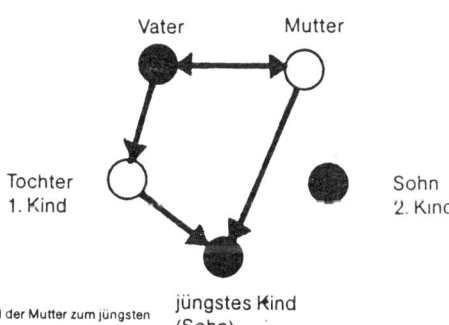

Durch stärkere Bindung des Vaters zur Tochter und der Mutter zum jüngsten Kinde gerät das zweite Kind in Abseitsposition

145

Die technische Zeichnung

Technische Zeichnungen folgen strengen Regeln und gültigen Normen, die laufend erneuert und geändert werden. Der Beruf eines technischen Zeichners muß erlernt werden. Unsere kurzen Hinweise können keine Lehre ersetzen, aber sie können Ihnen ein Stückchen weiterhelfen. Auf jeden Fall sollte jeder geistig Tätige technische Zeichnungen lesen können.

Werkstücke werden so dargestellt, wie sie im Gebrauch sind, d.h. Stehendes stehend, Liegendes liegend. Ausnahme: Drehteile (Wellen, Bolzen u.ä.), die waagerecht dargestellt werden, also so, wie man sie auf der Drehbank herstellt.

Die Hauptansicht eines Werkstückes ist die Vorderansicht. Sie wird so gezeichnet, als sähe man genau von vorn darauf. Denkt man sich das Teil dann nach links, rechts, oben oder unten geklappt, so kommt man zu den Seitenansichten, Untenansicht, Obenansicht. Dazu kann noch die Rücksicht (Hinterseite) kommen, wie es sich auch oft empfiehlt, das Stück geschnitten darzustellen.

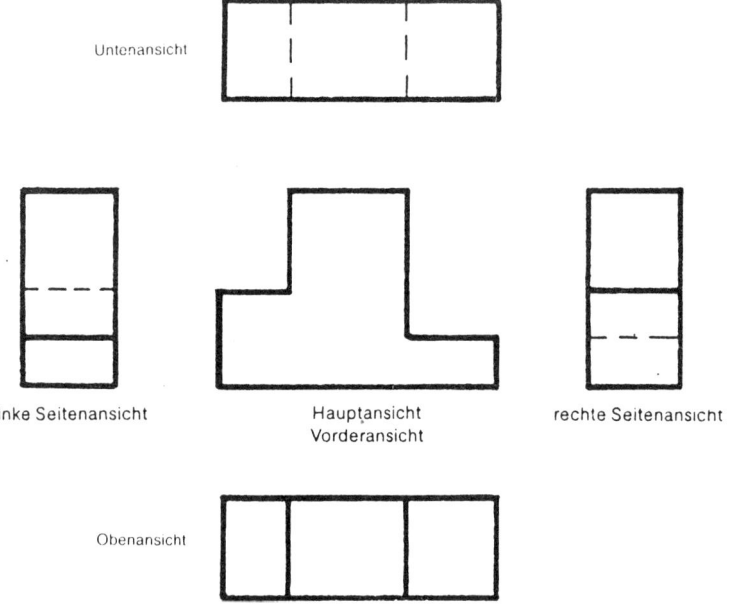

Untenansicht

linke Seitenansicht   Hauptansicht   rechte Seitenansicht
                             Vorderansicht

Obenansicht

Gezeichnet werden immer nur so viele (besser: wenige) Ansichten, wie zur Verständlichkeit notwendig sind. Im Gegenstand unserer Darstellung genügten Vorder- und rechte Seitenansicht — ja, letztere wäre auch noch entbehrlich, wenn eine Angabe der Dicke des Werkstückes in der Vorderansicht gemacht wird.

perspektivische Handskizze des Werkstückes

Das gleiche Werkstück mit einer Bohrung, die im hinteren Teil enger wird, erfordert eine Schnittdarstellung in der Seitenansicht:

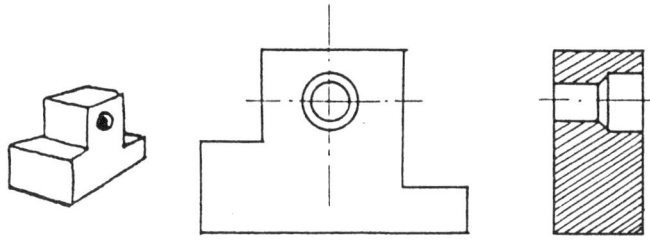

Gehen Schnitte nicht genau durch die Mitte, sondern an anderer Stelle durch das Werkstück, so ist das in der Ansicht, durch die der Schnitt gedacht ist, kenntlich zu machen. Gleiches gilt für Schnitte, die nicht gerade verlaufen, sondern abgewinkelt wurden:

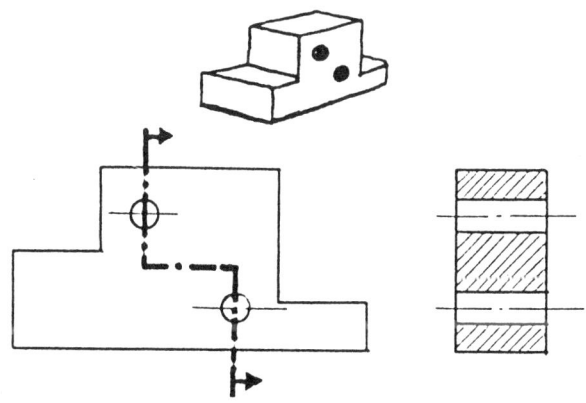

147

Bei so manchen Beispielen wie den unseren würde es allerdings schon genügen, die Bohrungen als unsichtbare Linien, d.h. gestrichelt, zu kennzeichnen:

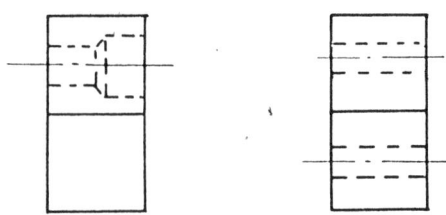

Entnehmen Sie unseren schlichten Beispielen noch einige wichtige Merkmale:

Sichtbare Außenkanten und Schnittlinien werden als Vollinien gezeichnet, die Dicke der Linie richtet sich dabei nach der Größe der Zeichnung und kann zwischen 0,3 mm und 1,2 mm liegen:

Unsichtbare (verdeckte, im Inneren eines Teiles befindliche) Linien erscheinen als Strichlinien mit kurzen Strichen und kleinen Lücken: (Dicke etwa 1/2 der sichtbaren):

Mittelachsen erscheinen als Strichpunktlinien, mit langen Strichen und einer Dicke von etwa einem Drittel der Vollinien:

Schnittebenen werden durch Strichpunktlinien mit kurzen Strichen in der Dicke der Vollinien (eher noch etwas darüber) gekennzeichnet:

Schraffurlinien sind im allgemeinen Vollinien, von 1/3 Dicke der Sichtbaren: (Sollen bestimmte Werkstoffe gekennzeichnet werden, so gibt die DIN 201 Vorschriften für die Schraffuren/z. B.: ▨ für Messing):

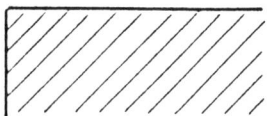

Dazu kommen Maßlinien und Maßhilfslinien — Vollinien von 1/3 Dicke der Sichtbaren (eher noch dünner):

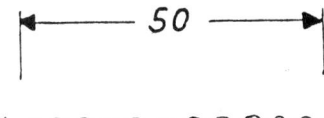

Freihandlinien für Bruchkanten: ～～～～～～～～～

Für Linien, Maßpfeile und Beschriftungen sollte nur schwarze Tusche verwendet werden (in Ausnahmefällen genügt Bleistiftzeichnung). Farbige Linien sind nur bei Rohrleitungsplänen und Schaltschemata zugelassen, dabei ist zu beachten, daß die Farben beim Fotokopieren nicht erscheinen, also ggf. nachgezeichnet werden müssen. Für Bemaßung und Beschriftung gelten die Zeichen der Normschrift (siehe Seite 288), obwohl in der Praxis oft von dieser abgewichen wird. Maße sind immer in mm anzugeben (also nicht 1,08 m, sondern: 1080 mm).

Nicht nur in älteren, sondern auch in neuen Zeichnungen finden sich die im Bild unten links aufgeführten Bearbeitungszeichen. Nach der Norm gelten jedoch schon seit 1980 die rechts stehenden Zeichen. Mit ihnen wird kenntlich gemacht, wie fein eine Oberfläche zu bearbeiten ist:

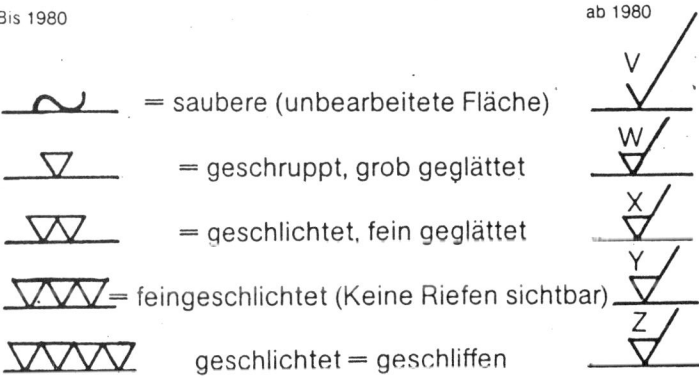

Die Freihandskizze

Technische Zeichnungen müssen, besonders wenn sie in zu drucken-
den Schriften erscheinen sollen, akkurat sein und sind mit Zirkel,
Lineal und Winkel zu zeichnen. Haben Sie viele technische Zeichnungen anzufertigen, ist eine kleine Zeichenmaschine angebracht. Vieles
läßt sich heute auch schon mit Computer und Plotter gestalten — aber
diese Geräte stehen ja nicht jedermann zur Verfügung. Eine Zeichen-
platte mit Lineal-Parallelführung (es gibt sie schon im Aktentaschen-
format) anzuschaffen ist immer ratsam. Geht es nur darum, anderen
einmal eben etwas zu erklären (z.B. an der Tafel, auf dem Flip-Chart
oder der Folie des Arbeitsprojektors), dann genügt die Freihandskizze. Auch in Schriftstücken oder Notizen, die nur in Einzelexemplaren
entstehen oder dem eigenen Bedarf vorbehalten sind, genügen Skizzen fast immer. Das gilt nicht nur für technische Zeichnungen, sondern
für alle Arten von Illustrationen:

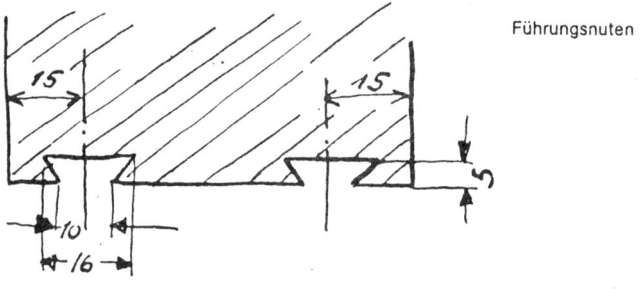

Führungsnuten

Anlage eines Gartenteiches

150

Illustrationen

Erläuternde oder schmückende Bilder werden oft 'Buchillustrationen' genannt, obgleich sie auch anderweitig auftreten. Die Aussage richtet sich vorzugsweise auf die drucktechnische Herstellung (im Gegensatz zur Buchmalerei). Früher benötigte Fachkenntnisse über Klischeeformen und Druckverfahren treten heute in den Hintergrund, da sich die fotomechanische Übertragung der Vorlagen durchsetzte.

Zu unterscheiden ist noch zwischen Bildern, die Grautöne enthalten dürfen und reinen 'Schwarz-weiß-Bildern'. Zwar kommen bei verfeinerten Vervielfältigungsgeräten heute Fotos oft originalgetreu, doch bei einfacheren Geräten und den (immer noch anzutreffenden) Wachsmatrizen muß die Zeichenvorlage aus Strichen bestehen. Schatten können dabei nur in Form von Schraffuren oder Rastern eingezeichnet werden.

Wenn Sie selbst eine Hand dafür haben, dann bedenken Sie: 'Zeichnen ist Weglassen!' Unterdrücken Sie die Einzelheiten zugunsten der großen Linie! Es ist meist ein Zeichen von Nicht-Können, wenn sich jemand in Einzelheiten verliert.

Fotos

Trotz großer Beliebtheit des Fotografierens und raffiniertester Ausstattungen gibt es nur wenige, die das Foto intensiv bei der geistigen Arbeit einsetzen. Dabei könnte doch schon der Architekturstudent eine Fotosammlung interessanter Gebäude, der Techniker Fotos von

Maschinen und -teilen sowie von Funktionsmodellen, Werbeleute Fotos von Plakaten usw. sammeln. Solche Sammlungen stehen dann auch zur Verfügung, wenn in Vorträgen (mit Hilfe eines Episkops) den Zuhörern Schaumaterial angeboten werden soll.

Ungeahnt sind die Möglichkeiten des Lehrens mit Hilfe von Diapositiven. Auch bei Fotos gilt die Regel: Nur das aufnehmen, worauf es für den Informationszweck ankommt. Kommt es auf ein Detail an, dann so dicht an das Objekt herangehen wie möglich. Bei der Weiterarbeit mit Fotos kann es nützlich sein, diese auf Karteikarten oder Blätter mit größerem Format aufzukleben und schriftliche Erläuterungen daneben zu schreiben (Abb. a). Eine andere Möglichkeit: Auf transparentem Deckblatt werden stichwortartige Erläuterungen angebracht (Abb. b). Das ist besser als rückseitige Beschriftung von Fotos, weil man so Bild und Text nebeneinander hat und nicht laufend umdrehen muß. Bei größeren Fotos erwägen: Aufkleber bzw. Selbstklebeetikett anbringen und darauf beschriften (hier ohne Abbildung).

 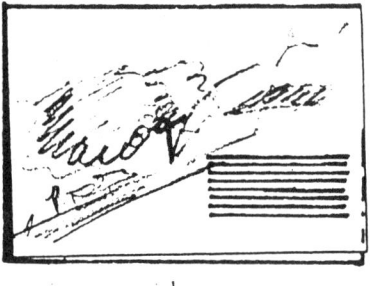

a   b

Bewegte Bilder

Sehen wir von den höheren Kosten ab, so sind bewegte Bilder noch vorteilhafter bei geistiger Arbeit. Mit der Zunahme von Videogeräten in Haushalten ist immer zu überlegen, inwieweit Videoaufnahmen auch das Lernen unterstützen könnten. Vorteile gegenüber der Arbeit mit Schmalfilmen liegen auf der Hand: Mißlungene Aufnahmen lassen sich unmittelbar wiederholen. Nicht Brauchbares kann gleich wieder gelöscht werden ... Kurz: Die bekannten Vorteile der Tonbandaufnahmen gelten, im übertragenen Sinne, auch für das bewegte Bild. Bei der heutigen schnellen Weiterentwicklung der Technik sollten Sie auch andere Möglichkeiten der Laufbildaufnahmen nicht aus den Augen verlieren, z.b. den noch nicht populären 'Sofortbildfilm' und die Bildplatte.

Beispiele für den nutzbringenden Einsatz von Laufbildern:

- In Diskussions- und Rhetorikkursen — Aufnahmen der Sprechenden zwecks Selbstbeobachtung und Fehlerkorrektur.
- Verkaufssituationen (Verkäufer-/Vertreterschulung) können nachgespielt und über Film ausgewertet werden.
- Zeitrafferaufnahmen erlauben z.B. das Wachsen einer Pflanze in allen Phasen genau zu verfolgen.
- Entspannungsübungen (Gymnastik u.ä.) lassen sich, besonders in Zeitlupe, in einzelnen Bewegungsabläufen genauer erklären.
- Sporttrainer können über Videoband ihre Kritik vortragen.
- ... und: das Entstehen eines Bauwerkes,
  das Verhalten von Tieren,
  Volkstänze, fremde Bräuche,
  komplizierte Handgriffe,
  Arbeitsanweisungen/-erklärungen ... das alles und
manches mehr kann aufgenommen werden.

Abstrakte Zeichen — Büroglyphen

Buchstaben sind Vereinfachungen von Bildern. Beispielsweise läßt sich nachweisen, daß unser A aus dem altägyptischen Stierkopfbild entstand.

Heute haben wir vielerlei Bildzeichen, mit denen auf kürzestem Weg eine Information gegeben wird. Ein stilisierter Zaun heißt: 'Achtung Bahnübergang' — ein Glas: 'Vorsicht zerbrechlich!' — ein Helm: 'Schutzhelm tragen!' Auf nahezu allen Fachgebieten finden sich ähnliche Kurzzeichen, die umfangreichere Aussagen beinhalten. Soweit in Büros verwendet, hat man sie scherzhafterweise 'Büroglyphen' genannt.

Beispiel:

Inwieweit solche Zeichen hilfreich sind, entscheidet der Schaffende selbst. Mancher schreibt schneller 'Bitte lesen!', als er eine stilisierte Brille malt. Es finden sich schon in der älteren Literatur über geistige Arbeit ähnliche Hinweiszeichen. Mitunter sind sie zu langen Listen zusammengestellt. Es erscheint uns nicht sehr sinnvoll, solche Listen auswendig zu lernen, um dann vielleicht nur einen kleinen Teil der Zeichen verwenden zu können. Sinnvoll ist es dagegen, spontan während der Arbeit entstehende Zeichen beizubehalten. Beispielsweise ähnliche wie diese:

/	= wichtig	▮	= sehr wichtig	❚❚	= äußerst wichtig
2	= fragwürdig	▽	= überprüfen	}□	= fotokopieren
E	= exzerpieren	F	= Fremdwort		
ß	= Bonmot	◇	= Entscheidung	}◙	= Zeichnung fertigen
⬭	= Anfang	→●	= Schluß (Ausstieg)		

Arbeitsabläufe oder -folgen verbildlichen

Wer sich schon mit Computerprogrammierung befaßte, kommt fast von selbst auf die Möglichkeit, mit Hilfe der dort verwendeten Zeichen, Arbeitsabläufe im Schaubild darzustellen. Wir nennen das Flußdiagramme. Für Ihre allgemeinen Arbeiten können Sie von den vorgegebenen Zeichen abweichen und sich eigene ausdenken. Die einfachste Form ist eine Reihe von Kästchen, mit Sachwörtern beschriftet, deren Ordnung zeigt, wie ein Stoff abgehandelt wird. Unser Bild zeigt ein Beispiel aus 'Rhetorik programmiert lernen' (verlag moderne industrie), in welchem die Folge der Lernschritte so verdeutlicht wird. Die Pfeile zeigen den Weg durch das Programm und die Wiederholungsmöglichkeiten.

154

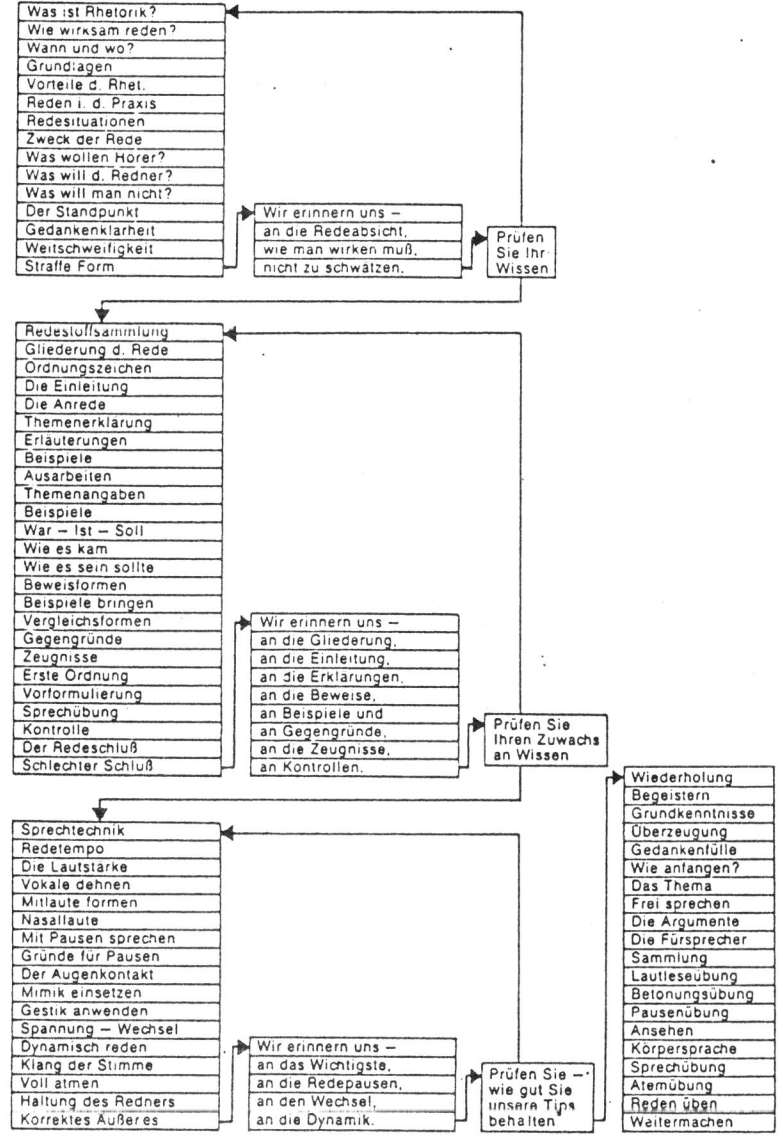

Unser nächstes Bildbeispiel verwendet die Originalzeichen der
Datenverarbeitung und stellt einen Handlungsablauf auf humorvolle

Weise dar. Erwägen Sie, ob Sie nicht auch (vielleicht sehr seriöse) Handlungsabläufe ähnlich optisch verdeutlichen sollten:

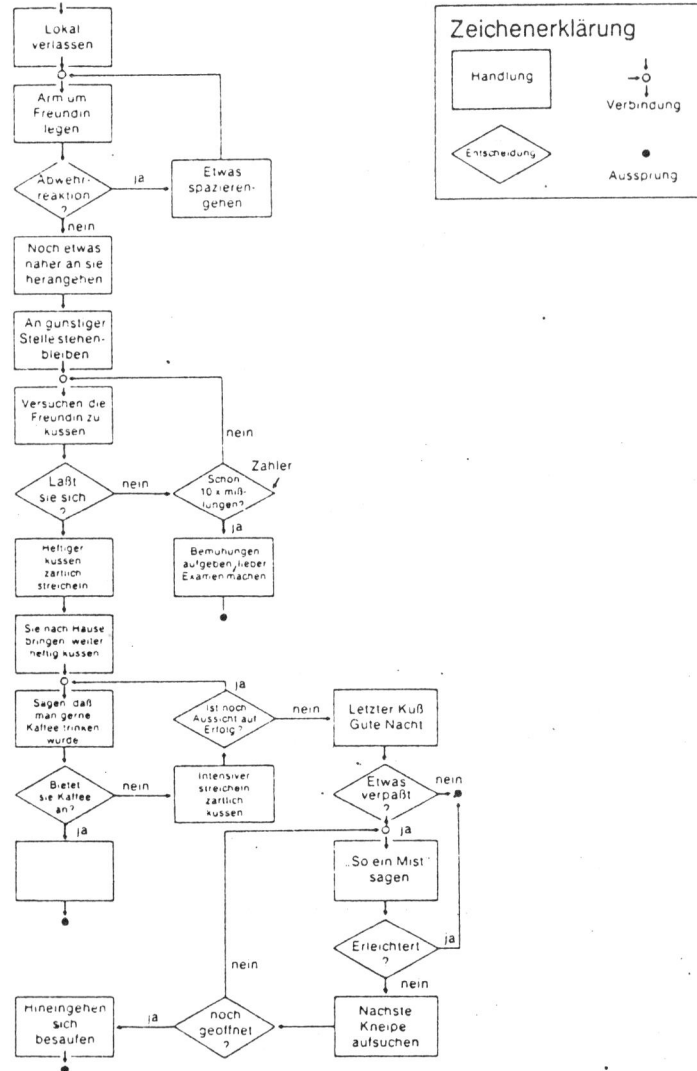

Aus dem Lernprogramm: „Grundzüge der Arbeitsweise bei der Elektronischen Datenverarbeitung" Klaus Esser KG Norf.

Noch deutlicher werden Seitenwege (Schleifen) und zusätzlich angebotene Maßnahmen (z.B. Zusatzinformationen) in Flußdiagrammen der 'Programmierten Instruktion':

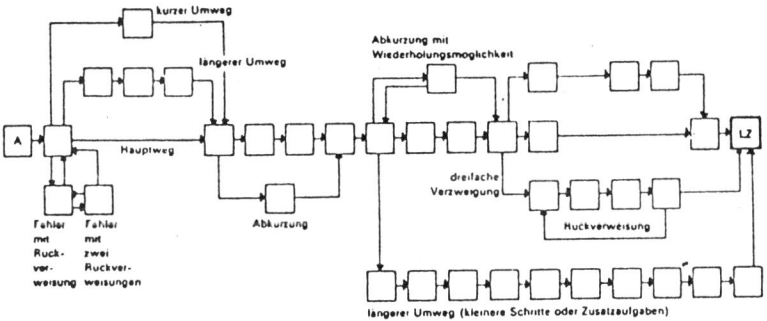

„Flußdiagramm eines verzweigten Lernprogrammes"
Entnommen aus: W. Zielke: „Programmierte Instruktion in der Wirtschaft" Seite 107,
verlag moderne industrie/Landsberg

Tabellen und Listen

Mit ihrer optischen Ordnung und Übersichtlichkeit haben auch Tabellen und Listen Bildcharakter. So zeigt schon die einfache Strichliste auf, wo Schwerpunkte liegen:

1 /	7 //	13 ┼╫┼ ///	19 //
2 /	8 /	14	20 ///
3 //	9	15	21
4 /	10 /	16 //	22
5 ///	11 //	17 ///	23 /
6 ┼╫┼ //	12 ///	18 /	24 ///

Bedeutet beispielsweise jede Ziffer eine Aufgabe und jeder Strich einen Fehler, dann zeigt die Liste deutlich, daß offensichtlich die Aufgaben 6 und 13 zu schwierig, die Aufgaben 9 / 14 / 15 / 21 / 22 wahrscheinlich zu leicht sind.

Ein treffendes Beispiel für die tabellenähnliche Zusammenfassung von Daten ist das genormte Schriftfeld (DIN 6771) von technischen Zeichnungen, das noch um eine Stückliste erweitert werden kann:

(Verwendungsbereich)			(Zul. Abw.)	(Oberfl.)	Maßstab		(Gewicht)
					(Werkstoff, Halbzeug) (Rohteil Nr.) (Modell- oder Gesenk-Nr.)		
				Datum	Name	(Benennung)	
			Bearb.				
			Gepr.				
			Norm				
						(Zeichnungsnummer)	Blatt
							01
Zust.	Änderung	Datum	Name	(Ursprung)		(Ers. f.:)	(Ers.d.:)

Bild nach: Klein, Einführung in die DIN-Normen

Tabellen für Mängelanalysen und Entscheidungshilfen seien hier ebenfalls in Erinnerung gebracht, da sie in vielen Situationen hilfreich sind:

Gegenmittel / Mängel	Konzentr.-Übungen	Gedächtn.-Training	störungsfr. Zeit	Zusammen-Fassung	Sorgfalt b.d. Arbeit	Kenntnisse vertiefen	u. s. w.	u. s. w.	
Konzentrations-Schwäche	X				X				
Namens-Vergessen		X			X				
Ablenkung von der Arbeit	X		X	X	X				
Hohe Fehlerquote					X	X			
Schlechte Beurteilung		X			X	X			
u. s. w.									
u. s. w.									

158

Prinzip: Alle ersichtlichen Mängel werden in der ersten Spalte aufgelistet. In den Kopf aller folgenden Spalten kommen die möglichen Gegenmittel. Dann wird angekreuzt, welche Maßnahmen welche Mängel beheben. Viele Kreuze in einer Spalte (in der senkrechten) bedeuten, daß die diese Spalte kennzeichnende Maßnahme vordringlich zu treffen ist. Viele Kreuze in einer waagerechten Spalte besagen, daß ein Mangel von verschiedenen Seiten her bekämpft werden kann.

Arbeitsformulare

Wie Bilder ziehen sie das Augenmerk auf sich und werden im Fachhandel angeboten. Hier Beispiele aus dem Angebot des memoform-Verlages:

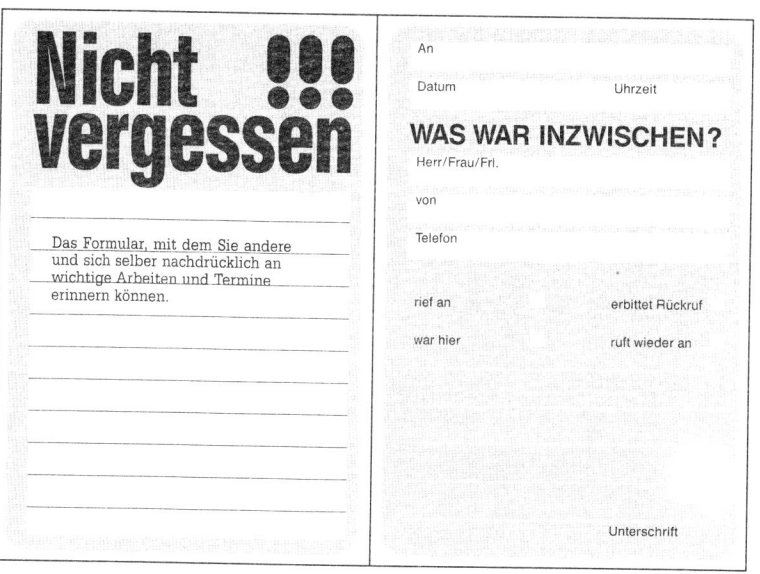

Zusammenstellung wichtiger Zeichnungs- bzw. Bildformen

- Das Foto
  Einzusetzen, wenn es auf Originaltreue ankommt. Daneben: (Video- und Filmaufnahmen)

159

- Das überarbeitete Foto
Es wird in das Lichtbild hineingearbeitet, um bestimmte Einzelstellen / Besonderheiten hervorzuheben. Ebenso können unwesentliche Teile abgedeckt werden. Sehr aufwendig: Graphiker arbeitet in den Film hinein (spezielle Technik, die hier nicht näher erläutert werden kann).

- Die graphische Zeichnung
(eigentlich eine Tautologie, doch soll der Begriff den Unterschied zum technischen Zeichnen hervorkehren): Weitgehend naturalistische Wiedergabe.

- Die kartographische Zeichnung
Symbolhafte Darstellung von Wegen, Straßen, Strecken, Landschaften u.ä.

- Die graphisch-technische Zeichnung
In technische Zeichnungen sind naturalistische Elemente eingebracht, z.B. eine Hand, die ein technisch gezeichnetes Werkstück hält (in Gebrauchsanweisungen zu finden).

- Die graphisch-technisch-perspektivische Zeichnung
Sonderform der technischen Zeichnung, bei welcher die Perspektive es erlaubt, alles Wichtige in einer Ansicht zu zeigen. Meist wird dabei mit Sonderformen der Perspektive gearbeitet (z.B. Parallelperspektive).

- Reine technische Zeichnung
Wie auf Seiten 147/148 beschrieben. Im allgemeinen die am leichtesten herzustellende Darstellung im technischen Geschehen.

- Die technisch-symbolische Zeichnung
Hierzu zählen Schalt- und Rohrleitungspläne, in denen wichtige Teile wie Schalter, Hähne, Lampen symbolhaft dargestellt werden.

- Die Flußdiagramme
Sie verbildlichen Ablaufgeschehen (siehe Seiten 157 f.)

- Die symbolische Darstellung
Beispielsweise Verkehrsschilder, Arbeitsmarken, Ge- und Verbote (durchkreuzte Zigarette = Rauchverbot).

- Die symbolisch-karikaturhafte Zeichnung
Beispiel: Atome werden als kleine Männchen dargestellt / zahnzerstörende Bakterien sind als kleine Teufel gemalt.

- Die Karikatur
  Beliebt in Werbung und populärwissenschaftlicher Literatur. Sie lockert Texte auf. Achtung: Schlechte Karikaturen können mehr verderben als Gutes tun.
  Auf keinen Fall darf der Angesprochene karikiert werden.
- Abstrakte Zeichnungen
  Graphische Muster oder Farbkombinationen als Pausenbilder, Vignetten aus Linien

Gesprochene Bilder

Unsere Sprache ist bildhaft. Sie versucht zu 'veranschaulichen'. Versuchen auch Sie, Ihren Hörern oder Lesern ein Bild vor die Augen zu stellen.

Meßgrößen gibt man in einer Meßeinheit an, beispielsweise: Entfernung = 600 km. Sie können aber auch sagen: Entfernung etwa die Strecke von Berlin nach München. Unsere Sprache ist reich, ja sie fließt fast über (reich/überfließen) von Bildern. Wer bildhaft sprechen, d.h. verständlicher informieren will, sollte seinen Wortschatz erweitern und dabei besonders auf aussagekräftige Verben achten. In den Verben steckt das Leben. Versuchen Sie hingegen den Anteil von Hilfszeitwörtern gering zu halten.

12. Formen des Lesens

Lernen wird vorzugsweise lesend vollzogen. Rationelle Lesetechniken mit optimalem Informationsgewinn sind wichtig. In Schulen und Hochschulen werden solche Techniken kaum vermittelt. Das muß der Erwachsene später nachholen. Rationelles Lesen heißt, bei geringerem Zeitaufwand mit mehr Textverständnis und besserem Behalten vorzugehen. Doppelte und dreifache Lesegeschwindigkeit bei gesteigerter Fassungskraft sind erreichbar (Der Verfasser gilt als Spezialist auf dem Gebiet des rationellen Lesens*).

---

* bei der Modernen Verlagsgesellschaft sind von W. Zielke bereits erschienen:
  Schneller lesen − intensiver lesen − besser behalten / Schneller lesen selbst trainiert.

Konventionelles Lesen

Herkömmliches Lesen braucht viel Zeit, weil der Leser zu stark am einzelnen Wort, ja Buchstaben klebt. Der Zusammenhang wird erst später erfaßt, d.h. konventionell Lesende richten zuviel Augenmerk auf das Nebensächliche und zuwenig auf das Wesentliche. Außerdem nützen diese Leser nur selten ihr natürliches Blickfeld, sie nehmen weniger Text mit einem Blick auf, als möglich wäre. Hinzu kommen verschiedene schlechte Angewohnheiten, zum Beispiel das Mitsprechen (selbst in lautloser Form) beim Lesen. Mitsprechen bindet das Lesetempo an das verhältnismäßig geringe Sprechtempo. Besonders kraß wird es, wenn der Leser in sich sozusagen mitzuhören versucht, was der Schreiber gesagt hat. Ein weiterer Fehler: Zurückschweifen des Blickes zu bereits gelesenen Textstellen. Kommen dann noch äußere Störungen hinzu, bleibt die Leseleistung stets gering.

Rationelles Lesen

Unter 'Rationellem Lesen' verstehen wir ein System von Arbeitstechniken und Vorgehensweisen beim Lesen und die Ausrichtung auf die von den Texten gebotenen Informationen. In seinem optisch-mechanischen Teil besteht es vor allen in rhythmischer Blickführung und Ausnützung des natürlichen Blickfeldes. In seinem geistigen Teil ist es die bewußt konzentrierte Hinwendung zur Textaussage. Bedeutsame Einzelheiten werden in logischen Zusammenhängen erfaßt. Eng damit verbunden ist das Übergehen jener Textpartien, die für den betreffenden Leser keine Informationen beinhalten. Da viele Texte mit einer großen Zahl nichtssagender Wörter belastet sind, gibt es bei ihnen besonders hohe Leistungssteigerungen. Im konventionellen Lesen weisen auch gute Leser kaum höhere Lesetempi als 200 Wörter pro Minute auf. Mit 'Rationellem Lesen' sind gut 400 - 500 wpm zu erreichen. Messungen in Kursen beweisen das. Inhaltsverständnis und Behalten (von uns Fassungskraft genannt) liegen beim konventionellen Lesen zwischen 60 und 70 % des absolut Erreichbaren. Schnittwerte nach Schulungen im 'Rationellen Lesen' liegen um die 80 % (bei einfachen Texten 100 %). Beherrschtes 'Rationelles Lesen' schließt ein ruhigeres Vorgehen bei der Lesearbeit ein. Deshalb führt es nicht zur Hetze oder zu nervösem Arbeiten, im Gegenteil, es wirkt dem Arbeitsstreß entgegen. Daß sich verschiedene Transfereffekte auf andere geistige Arbeiten ergeben, sei nur am Rande vermerkt. Folgende Arbeitsweisen gehören in das System 'Rationelles Lesen':

Selektives Lesen

Vorgehensweise ist die Gleittechnik, die wir im nächsten Abschnitt erklären. Die Führung des 'Selektiven Lesens' übernimmt die Arbeits- oder Informationsabsicht des Lesenden. Sollte eine solche Absicht nicht von Anfang an vorliegen, so ist dem Selektieren ein Gleitvorgang voranzustellen, bei dem es nur darauf ankommt, den Überblick zu gewinnen, bzw. die Entscheidung zu treffen, ob mit diesem Lesestoff überhaupt weitergearbeitet werden soll. 'Selektives Lesen' ist hochkonzentriertes Suchen nach benötigten Informationen und setzt sorgfältige Vorüberlegungen voraus. Der Leser muß sich vor dem Beginn seiner Arbeit klar darüber sein, welche Informationen er erwartet. Er muß seine Vorkenntnisse mobilisieren, überlegen, was er schon weiß, um sich im Text nicht lange mit dem Bekannten aufzuhalten. Vorfragen an den Text und damit an den Verfasser bauen beim Leser eine Erwartungshaltung auf, die zum Informationsziel führt. Auch hier kann die Fragewortreihe: Wer - was - wann - wo - wie - warum hilfreich sein. Die Fragen können auch so lauten:

— Welche Daten benötige ich?
— Welche Informationen muß ich später an andere weitergeben?
— Welche Werte (insbes. Meßwerte) benötige ich?
— Welche Aussagen sind für mich wichtig?
— Was muß ich (ggf. auf Dauer) erlernen?
— Welche Textpartien kann ich beim Nachfassen übergehen?

Zum 'Selektiven Lesen' gehört fast immer eine Markierungstechnik. Bei ausgeliehenen Büchern mit Exzerpten arbeiten.

Gleitendes Lesen

Gleitendes Lesen nennen wir eine Blickführung während des 'Selektiven Lesens'. 'Rationelles Lesen' nützt die breitestmögliche Blickspanne aus und versucht, mit kürzesten Fixationszeiten zu arbeiten. Es hält sich nirgendwo auf. Eine durchschnittliche Zeilenbreite von 10 Wörtern kann gut mit zwei Blicken (Fixationen) erfaßt werden. Pro (Augen-)Blick wird also eine halbe Zeile erfaßt. Die Fixationszeit wird an das Optimum (etwa 1/6 Sekunde) herangeführt. Daraus läßt sich leicht eine Gleitgeschwindigkeit von rund 1800 Wörter/Minute errechnen. Das wäre in etwa das 10fache des konventionellen Lesens. In der Praxis liegen die Gleitwerte weitaus niedriger, können aber durch Übung auf etwa 1000 wpm gebracht werden. Nicht übersehen: Das ist noch keine Informationsaufnahme! Es geht darum, zu jenen Textstellen zu finden, an denen die Informationen einzuholen sind, oder zu entscheiden, daß der Stoff nicht weiter bearbeitet zu werden braucht.

Springendes Lesen

Hierbei handelt es sich um ein Überspringen von Textteilen. Vorzugsweise bei bekannten (früher schon einmal gelesenen) Texten einzusetzen. Die zweiten Selektionsvorgänge können springend vorgenommen werden, besonders dann, wenn beim ersten Mal Marken gesetzt wurden. Auch Ordnungszeichen, Zwischentitel, Marginalien erlauben bei vertrautem Text ein Springen. 'Springendes Lesen' ist ein sehr gezieltes Vorgehen und verbietet es, den Blick wieder Zeile für Zeile entlangschweifen zu lassen. Voraussetzung: Klarheit darüber, warum bestimmte Textteile übersprungen werden können.

Senkrechtes Lesen

Blick wandert an einer gedachten (oder zeitweilig aus Übungsgründen eingezeichneten) Mittelachse einer Textspalte abwärts. Nur möglich, wenn volle Zeilenbreite mit einem Blick erfaßt werden kann. Die Grenze liegt bei etwa 30 Zeichen/5 Wörtern im Schnitt. 'Senkrechtes Lesen' kann mit normaler Fixationsdauer (1/2 − 1/3 Sekunde) durchgeführt werden, wenn es um Informationsaufnahme/-verarbeitung geht. Es kann aber auch mit dem Gleittempo von etwa 1/6 Sekunde vollzogen werden, wenn nur selektiert werden soll.

164

Doppellesetechnik

'Rationelles Lesen' empfiehlt grundsätzlich, jeden Text mindestens zweimal zu lesen. Allerdings muß jeder einzelne Durchgang völlig anders ablaufen als bei konventionellem Lesen. Der erste Durchgang ist eine reine Selektion und legt fest, ob und wie weiterzuarbeiten ist. Der zweite Durchgang befaßt sich dann mit den gefundenen Stellen - aber wirklich nur mit diesen und nicht mehr mit Aussortiertem. Wieder spielen Markierungsverfahren eine Rolle. Richtiges Doppellesen führt zu großer Zeitersparnis, verglichen mit herkömmlichem Lesen. Das liegt daran, daß der erste Durchgang mit äußerst hohem Lesetempo vorgenommen wird und der zweite nur zu wenigen Textstellen führt. Doppellesen ist mehr ein Tip, denn es kommt natürlich nicht zu einem zweiten Durchgang, wenn der erste zeigte, daß es nicht lohnt weiterzuarbeiten.

Multiples Lesen

Wiederhole Durchgänge durch denselben Lesestoff, wobei verschiedene Absichten verfolgt werden. Zum Beispiel:

1. Durchgang = Selektion/Festlegung der weiteren Arbeit
2. Durchgang = Nachfassen, um volles Verständnis der Aussage zu erlangen
3. Durchgang = Markierungsarbeit an Stellen, die sehr intensiv bearbeitet werden müssen (Erlernen für Prüfungen usw.)
4. Durchgang = Wissen festigen/auswendig lernen, ggf. weitere Durchgänge, die immer gezielter werden müssen.

Lesen und Verstehen

Geht es in Texten nur darum, etwas zu finden, dann spielt die Fassungskraft keine Rolle. In allen anderen Fällen sind Verstehen und Behalten immer wichtiger als das Lesetempo. Nichtverstehen macht Wiederholungen notwendig. Besseres Verstehen beginnt mit genauerem Hinsehen an den richtigen Stellen. Wer genauer hinsieht, tut bereits etwas für seine Leseleistung. Breite Textstellen, wenn möglich die ganze Zeile, mit nur einem Blick zu erfassen, ist ein Beobachtungs-training. Aus Übungsgründen können ab und zu Kurztexte (bis zu 100 Wörtern Länge) extrem schnell gelesen werden. Anschließend ist sofort das Verstehen zu kontrollieren. Spezielle Beobachtungsübungen führen wir an anderer Stelle dieses Buches auf. In Übungsphasen ist eine Kontrolle der Fassungskraft ständig vorzunehmen. Für das Inhaltsverzeichnis heißt das: sinngemäß.

Verstehen heißt letztlich Einbinden des neu Gelernten in vorhandenes Wissen. Das wird mit den eigenen Worten des Lesers immer besser vonstatten gehen, als wenn er sich an den Textwortlaut kla...mert.

Schulen Sie Ihre Blickspanne

Nahezu jede Buchzeile (bis zu 12 Wörtern im Schnitt) kann — nach kurzem Üben — mit zwei Blicken/Fixationen erfaßt werden. Trainieren Sie anfangs mit Lesetexten, die schmale Zeilen (5 — 6 Wörter im Schnitt) haben. Führen Sie dabei eine Postkarte in kleinen, ruckartigen Auf- und Abbewegungen so Zeile für Zeile abwärts, daß jede Zeile immer nur für eine halbe Sekunde dem Blick freigegeben ist.

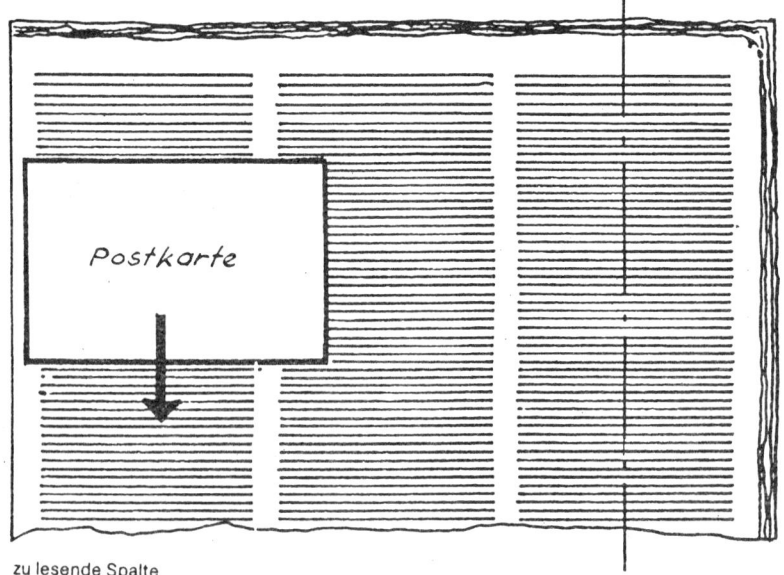

Postkarte

zu lesende Spalte

Wenn Sie, wie in der dritten Spalte unseres Bildes gezeigt, sich eine Mittelachse einzeichnen, dann ergeben die Schnittpunkte dieser Achse mit den Zeilen die genauen Fixationspunkte. Sollte eines Ihrer Augen etwas sehuntüchtiger sein als das andere, so verlagern Sie den Blickpunkt auf das schwächere Auge. Gleichmäßiges Abtasten von fünf Wörter breiten Zeilen mit je 1/2 Sekunden Fixationszeit bringt Sie auf ein Lesetempo von 600 wpm. Die Zahl vermindert sich in der Praxis durch Nachfassen und Denkpausen.

Rhythmus der Augenbewegungen

Rhythmische Augenbewegungen können länger und mit geringerer Mühe durchgeführt werden als arhythmische. Bei der Erfassung einer 10-Wörter-Zeile mit drei Blicken könnte sie (die Normalzeile) gut in einer Sekunde erfaßt werden. Auch das bringt ein Lesetempo von 600 wpm. Führt der Blick dabei einen 3er-Rhythmus (fast eine Art Walzertakt) aus, so kann diese Augenführung als angenehm empfunden werden. Bei 1/2 Sekunden Fixationszeit ergeben sich immer noch 400 wpm Lesetempo (Verdoppelung gegenüber den 200 wpm ungeschulter Leser). So wie bei Ungeschulten die Fixationen (6 – 7 pro Normalzeile) unbewußt ablaufen, müssen sie auch beim 'Rationellen Lesen' ins Unbewußte abgesenkt werden. In der Übungszeit = Bewußtsein der rhythmischen 3er-Fixation fängt das Übungsbemühen einen Teil der Konzentration auf (wie bei jeder körpermotorischen Übung). In dem Maße, wie die Blickführung zur Gewohnheit wird, steigen Konzentration und Fassungskraft über das Maß dessen, was der konventionell Lesende aufbringt. Versierte Leser arbeiten mit der 2er-Fixation auf 10 Wörter breite Zeilen. Empfindungsgemäß ist das eine Pendelbewegung der Pupillen, die ebenfalls rhythmisch ablaufen muß und ins Unbewußte abzusenken ist.

Die geistige Arbeit des Lesens

Denken beginnt mit dem Sammeln der Denkelemente = Informationen, geht über in ein Ordnen dieser Informationen und schließt ab mit einer Bewertung derselben. Aus all diesem ergibt sich das Neuschöp-

167

fen = kreatives Denken. Der Teil des Denkens, den wir Sammeln nannten, wird durch Vorüberlegungen und sorgfältige Beobachtung positiv beeinflußt. Ordnen ist ein Vergleichen der aufgelesenen Informationen mit den Vorgedanken. Das Bewerten geht einher mit Fragen und Entscheidungen über den Nutzen der gewonnenen Informationen. Hierbei ist die Arbeit mit Strukturexzerpten (siehe Seite 113f) von großem Wert. Sie gewinnen für die Lesearbeit (und alles andere geistige Schaffen), wenn Sie die Fähigkeit erwerben, einzelne Sätze spontan zu strukturieren. Einfaches Beispiel:

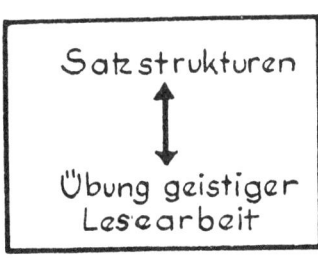

Im weiteren Verlauf der Übungen bzw. späterer Arbeit werden anspruchsvollere Sätze/Aussagen in Strukturskizzen ausgedrückt. Sie sind gleichsam Organisationspläne neuer Arbeiten (z.B. Schreiben eines Berichtes, Halten einer Rede).

Das Lesen der Tageszeitung

Manche Lesearbeiten sind bei verschiedenen Texten gleichgeartet. Ebenso erfordern bestimmte Stoffe besondere Lesearbeiten. Tageszeitungen verlangen z.B. sorgfältige Selektion. Zu viel wird dem Leser ihn ihnen geboten. Die einzelnen Artikel sind dann wie Fachaufsätze weiterzubearbeiten. Der Lesetextinhalt bestimmt die Vorgehensweise des Lesers. Boulevardzeitungen geben meist einen recht guten Überblick über neuestes Geschehen und bieten es (jedenfalls vom lesetechnischen Gesichtswinkel her betrachtet) informationsgerecht dar. Was Sie lesen, bestimmt Ihr Interesse am Inhalt. Der kulturelle Teil der Zeitungen verlangt Zeit und Muße zum Lesen. Reservieren Sie für ihn den Feierabend. Anzeigen zu durchforsten ähnelt der Arbeit mit Listen und Tabellen = konzentriert, doch kurzfristig/sich nicht mit Ablenkendem aufhalten. Versuchen Sie bei der Zeitungslektüre den Blick Zeile für Zeile abwärts zu führen (a). Bei zu breiten Spalten (z.B. DIE WELT/DIE ZEIT/FRANKFURTER ALLGEMEINE) versetzen Sie die Blickpunkte so, wie es unsere Skizze b zeigt und nutzen Sie damit die vertikale Blickspanne über drei Zeilen.

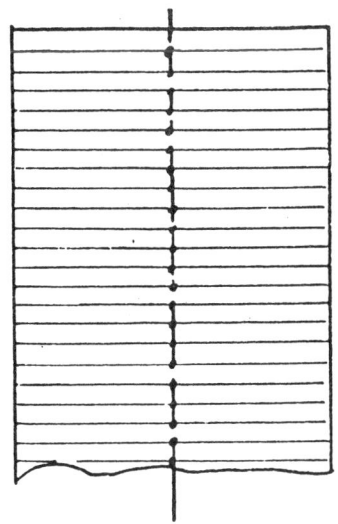
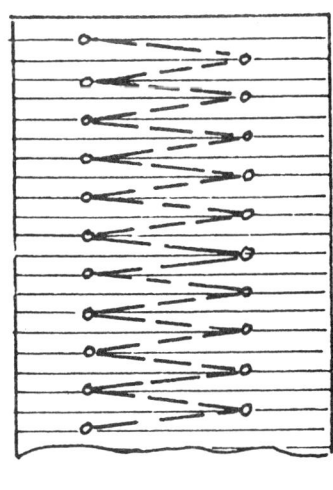

a spaltenweises Senkrechtlesen   b springend versetztes Lesen

Holen Sie bei der Zeitungslektüre Ihr Wissen vom Vortag heran, lesen Sie nur, was sich verändert, richten Sie Ihr Augenmerk auf das wirklich Neue. Viele aktuelle Meldungen sind ja nur Wiederholungen des Früheren mit kurzen Ergänzungen. Sie haben selbst die Verantwortung für die Richtung Ihrer Aufmerksamkeit. Die gar nicht seltenen Druckfehler in Tageszeitungen sollten Sie einfach übersehen, es sei denn, Sie machen aus der Suche einen Sport. Lesen Sie nicht pausenlos, nicht einen Artikel nach dem anderen. Lassen Sie sich nach jedem Beitrag ein wenig Zeit, darüber nachzudenken. Ist das nicht erforderlich, so lohnte es wahrscheinlich überhaupt nicht, den Beitrag gelesen zu haben. Im Lesetraining wird verlangt, daß nach dem Lesen

169

jedes Artikels (bei längeren sogar eines Abschnittes) der Blick innezuhalten habe und der Inhalt in kurzen eigenen Worten wiederzugeben sei. Beim Überdenken ist zu unterscheiden, ob ein Bericht sich an Tatsachen hält oder eine Meinung des Berichterstatters darstellt. Oft ist beides vermischt. Leitartikel äußern die Meinung der Zeitung. Glossen stellen ein Geschehen in ironischer Weise dar. Gerade dann muß der Leser sorgfältig zwischen Form und Information unterscheiden.

Lesen von Fachzeitschriften und Fachartikeln

Bücher altern heute schnell. Manche sind schon veraltet, wenn sie auf den Markt kommen. Aktuelles Fachwissen beziehen Sie am besten aus seriösen Fachzeitschriften bzw. Fachartikeln der renommierten Tageszeitungen. Diese Lesestoffe erscheinen oft in spaltenweisem Satz. Es gelten die bisherigen Ausführungen über senkrechtes Lesen. Meist sind die Spalten zu breit für die 1er-Fixation. Arbeiten Sie dann wieder mit dem 'Pendelblick'.

Bei diesem Vorgehen ist mit sorgfältigen Nachdenkpausen (eigentlich Mitdenkpausen) zu operieren. Fachautoren setzen sich mit Zuschriften und Kritiken meist gern auseinander (im Gegensatz zu Tagesberichterstattern, die dafür kaum Zeit haben). Also haben Sie den Mut, an Ihre Fachzeitschriften-Redaktion zu schreiben.

In Fachartikeln ist ebenso intensiv zu markieren wie in Fachbüchern (s. Kap. 13). Informationsaufnahme ist eben Arbeit.

Orientierungshilfen

Orientierungshilfen wie Telefonbücher, Verzeichnisse, Listen, Kataloge sind auch Lesestoff. Ebenso ist zu lesen in Nachschlagewerken und Glossarien, wie auch die Vor- und Nachspanne Ihrer Bücher mehr als einen oberflächlichen Blick wert sind. Achten Sie nichts für zu gering, um es nicht wenigstens zu überprüfen. Gerade das Beachten von Geleitworten, Inhaltsverzeichnissen, Quellenangaben, Nachworten, Registern kann große Teile der sonst am Buchtext durchzuführenden Lesearbeit ersparen. Holen Sie sich an solchen Stellen Ihre Arbeitsanregungen. Wenn Sie in besonderen Fachbüchern arbeiten müssen, werden Sie sich aus all den vorangegangenen Hinweisen selbst zusammenstellen, wie Sie vorzugehen haben! Schöngeistige Literatur und Unterhaltungslektüre lassen wir hier aus unseren Betrachtungen heraus.

13. Markierungsarbeiten

Hervorheben wichtiger Textstellen in Lesetexten gehört zu den wichtigsten Arbeitstechniken geistig Schaffender. Vieles, was wir nachstehend ausführen, kann auch auf das Mitschreiben in Vorträgen übertragen werden. Erstes Anliegen des Markierens: Wichtiges so hervorzuheben, daß es im Bedarfsfalle wiedergefunden wird. Das ist besonders dann von Bedeutung, wenn Texte wiederholt (z.B. zum Auswendiglernen) werden müssen. Zum anderen sollen unbedeutende Textstellen in den Hintergrund gerückt werden. Schließlich geht mit der Markierungsarbeit schon ein Lernvorgang einher. Die Aufmerksamkeit, die richtiges Markieren erfordert, fördert zugleich das Einprägen und die spätere Wiedergabe. Die einfachste Form der Markierung ist das Unterstreichen. Doch es sollte sparsam vorgenommen werden. Zeilen- oder gar seitenweises Unterstreichen hebt zuletzt nichts mehr hervor. Unterstreichungen mit weichem Bleistift und unterschiedlichem Druck vornehmen. Unterschiedlicher Druck = Liniendicke betont unterschiedliche Wichtigkeitsgrade. Bleistift läßt sich gut wieder ausradieren, wenn falsch markiert wurde oder die Markierung zu entfernen ist.

Eine andere einfache Markierungsform sind Marken am Seitenrand. Ein schlichter Strich oder eine geschweifte Klammer sagen: Diese Zeilen sind wesentlich! Fragezeichen, Ausrufezeichen, Sondersymbole oder Buchstaben geben zusätzliche Arbeitshinweise. Von Anfang an sei darauf geachtet, daß über die einfache Markierung hinaus geistige Zusammenhänge optisch verdeutlicht werden. In unserm Bild auf S. 104, 105 ist das mit Hilfe dünner, verbindender

Linien geschehen. Achtung: In fremden Büchern niemals markieren, es sei denn auf transparentem Auflageblatt (Transparentexzerpt).

Beispiel: Unterstreichungen

Gliederung von Rede und Aufsatz

Lessing schrieb einst in einer Kritik: „Es ist viel Gutes und viel Neues in diesem Buch. Aber das Gute ist nicht neu, und das Neue ist nicht gut!" So geht es manchem Menschen, der Neues übermitteln will. Er findet keine überzeugende Ausdrucksform. In der Schule lehrte man uns einst, einen Aufsatz klar in Einleitung, Hauptteil, Schluß zu gliedern. Wenn auch später diese „Einfachst-Disposition" immer in einer Rede oder Niederschrift zu erkennen sein sollte, genügt sie doch gehobenen Ansprüchen nicht. Schon im Altertum suchte man nach treffenderen Gliederungen, um besser zu überzeugen. Von diesen hat sich die Chrie bis in unsere Tage erhalten und auch gut bewährt. Acht Punkte sind es, die beim Aufbau eines Themas, nach der Chrie, zu beachten sind. Sie heißen: Die Einleitung oder das Thema, die Erklärung, die Begründung, der Gegensatz, die Vergleiche, die Beispiele, die Zeugnisse und der Schluß.
Einleitung oder Thema ist sozusagen die Überschrift. Wer mit dem Thema Spannung erzeugt, hat die Hörer auf seiner Seite. Punkt zwei, die Erklärung, dient zur Erläuterung des Themas. Sprecher oder Schreiber sagen in der Erklärung, warum sie zum Thema Stellung nehmen. Auch bringt die Erklärung Unkundigen das Thema nahe. Punkt drei, die Begründung, bringt die guten Gründe die für eine Sache sprechen, die eigenen Gedanken des Interpreten. Die Begründung muß sehr sorgfältig vorbereitet sein. Der nächste Punkt, der Gegensatz, soll gegnerische Meinungen vorwegnehmen. Im Gegensatz schwächt man Behauptungen, die gegen die eigene Sache sprechen, ab und läßt sie unwesentlich erscheinen. Ein gut vorbereiteter Punkt Gegensatz vermag manchen Zwischenruf zu verhindern. Was eigene Begründung nicht vermag, kann vielleicht durch treffende Vergleiche erreicht werden. Deshalb heißt Punkt fünf Vergleiche.
„Vergleiche sind von großem Wert, sofern sie ein unbekanntes Verhältnis auf ein bekanntes zurückführen!" (Schopenhauer.)
Beispiele heißt der sechste unserer Gliederungspunkte. Beispiele sind, wie Vergleiche, Bilder. Beispiele verdeutlichen das Ausgeführte. Deshalb suche man sorgfältig nach guten Beispielen. Zeugnisse sind Punkt sieben. Anerkannte Größen geben Zeugnis. (Bonmots, Zitate.)
Bleibt Punkt acht: der Schluß!

Stärke der Unterstreichungen hebt den Wichtigkeitsgrad hervor.
Dünne verbindende Linien weisen auf gedankliche Verbindungen der hervorgehobenen Aussagen hin.

Beispiel: Randbemerkungen

Gliederung von Rede und Aufsatz

Lessing schrieb einst in einer Kritik: „Es ist viel Gutes und viel Neues in diesem Buch. Aber das Gute ist nicht neu, und das Neue ist nicht gut!" So geht es manchem Menschen, der Neues übermitteln will. Er findet keine überzeugende Ausdrucksform. In der Schule lehrte man uns einst, einen Aufsatz klar in Einleitung, Hauptteil, Schluß zu gliedern. Wenn auch später diese „Einfachst-Disposition" immer in einer Rede oder Niederschrift zu erkennen sein sollte, genügt sie doch gehobenen Ansprüchen nicht. Schon im Altertum suchte man nach treffenderen Gliederungen, um besser zu überzeugen. Von diesen hat sich die Chrie bis in unsere Tage erhalten und auch gut bewährt. Acht Punkte sind es, die beim Aufbau eines Themas, nach der Chrie, zu beachten sind. Sie heißen: Die Einleitung oder das Thema, die Erklärung, die Begründung, der Gegensatz, die Vergleiche, die Beispiele, die Zeugnisse und der Schluß.

Einleitung oder Thema ist sozusagen die Überschrift. Wer mit dem Thema Spannung erzeugt, hat die Hörer auf seiner Seite. Punkt zwei, die Erklärung, dient zur Erläuterung des Themas. Sprecher oder Schreiber sagen in der Erklärung, warum sie zum Thema Stellung nehmen. Auch bringt die Erklärung Unkundigen das Thema nahe. Punkt drei, die Begründung, bringt die guten Gründe die für eine Sache sprechen, die eigenen Gedanken des Interpreten. Die Begründung muß sehr sorgfältig vorbereitet sein. Der nächste Punkt, der Gegensatz, soll gegnerische Meinungen vorwegnehmen. Im Gegensatz schwächt man Behauptungen, die gegen die eigene Sache sprechen, ab und läßt sie unwesentlich erscheinen. Ein gut vorbereiteter Punkt Gegensatz vermag manchen Zwischenruf zu verhindern. Was eigene Begründung nicht vermag, kann vielleicht durch treffende Vergleiche erreicht werden. Deshalb heißt Punkt fünf Vergleiche.

„Vergleiche sind von großem Wert, sofern sie ein unbekanntes Verhältnis auf ein bekanntes zurückführen!" (Schopenhauer.)

Beispiele heißt der sechste unserer Gliederungspunkte. Beispiele sind, wie Vergleiche, Bilder. Beispiele verdeutlichen das Ausgeführte. Deshalb suche man sorgfältig nach guten Beispielen. Zeugnisse sind Punkt sieben. Anerkannte Größen geben Zeugnis. (Bonmots, Zitate.)

Bleibt Punkt acht: der Schluß!

| einfacher Strich: normal wichtige Stelle
! Ausrufezeichen: besonders wichtige Stelle
? Fragezeichen: Aussage ist noch zu klären
⊗ Seite ablichten

Überstreichungen

Immer beliebter wird Markierungsarbeit durch Überstreichen mit transparenten Farben (Textmarker). Die so markierten Textstellen leuchten dann farbig aus dem übrigen Text heraus. Gelb ergibt dabei

173

die beste Lesbarkeit. Man achte auf die spezielle für diesen Zweck bestimmten Stifte, da deren Farben nicht durch das Papier dringen. Das Prinzip ist das gleiche wie beim Unterstreichen.

Vom Vergangenen in die Zukunft

Noch schlichter als die oben gerade in Erinnerung gebrachten W-Fragen ist ein Verfahren, wie es Rednerschülern, den Eleven der Rhetorik, zu schnellem Einstieg in die Redekunst empfohlen wird. Es ist die Einteilung in »Was war?« »Was ist?« »Was soll werden?«

Das heißt, eine Rede (gleiches gilt auch für Aufsätze und Niederschriften) sei in die Fragen nach der Vergangenheit, der Gegenwart und der Zukunft einzuteilen. In der Tat läßt sich wohl nahezu jedes Thema auf diese einfache Weise gliedern. In der Praxis wird dabei so vorgegangen:

Bei kleinen Übungsreden oder kurzen Diskussionsbeiträgen genügt für die Vorbereitung ein Briefbogen, eine Seite DIN A 4. Das Blatt wird in der Senkrechten gedrittelt. Das obere Drittel dann der Vergangenheit, das mittlere der Gegenwart, das untere der Zukunft zugeordnet. Bei umfangreicheren Texten gehört zu jedem Punkt ein eigenes Blatt oder auch deren mehrere. Wenn es das Thema so ergibt, dann werden auch die drei Abteilungen unterschiedlichen Umfang haben. So kann der eine mehr Augenmerk auf die Fragen der bisherigen Entwicklung legen und dann mehrere Blätter für das »Was war?« benötigen, während sich ein anderer ausführlicher mit der Gegenwart, dem »Was ist?« auseinandersetzt, und in diesem Feld eine größere Zahl von Fragen zu beantworten sucht. Das nur, damit die ganze Arbeit nicht zu schematisch wird. Aber das führten wir ja auch schon an früherer Stelle aus, daß Sie bei allen Betrachtungen flexibel denken sollten und immer nach den Möglichkeiten zu suchen haben, aus unseren Hinweisen und Betrachtungen etwas Eigenes zu machen.

Schraffuren verdeutlichen in unserem Bild die farbigen Überstreichungen Verbindende Linien zeigen Assoziationen auf.

Mit der Elektronik leben

Neue Bauteile zwingen Werkstattpersonal erneut auf die Schulbank. Beim modernen Kraftfahrzeug hat die elektrische Ausrüstung einen Umfang, der für den Autofahrer nicht mehr überschaubar, geschweige denn kontrollierbar ist. In den letzten Jahren sind nämlich in die elektrische Anlage des Kraftfahrzeugs mehr und mehr Einrichtungen ein-

Kfz/Elektronik

bezogen worden, die auf elektronischer Basis arbeiten. Zur Erhöhung der Betriebssicherheit oder zwecks Vereinfachung der Wartung, in anderen Fällen zur Erlangung größerer Leistung und Wirtschaftlichkeit werden in steigendem Maß elektronische Bauteile verwendet und elektronisch gesteuerte Anlagen entwickelt. Dafür einige Beispiele aus der Praxis:

Fertigteile

Die Standard-Zündung üblicher Bauart erzeugt im unteren Drehzahlbereich sowie bei hohen Drehzahlen eine geringere Zündspannung, was beim Starten im Winter zu Anlaßschwierigkeiten oder bei Höchstgeschwindigkeiten zu Zündstörungen führen kann. Hier bringen elektronische Zündanlagen, bei welchen die Zündspannung einmal höher ist und über den Drehzahlbereich gleichmäßiger verläuft, Vorteile. Es wurden deshalb Transistor-Zündanlagen sowie Batterie-Hochspannungs-Kondensatorzündanlagen entwickelt und auf den Markt gebracht, die gleichzeitig weitgehend wartungsfrei arbeiten.

z.B. Zündung

Transistor-Anl.

Die traditionelle Gleichstrom-Lichtmaschine ist den Anforderungen bezüglich der Stromversorgung nicht mehr gewachsen. Die Drehstrom-Lichtmaschine, die schon bei Leerlauf des Verbrennungsmotors Leistung abgibt, rückt an ihre Stelle. Die Einführung von Drehstrom-Generatoren auf breiter Basis war aber erst möglich, nachdem Gleichrichter-Dioden, das heißt elektronische Bauelemente zur Verfügung standen, die preisgünstig, betriebssicher und so klein waren, daß sie in die Maschinen eingebaut werden können.

z.B. Licht-Maschine

Eine weitere elektronische Einrichtung ist die elektronisch gesteuerte Benzineinspritzung, welche bezüglich der Motorenleistung und der Abgasentgiftung Vorteile bringt. Weitere elektronische Einrichtungen sind bei Bosch bereits entwickelt und werden eines Tages Eingang in die

Benzin-Einspritzung

* Aus: Frankfurter Rundschau – 7. 11. 70

Randnotizen

Auf dem Seitenrand herausgezogene Stichwörter oder Kurzkommentare sind eine weitere Möglichkeit der Markierung. Wenn so Textaussagen in eigenen Worten wiederholt werden, ist schon die damit verbundene Denkarbeit gedächtnisfördernd. Solche Randnotizen können dann auch noch durch Randmarken ergänzt werden, wie wir unseren Lesern überhaupt empfehlen, durch Kombination oder Abwandlung zu eigenen Formen zu kommen. Wichtig: Dabei immer mit äußerster Kürze arbeiten! Die Hauptarbeit soll im Kopf, nicht auf dem Papier stattfinden.

Mehr denken — weniger markieren!

Überlagernde Begrenzungen

Eine Markierungsform, die schnelles manuelles Arbeiten erlaubt. Es wird nichts mehr punktgenau markiert, sondern nur noch Felder umrissen. Auch hier mag wieder unterschiedlicher Bleistiftdruck Wichtigkeitsgrade unterscheiden. Ebenso könnten einzelne Felder farbig umfahren oder schraffiert werden. Verbindende Linien verdeutlichen gedankliche Zusammenhänge.

Wenngleich, trotz hoher Bestsellerauflagen, kaum ein Wissenschaftler die Theorien Dänikens akzeptiert, ist die Frage nach außerirdischen Leben recht interessant und nicht ohne weiteres von der Hand zu weisen. Lange Zeit hat der Mensch Anspruch erhoben, das einzige vernunftsbegabte Lebewesen im Weltraum zu sein. Heute sieht er die Wahrscheinlichkeit, daß es außerirdisches Leben gibt, außerordentlich groß. 1969 und 1973 gingen Berichte durch die Weltpresse, nach der der russische Wissenschaftler Petrow Funksignale aus dem Weltraum empfing. Daß es auf anderen Planeten wie auf der Erde Pflanzen und Tiere geben könne, war man zuzubilligen auch früher bereit, nun aber schienen sich Menschen bemerkbar zu machen. Um die Beobachtungen wurde es wieder still. Aber immer wieder tauchen phantasiereiche Schilderungen von Ufos auf, die Zeitgenossen beobachtet haben wollen. All diese Beobachtungsobjekte sind bis heute ebensowenig als Fahrzeuge außerirdischer Menschen bewiesen, wie die Sagen unserer Vorfahren von fernen Göttern als authentische Berichte angesehen werden könnten. Aber vielleicht verhilft uns nüchterne Überlegung zu der Überzeugung, daß es Leben außerhalb des Sonnensystems geben muß. Die Erde gehört zum Sonnensystem, aber dieses selbst ist nur ein Teil einer größeren Ordnung, der Galaxis oder Milchstraße. Die Galaxis ist eine Anhäufung von Sternen in Form einer großen Spirale. Ihre Abmessungen sind schier unfaßbar. Man rechnet mit einem Durchmesser von etwa 80 000 Lichtjahren und einer Höhe von 16 000 Lichtjahren. Dennoch gibt es in unermeßlichen Abständen von der Galaxis Millionen weiterer Systeme, die ihr ähneln. Bleiben wir im galaktischen System. Wie Schätzungen ergaben, existieren in ihm derart viele Sonnensysteme, daß die Zahl der Planeten mit einer Million eher zu tief als zu hoch gegriffen ist. Die Spektralanalyse bewies, daß es auch auf fernen Welten keine anderen Elemente gibt als die gut 100, die uns bekannt sind. Wäre es dann bei diesen Zahlen undenkbar, daß viele Planeten ähnlich beschaffen sind wie die Erde? Im Gegenteil, es ist absolut wahrscheinlich, daß eine größere Zahl ganz ähnlich beschaffener Himmelskörper existiert. Davon abgesehen, sind aber auch, wie wir im Tiefenschlamm mancher Meere, Lebewesen vorstellbar, die ohne Sauerstoff existieren. Es spricht alles dafür, daß es überall im Universum Leben, auch intelligentes Leben, gibt.

Kleinere Felder kennzeichnen vor allem Einzelheiten.
Größere Felder umfassen vorzugsweise Gedankeneinheiten.
Schraffur könnte z. B. bedeuten: Diese Aussage soll in die Geisteskartei übernommen werden.

zeitliche Folge

kausale Folge

176

Eine Variante überlagernder Begrenzungen

Dieses Verfahren wird besonders beim 'Multiplen Lesen' eingesetzt. Bei verschiedenen Durchgängen erscheinen verschiedene Markierungen:

1. Durchgang = Große Felder/Überblick
2. Durchgang = Kleine Felder/Einzelheiten
3. Durchgang = Gedankliche Verbindungen

Wenngleich, trotz hoher Bestsellerauflagen, kaum ein Wissenschaftler die Theorien Dänikens akzeptiert, ist die Frage nach außerirdischem Leben recht interessant und nicht ohne weiteres von der Hand zu weisen. Lange Zeit hat der Mensch Anspruch erhoben, das einzige vernunftsbegabte Lebewesen im Weltraum zu sein. Heute sieht er die Wahrscheinlichkeit, daß es außerirdisches Leben gibt, außerordentlich groß. 1969 und 1973 gingen Berichte durch die Weltpresse, nach der der russische Wissenschaftler Petrow Funksignale aus dem Weltraum empfing. Daß es auf anderen Planeten wie auf der Erde Pflanzen und Tiere geben könne, war man zuzubilligen auch früher bereit, nun aber schienen sich Menschen bemerkbar zu machen. Um die Beobachtungen wurde es wieder still. Aber immer wieder tauchen phantasiereiche Schilderungen von Ufos auf, die Zeitgenossen beobachtet haben wollen. All diese Beobachtungsobjekte sind bis heute ebensowenig als Fahrzeuge außerirdischer Menschen bewiesen, wie die Sagen unserer Vorfahren von fernen Göttern als authentische Berichte angesehen werden könnten. Aber vielleicht schafft uns nüchterne Überlegung zu der Überzeugung, daß es Leben außerhalb des Sonnensystems geben muß. Die Erde gehört zum Sonnensystem, aber dieses selbst ist nur ein Teil einer größeren Ordnung, der Galaxis oder Milchstraße. Die Galaxis ist eine Anhäufung von Sternen in Form einer großen Spirale. Ihre Abmessungen sind schier unfaßbar. Man rechnet mit einem Durchmesser von etwa 80 000 Lichtjahren und einer Höhe von 16 000 Lichtjahren. Dennoch gibt es in unermeßlichen Abständen von der Galaxis Millionen weiterer Systeme, die ihr ähneln. Bleiben wir im galaktischen System. Wie Schätzungen ergaben, existieren in ihm derart viele Sonnensysteme, daß die Zahl der Planeten mit einer Million eher zu tief als zu hoch gegriffen ist. Die Spektralanalyse bewies, daß es auch auf fernen Welten keine anderen Elemente gibt als die gut 100, die uns bekannt sind. Wäre es dann bei diesen Zahlen undenkbar, daß viele Planeten ähnlich beschaffen sind wie die Erde? Im Gegenteil, es ist absolut wahrscheinlich, daß eine größere Zahl ganz ähnlich beschaffener Himmelskörper existiert. Davon abgesehen, sind aber auch, wie im Tiefenschlamm mancher Meere, Lebewesen vorstellbar, die ohne Sauerstoff existieren. Es spricht alles dafür, daß es überall im Universum Leben, auch intelligentes Leben, gibt.

Bei weiteren Durchgängen gegebenenfalls zusätzlich Randmarken anbringen oder betonte Hervorhebung durch Schraffuren erzeugen.

Strukturen mit Hilfe überlagernder Wörter

Wörter werden unmittelbar in den Text hineingeschrieben. Verbindende Linien kennzeichnen gedankliche Zusammenhänge. Am besten ist es, mit Textmarkern zu arbeiten, weil dann der überlagerte Text gut lesbar bleibt.

Text aus: Albert Schweitzer: „Aus meinem Leben und Denken"

Am 6. Mai 1898 bestand ich die erste theologische Prüfung, das sogenannte Staatsexamen. Da ich zu dieser Zeit als Dozent des Stifts wohnend, noch in Straßburg, um mich ganz der Philosophie zu widmen. Windelband und Ziegler waren hervorragende Vertreter ihres Faches und ergänzten sich als Lehrer in ausgezeichneter Weise. Windelbands Stärke war die alte Philosophie. Seine Seminarübungen über Plato und Aristoteles sind eigentlich meine schönsten Erinnerungen aus der Studienzeit. Ziegler beherrschte besonders Ethik und Religionsphilosophie. Für letztere kamen ihm die Kenntnisse zustatten, die er als ehemaliger Theologe – er war aus dem Tübinger Stift hervorgegangen – besaß.

Auf Grund meines Examens erhielt ich, durch Holtzmanns Verwendung, das Gollsche, von der Thomaskapitel zusammen mit der Fakultät verwaltete Stipendium der Goll-Stiftung. Ein Jahr und wurde jedesmal auf sechs Jahre vergeben. Der Stipendiat war verpflichtet, nach spätestens sechs Jahren den Grad eines Lizentiaten der Theologie zu Straßburg zu erwerben oder die empfangenen Gelder zurückzuzahlen.

Auf Zuraten Theodor Ziegler beschloß ich, ernst die philosophische Doktordissertation in Angriff zu nehmen. Am Schlusse des Semesters schlug er mir, bei einem unter dem Regenschirm gehaltenen Gespräch auf der Treppe der Universität, Kants Religionsphilosophie als Thema vor, was mir sehr zusagte. Gegen Ende Oktober 1898 fuhr ich nach Paris, um in der Sorbonne Philosophie zu hören und mich bei Widor im Orgelspiel weiterzubilden.

Ins Kolleg bin ich in Paris nicht oft gegangen. Gleich die unfeierliche Art der Immatrikulation verstimmte mich. Der veraltete Lehrbetrieb, der es den zum Teil so hervorragenden Dozenten unmöglich machte, sich wirklich auszugeben, tat auch das seinige, mir die Sorbonne zu verleiden. Vier oder fünfstündige zusammenfassende Vorlesungen, wie ich sie von Straßburg her gewohnt war, gab es hier nicht. Entweder hielten die Professoren Vorlesungen, die sich auf die Examensprogramme bezogen, oder sie lasen über ganz spezielle Gebiete.

An der evangelisch-theologischen Fakultät (Boulevard-Arago) hörte ich zuweilen Vorlesungen des Dogmatikers Louis Auguste Sabatier und des Neutestamentlers Louis Eugène Ménégoz. Vor beiden hatte ich große Hochachtung.

In der Hauptsache aber war ich in jenem Winter in Paris mit Kunst und mit meiner Doktorarbeit beschäftigt.

Bei Widor – der mich jetzt umsonst unterrichtete – trieb ich Orgel und bei I. Philipp, der bald darauf als Lehrer an das Konservatorium kam, Klavier. Zugleich war ich Schüler der genialen Schülerin und Freundin Franz Liszts, Marie Jaell-Trautmann, einer geborenen Elsasserin. Aus dem Konzertleben hatte sie, die kurze Zeit als ein Stern erster Größe geglänzt hatte, sich schon damals zurückgezogen. Sie hatte ihre Studien über den Klavieranschlag, den sie physiologisch zu ergründen suchte. Ich diente ihr als Versuchstier und war als solches an den Experimenten beteiligt, die sie zusammen mit dem Physiologen Fére unternahm. Wieviel verdanke ich dieser genialen Frau!

[Handschriftliche Überlagerungen: Staatsexamen, Stipendium, Doktorarbeit, Musik, Paris]

Lebende Kolumnentitel

So heißen Seitenüberschriften, wie sie früher nicht nur in Sachbüchern, sondern auch in der Unterhaltungsliteratur zu finden waren. Sie fassen den Inhalt einer Seite grob zusammen. Das Erfinden solcher Seitenüberschriften, die dann handschriftlich an den Oberrand geschrieben werden, zählt zu den Markierungsarbeiten.

Überlagernde Stich- und Schlagwörter

Ähnlich wie im Bild auf Seite 178 gezeigt, werden, etwa in 3-facher Größe der Schrifttypen, dem Text entnommene Wörter (Stichwörter) über den Text geschrieben. Wird das zu schreibende Wort nicht dem Text entnommen, sondern ist es eine Zusammenfassung oder Textübersetzung (Schlagwort), so spielt wieder die Denkarbeit die größte Rolle. Beide Wortarten können auch in einer Markierungsarbeit erscheinen.

Unterscheidende Linien

Durch verschiedene Linien (fette, dünne, gestrichelte, punktierte, gewellte) werden Besonderheiten der Unterstreichungen (Markierungen) zum Ausdruck gebracht. Welche Bedeutung solche Linien haben sollen, legt der Arbeitende selbst fest.

Arbeitszeichen, selbst erfunden!

Der Schaffende erdenkt sich Zeichen, die auf bestimmte Maßnahmen hinweisen:

! = wichtig	!! = sehr wichtig	? = fraglich
⊗ = ablichten	□ = abzeichnen	⊡ = fotografieren
ε = Wiederholung	)(= Widerspruch	⌢ = ablegen
N = Name	Bo = Bonmot	A = Assoziation
▽ = Vorsicht/prüfen	⁄⁄ = Unterschied	∅ = Durchschnitt
// = Gegenüberstellung	→ = nachschlagen	B = Beispiel

179

Lesezeichentechnik

Auf Kartonstreifen, die gleichzeitig als Lesezeichen dienen, werden Stich- oder Schlagwörter (auch Arbeitszeichen) in Höhe der zu markierenden Textstelle angebracht. Das Lesezeichen ist dabei am unteren Rand der Buchseite bündig anzulegen. Dieses Verfahren zählt auch zu den Exzerpiertechniken.

Eingefügte Leerblätter

Früher kauften sich Studenten ungebundene Studienausgaben von Lehrbüchern, in die sie sich vom Buchbinder leere Blätter einbinden (einschießen) ließen. Heute hieße das, entweder ein Buch in seine Seiten zu zerlegen, im Ordner abzuheften und dabei nach Bedarf leere Schreibblätter dazwischen zu legen. Auch über die Kopien von Buchseiten wäre ähnliches möglich. Dann kann sogar auf der Rückseite des vorderen Kopieblattes der Kommentar zu dem danebenliegenden Folgeblatt erscheinen.

Seitenzahlen im Buchdeckel

Das Notieren von Seitenzahlen, gegebenenfalls verbunden mit der Angabe von Zeilen oder Absätzen, in den inneren Buchdeckel (evtl. auch noch auf den Vorsatzblättern/sogenannten Schmutztiteln) ist eine weitere Möglichkeit, Textstellen zu kennzeichnen, damit sie später wiederzufinden sind. Ähnliches kann auch in einem Beiheft oder auf einem Sonderblatt geschehen. Die Sonderblätter werden dann mit Buchtitel und Arbeitsdatum versehen in Ordnern abgelegt.

Transparentes Papier

Wichtige Bücher sollte man besitzen, damit auch hineingearbeitet werden kann. Wo Einarbeit verboten ist (geliehene Bücher/bibliophile Kostbarkeiten): Einzelseiten werden kopiert und dann auf den Kopien markiert; oder man legt ein Stück transparenten Materials (durchsichtiges Zeichenpapier oder Klarsichtfolie) auf den Text und bringt auf diesem die Marken an. Für Klarsichtfolien gibt es Spezialstifte, die entweder unlöslich sind oder (weil wasserlöslich) mit feuchtem Tuch entfernt werden können. Das Arbeiten mit solchen transparenten Auflegern hat gewisse Ähnlichkeit mit der Arbeit auf der Schiefertafel vergangener Tage.

Bei dieser Arbeit ist zu berücksichtigen, daß sie durch die Mengen der aufzulegenden Blätter sehr aufwendig werden kann. Andererseits ist aber die Markierung als solche weniger wichtig. Wichtig ist die Denkarbeit, zu der der Schaffende durch die Markierung gezwungen wird. Die Markierungsblätter brauchen also nicht aufgehoben zu werden — weil sie später nicht eingesehen werden. Es kann dann auch mit Glasfolie und löschbarem Stift gearbeitet werden, weil sich ja durch das Abwaschen die Folie immer wieder verwenden läßt.

14. Exzerpiertechnik

Ist Markieren ein Hervorheben in Texten, so ist Exzerpieren ein Herausziehen. Es wird vor allem dort eingesetzt, wo nicht in die Texte hineingearbeitet werden darf, und bei umfangreichem Material. Das Prinzip ist bei beiden gleich: Nur das Wesentliche in möglichst kurzer Form betonen.

Inhaltsverzeichnis in abgewandelter Form

Kopierte oder abgeschriebene Inhaltsverzeichnisse sind mitunter schon ausreichende Exzerpte. Überprüfen Sie es an Ihrer Arbeitsabsicht! Eine Sammlung von Inhaltsverzeichnissen bearbeiteter Bücher kann wertvolle Erinnerungsstütze und Hilfsmittel beim späteren Wiederfinden von Textstellen sein. Ergänzen Sie exzerpierte Inhaltsverzeichnisse durch Kurznotizen zu Inhalt, eigenem Standpunkt und Weiterarbeit, und wandeln Sie es so ab — entsprechend Ihren Arbeitsbedürfnissen.

Der Stichwortauszug

Dem Text entnommene Wörter werden tabellenmäßig aufgeführt. Auf lose Zettel einzeln geschrieben, können sie auch in alphabetische Reihe gebracht werden. Außer dem Aufschreiben in der Reihenfolge des Erscheinens im Text kann wie folgt vorgegangen werden: Auf einzelnen Bogen werden — jeweils in deren Kopf — Themen oder Sachgruppen aufgeführt (können gegebenenfalls dem Inhaltsverzeichnis entnommen werden) — dann schreibt man, wie es im Text erscheint, die Stichwörter gleich zu den Sachgebieten, für die sie Bedeutung haben. Ist eine Vorordnung zu Beginn der Arbeit noch nicht möglich, kann auch mit der Fragewortreihe 'Wer — Was — Wie — Wo — Wann — Warum' gearbeitet werden.

Der Schlagwortauszug

Die herausgezogenen Textaussagen werden zu Schlagwörtern zusammengefaßt (Schlagwort = die Sache betreffend / Stichwort = wörtlich dem Inhalt entnommen). Ganze Sätze oder Absätze können in einem Schlagwort zusammengefaßt werden. Das damit verbundene Bemühen ist wieder ein Lernprozeß. Der Schlagwortauszug hat keine scharfe Grenze zu dem, was wir landläufig 'Exzerpt' nennen.

Das allgemeine Exzerpt

Auszüge aus dem Text, die nur in Ausnahmefällen (Formeln, Zitate, Lehrsätze) wörtlich mit der Vorlage übereinstimmen müssen. Im allgemeinen ist es besser, mit eigenen Worten zu formulieren, was einem an den Textaussagen wichtig erscheint. Immer wieder: Sich um kürzeste Formulierungen bemühen! Beim Exzerpieren liegt wahrhaftig die Würze in der Kürze.

Das Beziehungsexzerpt

Eine Arbeit, die nur bei langfristigem Lernen mit gleichen Lehrbüchern eingesetzt werden sollte. Sie ist etwas aufwendig: Auszugsarbeit aus verschiedenen Texten, z.B. mehreren Büchern zum gleichen Lernthema. Die einzelnen Auszüge werden (tabellenähnlich) in die Spalten eines großen Auszugsblattes (etwa DIN A 3) eingetragen. Die Zahl der Spalten entspricht der Zahl der Bücher. Ausgegangen wird vom umfangreichsten Buch (sein Exzpert erscheint also in der ersten Spalte). In die folgenden Spalten kommen in gleicher Weise die Auszüge aus den anderen Lesestoffen (es brauchen nicht nur Bücher zu sein). Sind alle Lesetexte exzerptiert, so zieht man dünne verbindende Linien zwischen gleichen oder ähnlichen Aussagen über die Spalten hinweg. Ein solches Blatt führt dann schnell zu den diversen Stellen in den verschiedenen Texten, dic gleiche Themen behandeln.

	Buch-Titel 1	Buch-Titel 2	Buch-Titel 3	Buch-Titel 4
Kapitel 1	Kurzauszug *A*	Kurzauszug analog *H*	*B*	*C*
Kapitel 2	Kurzauszug *B*	Kurzauszug analog *C*	*D*	*G*
Kapitel 3	Kurzauszug *C*	Kurzauszug analog *K*	*F*	*A*
Kapitel 4	Kurzauszug *D*	Kurzauszug (nicht in Buch 1) *L*	*M*	*M*
Kapitel 5	Kurzauszug *E*	Kurzauszug analog *D*	nicht in 1 oder 2 *O*	noch nicht zuvor *Q*
Kapitel 6	Kurzauszug *F*	Kurzauszug (nicht in Buch 1) *M*	nicht in 1 oder 2 *P*	
Kapitel 7	Kurzauszug *G*	Kurzauszug (nicht in Buch 1) *N*		
Kapitel 8	Kurzauszug *H*			
Kapitel 9	Kurzauszug *I*			
Kapitel 10	Kurzauszug *K*			

Ein Thema kann auf derartigem Exzerptblatt schnell in den verschiedenen Unterlagen wieder aufgespürt werden.

Eine andere Form: Laufend zu numerierende Blätter, die in so viele Querrubriken zu unterteilen sind, wie es Texte zu exzerpieren gilt. Diese Rubriken sollten mit Kennzeichen des entsprechenden Textes versehen sein (hier im Bildbeispiel = Großbuchstaben). Das umfangreichste Buch wird wieder zuerst exzerpiert. Die Auszüge kommen nacheinander in die jeweils ersten Rubriken der Auszugsblätter. Findet der Schaffende beim Lesen im nächsten Buch Gedanken, die denen im ersten bzw. zuvor exzerpierten entsprechen, so kommt der zugehörige Auszug in die zweite bzw. weitere Rubrik jenes Blattes, das in seiner ersten gleiches oder ähnliches ausführt.

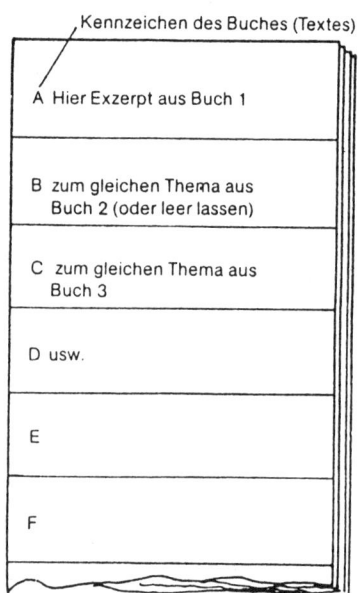

Kennzeichen des Buches (Textes)

A Hier Exzerpt aus Buch 1

B zum gleichen Thema aus Buch 2 (oder leer lassen)

C zum gleichen Thema aus Buch 3

D usw.

E

F

Beziehungsexzerpte dieser Art können aus vielen Blättern bestehen, von denen allerdings nur wenige Eintragungen haben werden. Diese Exzerpte zeigen, wie verschiedene Verfasser das gleiche Thema behandeln. Ihr Einsatz ist bei wissenschaftlichen Arbeiten, in denen viele Quellen durchgearbeitet werden müssen, durchaus praktikabel.

Struktur- und Überlagerungsexzerpte

Wenn ähnliche Bilder, wie wir sie unter 'Markierungstechniken' beim Unter- bzw. Überstreichen besprachen, auf Sonderblättern entstehen, ergeben sich Strukturexzerpte. Sie haben jedoch noch nicht die beste Form, da sie formal zu stark an den Urtext gebunden sind. Ein gutes Strukturexzerpt schafft eine logische Ordnung, ohne dabei den Aussagen des zu exzerpierenden Textes zu folgen. Zu einer solchen Ordnung kommt der Exzerpierende mitunter erst über einige Zwischenskizzen, doch lohnt der Aufwand bei wichtigen Arbeiten immer.

Strukturexzerpte machen Gedankenverbindungen auf dem Papier deutlich. Sie zählen auch zu den wirksamsten Maßnahmen des Gedächtnistrainings.

Vorgehen: Auf einem großen Blatt wird in kleiner Schrift der zuerst begegnende wichtige Gedanke stichwortartig festgehalten. Er erscheint ungefähr auf der gedachten Trennlinie zwischen dem oberen und mittleren Drittel des Blattes. Der nächste Auszug (Stichwort/ Schlagwort) wird logisch dazugesetzt. Handelt es sich um eine Voraussetzung des vorher notierten, kommt er darüber. Ist es eine Folge, kommt er darunter. Ist es gleichwertig, kommt er daneben. Durch verbindende Linien werden Assoziationsbahnen angedeutet.

Beispiel: Relativ umfangreicher Text wird inhaltlich durch Strukturexzerpt von wenigen Wörtern verdeutlicht.

Wenngleich, trotz hoher Bestsellerauflagen, kaum ein Wissenschaftler die Theorien Dänikens akzeptiert, ist die Frage nach außerirdischen Leben recht interessant und nicht ohne weiteres von der Hand zu weisen. Lange Zeit hat der Mensch Anspruch erhoben, das einzige vernunftsbegabte Lebewesen im Weltraum zu sein. Heute sieht er die Wahrscheinlichkeit, daß es außerirdisches Leben gibt, außerordentlich groß. 1969 und 1973 gingen Berichte durch die Weltpresse, nach der der russische Wissenschaftler Petrow Funksignale aus dem Weltraum empfing. Daß es auf anderen Planeten wie auf der Erde Pflanzen und Tiere geben könne, war man zuzubilligen auch früher bereit, nun aber schienen sich Menschen bemerkbar zu machen. Um die Beobachtungen wurde es wieder still. Aber immer wieder tauchen phantasiereiche Schilderungen von Ufos auf, die Zeitgenossen beobachtet haben wollen. All diese Beobachtungsobjekte sind bis heute ebensowenig als Fahrzeuge außerirdischer Menschen bewiesen, wie die Sagen unserer Vorfahren von fernen Göttern als authentische Berichte angesehen werden könnten. Aber vielleicht verhilft uns nüchterne Überlegung zu der Überzeugung, daß es Leben außerhalb des Sonnensystems geben muß. Die Erde gehört zum Sonnensystem, aber dieses selbst ist nur ein Teil einer größeren Ordnung, der Galaxis oder Milchstraße. Die Galaxis ist eine Anhäufung von Sternen in Form einer großen Spirale. Ihre Abmessungen sind schier unfaßbar. Man rechnet mit einem Durchmesser von etwa 80 000 Lichtjahren und einer Höhe von 16 000 Lichtjahren. Dennoch gibt es in unermeßlichen Abständen von der Galaxis Millionen weiterer Systeme, die ihr ähneln. Bleiben wir im galaktischen System. Wie Schätzungen ergaben, existieren in ihm derart viele Sonnensysteme, daß die Zahl der Planeten mit einer Million eher zu tief als zu hoch gegriffen ist. Die Spektralanalyse bewies, daß es auch auf fernen Welten keine anderen Elemente gibt als die gut 100. die uns bekannt sind. Wäre es dann bei diesen Zahlen undenkbar, daß viele Planeten ähnlich beschaffen sind wie die Erde? Im Gegenteil, es ist absolut wahrscheinlich, daß eine größere Zahl ganz ähnlich beschaffener Himmelskörper existiert. Davon abgesehen, sind aber auch, wie im Tiefenschlamm mancher Meere, Lebewesen vorstellbar, die ohne Sauerstoff existieren. Es spricht alles dafür, daß es überall im Universum Leben, auch intelligentes Leben, gibt.

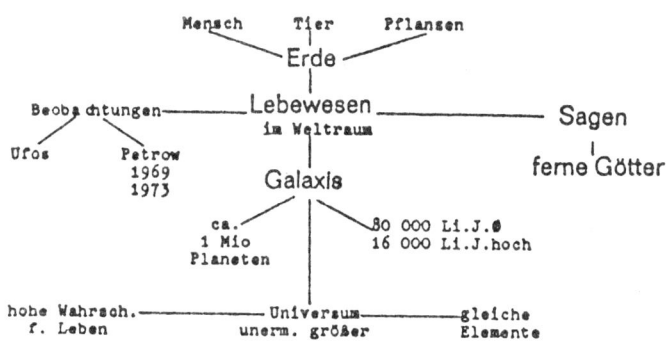

Von Überlagerungsexzerpten wird dann gesprochen, wenn die Strukturierungsarbeit (wie schon unter 'Markierungstechniken' ausgeführt) auf einem transparenten Material, welches auf den zu exzerpierenden Text liegt, unmittelbar vorgenommen wird.

Lesezeichen und Exzerpierarbeit

Wohlbewährt sind Kurzauszüge auf Kartonstreifen von halber Seitenbreite. Diese Streifen sollten so lang sein, daß sie aus dem Buch ein wenig herausragen. Man legt sie unten an der Buchseite an und schreibt die Notizen in Höhe der zu exzerpierenden Textstelle. Da der Platz arg begrenzt ist, ist äußerste Knappheit geboten, aus derartigen Lesezeichen kann eine kleine Arbeitskartei gemacht werden, wenn man sie mit einem Ordnungswort versieht und alphabetisch sortiert.

Das gesprochene Exzerpt

Anstatt zu schreiben, wird auf Tonband oder Kassette gesprochen. Die Auswahlprinzipien sind die gleichen. Kürze ist immer wieder ein Gebot. Zusammenfassen und Aussprechen von Textinhalten mit eigenen Worten verbessert das Verstehen und Behalten. Es ist allerdings unumgänglich, sich zugleich ein Inhaltsverzeichnis mit Stichwörtern und Angaben des Bandlaufwerkes anzulegen, damit benötigte Textstellen später schnell auf dem Tonband wiedergefunden werden können.

Vorteil: Durch Betonung, Einsatz sprechtechnischer, rhetorischer Mittel lassen sich Akzente setzen.

Kombinationsformen

Persönliche Erfahrungen werden auch bei der Exzerpierarbeit früher oder später zu individuellen Formen beim Schaffenden führen. Richten Sie Ihr Augenmerk darauf, durch Kombinationen unserer Ratschläge und individuelle Abwandlungen zu den Ihnen gemäßen Verfahren zu kommen.

Die Exzerptkartei

Wer lange zu lernen hat oder auch in späterer Zeit auf frühere Exzerpte zurückgreifen will, sollte von Anfang an seine Exzerpte in einer Kartei zusammenfassen.

Wir empfehlen, bei der Karteiarbeit vor allem auf Strukturexzerpte zurückzugreifen. Innerhalb einer alphabetischen Ordnung können dann Karten unterschiedlicher Farbe auf die verschiedenen Sach- bzw. Arbeitsgebiete hinweisen. Großformatige Exzerpte sind durch Faltung auf Karteiformat zu bringen.

Das dehnbare Exzerpt

Werden Auszugsarbeiten (beispielsweise Strukturexzerpte) auf ausreichend großem Blatt begonnen, so ist es leicht, später an den richtigen Stellen Nachtragungen vorzunehmen. Gleiches gilt auch für die Mehrblattform des Beziehungsexzerptes. Bewährt sind auch Exzerpthefte, in die mehrere Exzerpte zum gleichen Thema aus verschiedenen Quellen aufgenommen werden. Zu normalen Exzerpten, deren Blätter voll beschrieben sind, Zusatzblätter anlegen! Solche Zusätze zweckmäßigerweise auf Papier von anderer Farbe machen, damit sie sich von den Erstblättern gut unterscheiden. Besser als gebundene Hefte sind lose Blätter, die dann in gekennzeichneten Heftern in den Ordnern themenmäßig zusammengefaßt werden.

Exzerptformulare

Wer sehr viel exzerpiert und erkennt, daß sich immer wieder gleiche Formen ergeben, sollte daran denken, durch maßgeschneiderte Formulare sich die Arbeit zu erleichtern. Als Beispiel hier zwei ganz einfache Einteilungsmöglichkeiten;

| Wer? |
| Wann? |
| Wo? |
| Was? |
| Wie? |
| Warum? |

| Problem: |
| Wie behandelt? |
| Anmerkungen: |

Formulierung der Fragen bzw. Kennzeichnung der einzelnen Rubriken sowie deren Größe werden vom Arbeitszweck bestimmt.

Und das sollten Sie auch beachten:

Exzerpte in klarer Schrift anlegen! Sie wollen doch alles später mühelos lesen können! Kopien von Exzerpten an die exzerpierten Schriftstücke zu hängen (oder in besonderen Taschen hinten ins Buch zu kleben) hilft Ihnen beträchtlich, wenn Sie nach längerer Zeit darauf zurückgreifen wollen.

15. Stätten und Möglichkeiten der Informationsgewinnung

Erfahrungen

Man sagt von ihr, daß sie die teuerste Schule der Welt sei. Vor allem kostet sie viel Zeit. Doch diese Schule kann sich jeder leisten — wer in ihr nicht lernt, lernt nirgendwo — gemeint ist die Erfahrung. Mit Erfahrungen sollte keiner geizen, wenn es gilt, von ihnen abzugeben. Scheuen Sie sich ebensowenig, anderen Erfahrungen abzuhandeln — das erspart Ihnen manche eigene. Eigene Erfahrungen und das, was man von andern lernt, ist gegeneinander abzuwiegen, damit künftige Handlungsweisen so gestaltet werden können, daß sie zu gewünschten Ergebnissen führen. Mit der Zahl der Erfahrungen wächst die Fähigkeit, voraussehbare Folgen und richtige Ursachen zu beurteilen. Die Zahl der Fehlschläge wird verringert. Lernen lohnt immer. Schauen Sie Erfolgreichen über die Schulter! Fragen Sie Berufene, Wissens- und Kenntnisreiche! Gehen Sie mit offenen Augen durch die Welt! Betrachten Sie Fehler auch als Erfahrungen, aus denen gelernt wird!

Erziehung

Fröbel sagt: 'Erziehung ist Beispiel und Liebe, weiter nichts!' Wir wollen noch die Vermittlung von Informationen hinzunehmen. Kluge Menschen lassen sich in dieser Weise gern erziehen. Begeben Sie sich in die Gesellschaft von Wissenden und Könnern, um Informationen zu gewinnen.

Schulen

sind die bekannten Stätten der Wissensvermittlung. Wir brauchen hier nichts darüber auszuführen. Ein besonderer Hinweis gelte jedoch den Volkshochschulen, von denen viele ein derart umfangreiches Programm anbieten, daß es sich immer lohnt, das Angebot genauer anzusehen.

Schulungsmöglichkeiten, die mancher nicht kennt

In Großstädten ohnehin, doch erstaunlich oft auch in kleineren Gemeinden bieten die Industrie- und Handelskammern (nicht nur ihren Mitgliedern) auf das Arbeitsleben zugeschnittene Schulungen an. Halten Sie dort Umschau! Das gleiche gilt für viele andere Institutionen. Beispielsweise wird das Schulungsangebot der Kirchen (welches sich durchaus nicht allein auf religiöse Themen beschränkt) vielfach mißachtet. Ebenso bemühen sich Gesellschaften und Vereine. Etwa das Veranstaltungsprogramm des VDI (Verein Deutscher Ingenieure). Erkundigen Sie sich, ob nicht auch Ihr Fachverband Schulungen anbietet! Amtliche, halbamtliche, private Schulungsinstitute inserieren in den Fachzeitschriften (es gibt sogar spezielle Schulungsblätter, wie 'Management und Seminar'/'Weiterbildung − Magazin für lebenslanges Lernen'), die Veranstaltungskalender zu den verschiedensten Fachgebieten anbieten. Auf diese Weise lernen Sie gleich wichtige Einzelveranstalter kennen. Als Beispiele für Institute, die Schulungen anbieten, seien hier nur einige aufgeführt:

• Wuppertaler Kreis (30 Weiterbildungsinstitutionen) in Köln
• Wirtschaftsakademie Schleswig-Holstein in Kiel
• Deutsches Institut für Betriebswirtschaft/Frankfurt
• Gesellschaft für betriebliche Weiterbildung/Berlin

Die Zahl der außerbetrieblichen Fortbildungszentren geht schon in die Hunderte. Besonders zu beachten: Das große Angebot an Aus- und

Weiterbildungsmaßnahmen des RKW (Rationalisierungs-Kuratorium der Deutschen Wirtschaft) mit seinen Landesstellen in allen Landeshauptstädten der Bundesrepublik. Übersehen Sie betriebseigene Schulungen nicht. Manche Betriebe haben Abendschuleinrichtungen mit Volkshochschulcharakter (Henkel), andere große eigene Schulungsabteilungen (Ford) oder gar Internatsbetrieb (Kaufhof). Die 'Bundesakademie für öffentliche Verwaltung' schult die Angestellten und Beamten der Dienststellen (z.B. der verschiedenen Ministerien). Zu keiner Zeit war das Bildungsangebot so groß wie in der unseren. Zu all den vorgenannten kommen noch die Fernschulungen hinzu. Neutrale Auskunft über Fernschulen kann Ihnen das 'Bundesinstitut für Berufsbildung' (BIBB) in Berlin geben. Doch Fernschulen inserieren auch laufend in den Zeitschriften. Lassen Sie sich die Werbeunterlagen und eine Probelektion kommen!

Informationsgewinnung/Massenmedien

Das Fernsehen bringt nicht nur schlechte Serien und seichte Quizsendungen ins Programm. Durchforsten Sie es nach belehrenden Sendungen. Wenngleich manches auch stark popularisiert ist, finden sich auch immer wieder anspruchsvolle Sendungen zu den verschiedensten Fachgebieten. Für den Rundfunk gilt ähnliches. Es gibt bei den Sendern Programme über Lehrsendungen — fordern Sie sie an! Das Goethe-Institut veröffentlicht einmal jährlich eine Übersicht über alle sprachunterrichtlichen Sendungen.
Mancher lernt auch aus Quizsendungen. Auf jeden Fall könnten Sie an Sendungen, die Ihnen nicht liegen, die aber laufen, weil ein anderes Familienmitglied sie sehen möchte, rhetorische und körpersprachliche Studien betreiben. Wer will, kann überall etwas lernen.

Gedruckte Informationen

Übersehen Sie nicht, daß es zu manchen belehrenden Sendungen in Rundfunk und Fernsehen schriftliches Begleitmaterial gibt, mit dem Sie so arbeiten können wie mit einem Lehrbuch. Ärgern Sie sich nicht über die vielen Drucksachen, die Ihnen der Postbote ungebeten ins

Haus bringt. Durchforsten Sie diese lieber auf Informationen hin. Ebenso können Sie von Firmen Ihres Fachgebietes informierende Drucksachen anfordern. Werbedrucksachen wie Preislisten und Versandhauskataloge können durchaus Anstöße zum Lernen geben. Man muß überall Umschau halten. In Gebrauchsanweisungen sind es mitunter die Anwendungsbeispiele, die Ihnen wertvollen Rat erteilen. Selbst Mitteilungen an der Plakatwand/Litfaßsäule bringen (z.B. unter 'Amtliche Mitteilungen') Lesens- und Lernenswertes. Also noch einmal ganz dringend Augen offenhalten!

Arbeit mit der Tageszeitung

Informationen aus aller Welt, Lehrstoff in Mengen, werden Ihnen täglich ins Haus geliefert. Bestimmen Sie sorgfältig, was Sie lesen wollen und wieviel Zeit Sie dafür aufwenden! Beachten Sie die Leitlinien, z.B. die politische Einstellung Ihres Blattes! Achten Sie beim Lesen darauf, woher die Meldung kommt. TASS (sowjetische Agentur) wird manches sicher anders sehen als Reuter (England). Greifen Sie auch zu überregionalen Zeitungen, wenn Sie tiefer in die Hintergründe von Meldungen eindringen wollen! Zeitungen liest man nicht wie Romane. Ganz abgesehen davon, daß eine Samstagsausgabe mitunter den Umfang von 2−3 Romanen hat. Begnügen Sie sich mit schnellem Überblick, wenn Ihnen die Zeit fehlt. Gehen Sie gelegentlich in die Tiefe, und vergessen Sie bei allem nicht, sich Ihre eigenen Gedanken zu machen! Lesearbeit erfordert Vorgedanken. Die Sekunden, die Sie sich mit dem Vorbedenken (vielleicht angeregt durch die Schlagzeile) befassen, holen Sie bei der Lesearbeit um ein Vielfaches wieder herein. Lesen Sie immer zuerst die Überschrift, überlegen Sie dann, was Sie vom Thema schon wissen und ob Sie den Bericht überhaupt lesen sollten! Lesen Sie die Abschnitte zunächst nur an! Erst wenn Sie sich sagen, daß es lohnt, arbeiten Sie weiter! Gehen Sie nicht ins Detail, wenn Ihnen der Überblick genügt! Schlagen Sie sich nicht mit einzelnen Daten herum, wenn Sie diese doch sofort wieder vergessen! Übersehen Sie Druckfehler und Mängel der Typographie! Daran denken, daß Zeitungen in jeder Beziehung laufend im Druck stehen. Unterscheiden Sie zwischen objektiven Meldungen und Kommentaren!

192

Arbeiten Sie auch mal mit dem Rotstift in die Zeitung hinein! Es ist wahrscheinlich, daß sich mit der roten Markierung etwas im Gedächtnis einprägt, das sonst nicht hängengeblieben wäre. Bedenken Sie: Zeitungen können zwei verschiedene Meinungen haben. Lassen Sie es also bei intensiven Informationsabsichten nicht mit einem Blatt genug sein.

Zeitungsausschnittsdienste

Alle Zeitungen können Sie nicht lesen. Doch es gibt Leute, die das für Sie tun, Zeitungsausschnittsdienste sichten namhafte Zeitungen und Zeitschriften. Sie nennen Ihr Thema oder Interessengebiet und erhalten gegen Gebühr alle Zeitungsausschnitte zugesandt, die sich mit Ihrem Thema befassen. Renommierte Unternehmen dieser Art senden Ihnen eine Liste der Periodika, die sie durchforsten. Für den einzelnen kann sich das durchaus lohnen, wenn er sich intensiver mit einem Spezialthema befaßt. Bei zu allgemeinen Themen kommen allerdings identische Berichte dutzendweise ins Haus (es muß ja jede Zeitung das Aktuelle berichten), weil die Nachrichtenagenturen viele Zeitungen mit den gleichen Meldungen beliefern. Kluge und eifrige Studenten haben deshalb auch schon Gemeinschaftsdienste gegründet, in denen jedes Mitglied eine andere Zeitung zu einem bestimmten Thema durchsieht und die Informationen ausgetauscht werden. Wenn Themen zeitunabhängig sind, so hilft es manchen auch, die letzte Nummer eines Lesezirkels zu abonnieren (die behalten werden darf) und sich die wichtigen Beiträge herauszuschneiden. Am einträglichsten wird eine Ausschnittssammlung (in die auch Notizen aufgenommen werden können), wenn der Sammler jeweils sofort seinen eigenen Kurzkommentar dazu schreibt.

Zeitschriften

Wir denken bei Zeitschriften an die manchmal zu oberflächliche Unterhaltung und an Beiträge, die allein der Zerstreuung dienen. Doch finden sich hier durchaus auch Artikel, die wertvoll und informativ sind. Die wertvollsten werden Sie allerdings weniger in den allgemeinen als in Ihren Fachzeitschriften finden. Für den geistig Schaffenden ist es geradezu Pflicht 1 oder 2 Fachzeitschriften seines Gebietes zu abonnieren. Wer das finanziell nicht kann, sollte ständiger Gast im Lesesaal einer größeren Bibliothek sein (bzw. dort, wo die für ihn bedeutsamen Fachzeitschriften ausgelegt sind, z.B. beim Fachverband). Wollen Sie wissen, welche Zeitschriften es überhaupt gibt, erhalten Sie Auskunft im Standardwerk 'STAMM - Leitfaden für Presse und Werbung'.

Kennzifferzeitschriften

In ihnen sind die einzelnen Beiträge (auch die Anzeigen) mit Kennziffern versehen, die auf einer Antwortkarte wiederholt werden. Dort kreuzen Sie dann an, über welche Beiträge Sie gern weitere Informationen hätten. Verfasser oder Verlag werden Ihnen diese Informationen über kurz oder lang zusenden. Zwar ist mit solchen Maßnahmen oft handfeste Werbung verbunden, doch sollte Sie das nicht abhalten. Beispiel: Die Kennzifferzeitschrift ›SCOPE-JOURNAL‹ bringt jährlich ein Sonderheft 'Büro' heraus (wie auch andere), dem geistig Schaffende eine Fülle von Anregungen entnehmen können.

Informationsdienste — Mitteilungsblätter

Mitteilungsblätter sind manchmal Beilagen zu Zeitschriften oder mitunter eigenständige Verlagserzeugnisse, die sich nicht selten 'vertraulich' nennen. Das ist meist eine Täuschung, denn es ist nicht schwierig, in den Kreis der Bezieher zu kommen. Das besagt aber nichts über den Informationswert, der meist hoch ist, weil in kürzester Form wichtige Neuheiten vorgestellt werden. Es hat wohl unterdessen jede Branche solche Mitteilungsblätter, so wie es sie auch für einzelne Berufe gibt (z.B. 'Sekretärinnen-Service'). Gezielte Informationen und große Informationsdichte auf engem Raum (Lesezeitersparnis) rechtfertigen den meist recht hohen Preis. Da kostet beispielsweise ein 'Gesundheits-Report' von acht bis zwölf DIN-A4-Seiten ebensoviel wie eine dickleibige Fachzeitschrift. Da Mitteilungsblätter recht unterschiedliches Niveau haben, sorgfältig prüfen (Probeabonnement), bevor man sich zum Kauf entschließt.

Wo bekomme ich Informationsschriften her?

Wir listen Ihnen weitere Möglichkeiten auf. Es gibt sicher viel mehr, deshalb gilt es für Sie wieder einmal: immer die Augen offenhalten!

- Von Dienststellen, Ämtern, Behörden herausgegebene Informationen, die in Vorzimmern und Fluren der Dienststellen zur Mitnahme ausgelegt sind. Mitunter können sie per Post bezogen werden. Achten Sie auf Hinweise in der Tagespresse.
- Ausschreibungen in Ämtern (mitunter auch in Zeitungen veröffentlicht).
- Werbe- und Informationsmaterial. Machen Sie es wie Rockefeller, der nichts 'ungelesen' in den Papierkorb warf!
- Propagandaschriften (z.B. Wahldrucksachen), zum Teil als Zeitungen getarnt.
- Hauszeitungen von Firmen, Vereinszeitschriften, parteieigene Periodika.
- Mitteilungen am 'Schwarzen Brett'/Aushängetafeln (internes Gegenstück zu öffentlichen Plakatwänden).
- Textbeiträge in Veranstaltungsprogrammen (z.B. bei kulturellen oder sportlichen Veranstaltungen).
- Gebrauchsanweisungen und ähnliches (Beipackzettel in Arzneien).
- Kundenzeitschriften in Geschäften (z.B. Apotheken und Drogerien).
- Geschäftsordnungen, Geschäftsbedingungen, Gewährleistungsansprüche (z.B. auf Rückseiten von Verträgen, Kleingedrucktes).
- Sogenannte Aufklärungsschriften (z.B. von Ministerien, Verbraucherzentralen, Schutzverbänden).
- Vereinsmitteilungen und alle anderen Veröffentlichungen von Gesellschaften, Verbänden und Vereinen.
- Werbematerial auf Messen und Ausstellungen.
- Arbeitsunterlagen, die in Vorträgen ausgegeben werden.
- und, und, und ...

Und nun zu den Büchern

Das Konversationslexikon

Zwar liest heute kaum noch einer diese Werke, um mit deren Inhalt später Konversation zu machen, doch werden sie fortlaufend gebraucht, um Wissen in Erinnerung zu rufen oder eine schnelle Einführung in bis dahin Unbekanntes zu erhalten. Ein möglichst umfangreiches Lexikon jüngeren Datums benötigt jeder geistig Schaffende, allein schon deshalb, um schnell die Definitionen ungeläufiger Begriffe zu erhalten. Lexika geben erste Orientierungshilfen und verweisen mitunter auf weiterführende Fachliteratur. Aus ihnen allein lernen zu wollen führt nicht sehr in die Tiefe. Für junge Menschen/ Anfänger kann es aber gut zur Motivation für alle möglichen Themen herangezogen werden. Zu bedenken ist, daß die verschiedenen Werke ihre Betrachtungen speziellen Gesichtspunkten unterstellen können. Recht wertvoll können Lexika aus dem 19. Jahrhundert sein (im Antiquariat gelegentlich preiswert zu erhalten), weil man durch Vergleich mit heutigen Erklärungen den Wandel mancher Denkweise erkennen kann. Bei zeitlosen Begriffen, die heute in ein paar Zeilen abgehandelt werden, findet man mitunter vielseitige Ausführungen.

Fachlexika, Enzyklopädien, Handbücher

Da die Wissenslawine ständig weiterrollt und größer wird, gibt es unterdessen eine Fülle von Fachlexika. Allein auf dem Gebiet der Pädagogik finden sich mehrere allgemeine und schon weiter differenzierte (z.B. 'Wörterbuch der kybernetischen Pädagogik'). Das Managementwissen, welches vom 'verlag moderne industrie' in einer 6bändigen 'Enzyklopädie' zusammengefaßt wurde, mußte nach kurzer Zeit auf eine 10bändige Ausgabe erweitert werden und fand bald eine Unterteilung in eine 'Marketing-Enzyklopädie'. Die Beiträge in solchen Werken sind fachbezogener und bedeutend umfangreicher als solche zu gleichen Stichwörtern im Konversationslexikon. Beiden ist eigen, daß sie schnell überaltern. Ein Scherzwort sagt, daß ein Nachschlagewerk schon bei seinem Erscheinen überholt sei. Dem versuchen manche Verlage entgegenzuwirken, indem sie ihre Nachschlagewerke in

Loseblattform herausbringen (z.B. 'Praxishandbuch für den Betriebs-
leiter' — 'Christliches ABC heute und morgen'). Wenn sich solche
Fachlexika gern 'Handbücher' nennen, können sie doch durch ihren
Umfang sehr bald recht unhandlich werden. Weniger umfangreich,
aber auch schnellerer Veralterung ausgeliefert sind Fachwörterbücher
(z.B. 'Sachwörterbuch der Literatur', von Wilpert). Der geistig Schaffende erwäge, welche er unbedingt im Besitz haben muß!

Grundrisse

Darunter verstehen wir lehrbuchartige, systematische Darstellungen
eines Wissensgebietes. Sie sind hauptsächlich für den Einstieg gedacht,
auch wenn die Lernenden (vielleicht auf anderem Gebiet) schon lange
in der Berufspraxis stehen. Beispiel: 'Arbeitshandbuch für Lehr- und
Trainingstechniken'. Grundrisse werden für Schüler in fast jedem Fach
angeboten.

Kompendien, Abrisse, Gesamtdarstellungen

Kurze Zusammenfassungen ganzer Sachgebiete. Sie geben Überblick
und Entscheidungsgrundlage für gezielteres Arbeiten mit speziellen
Werken. Sie beschränken sich auf allgemeine Tatsachen und wichtige
Daten und treten häufig unter dem Namen 'Leitfaden' auf.

Sammelwerke

Sehr ausführliche Darstellungen eines Fachgebietes. Oft arbeiten in
ihnen mehrere Autoren zusammen, die sich das Hauptthema in Unter-
gebiete geteilt haben. Fortlaufende Sammelwerke (Loseblatt- oder
Heftsammlungen) werden so lange ergänzt, wie bei den Lesern ein
Interesse besteht.

Lehrbücher

Werke, die den Stoff zu reinen Lernzwecken anbieten. Meist beschränken Sie sich auf ein Untergebiet. Deshalb gilt es sorgfältig zu prüfen, ob
ein bestimmter Titel auch wirklich den Lernabsichten entspricht.

Lernprogramme

Gelegentlich auch Lehrprogramme genannt, bereiten sie den Lernstoff auf spezifische Weise auf. Es gibt auch Lernprogramme, die keine Buchform haben (z.B. beim computerunterstützten Unterricht) – doch sie beschäftigen uns hier nicht. Lernprogramme sind lernwirksame Einführungen in Teilgebiete eines Lehrstoffes. Hauptunterschied zu anderen Lehrbüchern: Lernprogramme haben ein festgelegtes Lernziel, das auch wirklich erreicht wird. Lernprogramme basieren auf dem Erkenntnisgut der 'Programmierten Instruktion'. Sie enthalten motivierende Elemente und laufende Lernzielkontrollen und gehen in kleinen Schritten vor.

Aufgabensammlungen und Arbeitsblätter

Zur Lernzielkontrolle, Wiederholung und Festigung eignen sich besonders Aufgabensammlungen, die z.T. aus Fragen und Antworten (im zugehörigen Lösungsteil) bestehen. Es gibt sie auch als Arbeitsblätter.

Populärwissenschaftliche Bücher

Um auf fremdem Gebiet einen guten Überblick zu erhalten und sein Allgemeinwissen zu erweitern, sind sie nützlich und wertvoll.

Lernkarteien

Denken Sie an unsere Ratschläge im Kapitel 10. Es gibt auch fertige Lernkarteien im Handel. Manche Zeitschriften und Periodika haben Lernkarten eingebunden, die herausgelöst, gesammelt und zur Kartei zusammengestellt werden können. Schauen Sie sich um und fragen Sie auch im Buchhandel nach Lern-, Arbeits-, Wissenskarteien (z.B. den von den Sprachverlagen angebotenen Fremdwörter- und Fremdsatzkarteien). Recht verbreitet sind unterdessen Hobby-, Spiele- und Bastelkarteien, Handarbeitsanweisungen oder Kochrezepte auf Karteikarten.

Taschenbücher/Paperbacks

Wie bei der Unterhaltungsliteratur gibt es nahezu alle wichtigen Fachthemen auch in Taschenbuchform. Durch preiswerte Paperbacks braucht niemand mehr im Abseits zu stehen, wenn es um Wissenserwerb geht. Zwar sind besser gebundene Bücher haltbarer, das sollte bei Nachschlagewerken usw. berücksichtigt werden, doch broschürte Taschenbücher haben durch den niedrigen Preis den Vorteil, daß der Lernende geringere Scheu hat, in ihnen zu arbeiten. Ihr handliches Format erlaubt es, sie leicht mitzuführen, so daß manche Wartezeit (auf Ämtern, bei Ärzten) gut genutzt werden kann.

Auf der Jagd nach dem Wissensstoff

Viele Flohmarkthändler wissen nicht, welche Wissensschätze sie Ihnen anbieten. Schauen Sie sich auf Flohmärkten und in Antiquariaten immer wieder einmal gründlich um — Sie werden fast immer fündig. Früher gab es bei uns allenthalben (wie heute noch in Paris) die Bouquinisten, die alte Bücher (und manchmal wahre Schätze) vom Handwagen herunter anboten. Vielleicht finden Sie noch einen an Ihrem Wohnort. Dann betreiben Sie auch dort Ihre Suche nach Wissensstoff! Gleiches gilt für die Wühlkästen in den Buchhandlungen und für die von Zeit zu Zeit stattfindenden Ramschaktionen in den Kaufhäusern. Mit einem Buchhändler aus dem Antiquariat sollten Sie sich am besten anfreunden. Dann wird der für Sie festhalten, was Sie benötigen, wenn es durch seine Hände geht. Die Antiquariate unserer Buchhandlungen verschaffen Ihnen auch Bücher durch Austausch mit Kollegen (oft über eine Suchanzeige im Blatt des Börsenvereins des Deutschen Buchhandels). Unterdessen gibt es von vielen alten Werken sogenannte Faksimilidrucke, d.h. Nachdrucke des Originals (meist auf fotomechanischem Wege/Beispiel: Harsdöffers 'Nürnberger Trichter'). Ihr Buchhändler kennt die speziellen Verlage und ihre Angebote. Fragen Sie in der Buchhandlung auch nach Antiquariatslisten. Manche Geschäfte geben solche periodisch heraus — Sie können sie, meist kostenlos, abonnieren. Nur eines sollten Sie vermeiden: Das Ausleihen unter Freunden und Bekannten, es bringt fast immer Ärger. Gehen Sie lieber in die öffentliche Leihbibliothek!

Büchereien

Allein die dort herrschende Atmosphäre scheint zu gewährleisten, daß in Büchereien und deren Lesesälen und Arbeitsräumen besonders gute geistige Arbeit geleistet wird. Nutzen Sie das aus! Manche Bücher und Zeitschriften werden ohnehin nur für den Lesesaal ausgegeben, dürfen also nicht mit nach Hause genommen werden. Bei ausgeliehenen Büchern ist zu empfehlen: Einen großen Zettel (vielleicht gleich als Lesezeichen) mit dem Rückgabedatum beschriften und ins Buch legen.

Der Buchhandel

Bei vielen Büchern bleibt es unumgänglich, sie sich anzuschaffen. Wenn Sie gezielt suchen und fachlich gut beraten sein wollen, gehen Sie immer in die Spezialbuchhandlung. Hier wird das Buch nicht nur als Verkaufsware betrachtet, sondern man wird Sie sachkundig beraten. Natürlich kann auch der beste Fachmann nicht mehr alle Titel bis ins Detail kennen, er hat aber den Überblick, kennt die Besonderheiten der Verlage und namhaften Autoren. Auch den Buchgemeinschaften sei noch ein wohlwollendes Wort gewidmet. Zwar führen diese hauptsächlich Unterhaltungsliteratur, doch es gibt bei Ihnen auch immer wieder besonders günstige Fachtitel. Es könnte sich lohnen, Mitglied zu werden.

Bücher sind im allgemeinen preisgebunden. Doch fragen Sie nach — nicht selten können Sie einen Titel 'leicht angestaubt' (oder 'mit kleinen Fehlern' — die den Inhalt nicht beeinträchtigen) für einen günstigen Preis erhalten! Kaufen Sie aber nicht generell alles, was billiger ist. Mitunter ist ein Thema überholt oder wurde in einer Neuauflage völlig überarbeitet — auch dann wird die alte Auflage billig abgestoßen.

Verlage geben Auskunft

In den dicken Nachschlagewerken der Buchhandlungen, die alle lieferbaren Titel aufführen, kann dennoch manches Buch fehlen, weil es jüngeren Datums ist. Verlage geben in regelmäßigen Abständen

Speziallisten aller lieferbaren Titel heraus. Solche Listen kündigen auch jene Bücher an, die erst noch auf den Markt kommen werden (erscheint im Herbst ...). Schreiben Sie also auch den Verlag Ihres Fachgebietes an und erbitten Sie die Zusendung solcher Verzeichnisse. Ihr Buchhändler könnte auch solche Verlagsverzeichnisse ausliegen haben. In vielen Büchern liegen Werbekarten der Verlage, mit denen Sie Ihre Anforderungen vornehmen können. Sie kommen damit für gewöhnlich in die Kundenkartei des Verlages und erhalten regelmäßig Informationen.

Bibliotheken

Viele wissenschaftliche Bibliotheken werden von den Bundesländern unterhalten. Auch der Bund selbst sowie die Kommunen (besonders die Großstädte) bieten beachtliche Fachbuchbestände an. Unterschätzen Sie dennoch nicht die kleineren Bibliotheken (es gibt mehr als 10 000, verteilt auf die Gemeinden) sowie die ambulanten (meist in Omnibussen). Legen Sie sich am besten eine Liste der Bibliotheken an, die für Sie gut erreichbar sind. Übersehen Sie dabei nicht die Bibliotheken der Vereine und Gesellschaften (z.B. des 'Rationalisierungs-Kuratoriums der Deutschen Wirtschaft'). Fachleute Ihres Wissensgebietes können Ihnen sicher Rat geben, wo etwas Bestimmtes zu finden ist. Wenn auch nahezu selbstverständlich, vergessen manche Leser doch, daß wertvolle Bücher nicht ausgeliehen werden, aber an Ort und Stelle einzusehen sind. Meistens genügt es, sich beim ersten Besuch mit dem Personalausweis zu legitimieren, dann erhält man einen Benutzerausweis oder eine Karte mit Rubriken für die Ausleihe. Die Ausleihformalitäten sind gelegentlich unterschiedlich, im allgemeinen aber unproblematisch. Größere Bibliotheken halten dafür Merkblätter bereit — ansonsten sind die Ausleihbedingungen angeschlagen. Freihandbüchereien erlauben, daß Sie zwischen den Beständen (Regalen) entlangwandern und sich aussuchen, was Sie benötigen. Ansonsten gibt es Kataloge, in denen die Bestände aufgeführt sind. Dabei wird unterdessen der Computer eingesetzt. Was Sie genau wissen sollten (ob bei der Suche im alten Karteikatalog oder im Computerkatalog): Titel und/oder Verfasser, denn bei beiden können Sie die

Suche ansetzen. Doch selbst wenn Sie nur 'etwas über ...' suchen, legen Sie sich möglichst viele Schlagwörter zurecht, unter denen der Stoff zu finden sein könnte. Auch dabei helfen Ihnen die Bibliothekare. Praktisch kann man Ihnen jedes Buch beschaffen, also auch Titel, die nicht in der besuchten Bibliothek stehen, durch die Fernleihe, im Austauschverkehr mit anderen Bibliotheken.

Kopiermöglichkeiten

Viele Büchereien stellen Kopiergeräte zur Verfügung und erlauben, daß Sie sich Teile für den Eigenbedarf aus Büchern kopieren. In diese Fotokopien können Sie dann beliebig hineinarbeiten.

Sammelstellen für Bücher

Früher wurden in Leipzig alle im Deutschen Reich erschienenen Bücher erfaßt. Eine ähnliche Aufgabe für die Bundesrepublik Deutschland hat heute die 'Deutsche Bibliothek' in Frankfurt. Sie archiviert und bibliographiert die publizierten Bücher und Periodika. Ihre Aufgaben erstrecken sich auch auf Veröffentlichungen des Auslandes. Alle 5 Jahre stellt sie ein Verzeichnis der deutschen Zeitschriften zusammen. Ebenso werden Verzeichnisse über Veröffentlichungen von Behörden und Körperschaften erstellt. Als größte bundesdeutsche Bibliothek gilt die 'Bayerische Staatsbibliothek' in München, die schon anfang der 80er Jahre über 3 Millionen Bände besaß. Auch in Berlin und Hamburg gibt es große Bibliotheken. Es ist fast unmöglich aufzuführen, wo überall es sonst noch größere Bibliotheken gibt. Doch wenn Sie auf der Suche sind, fangen Sie bei der für Sie zuständigen regionalen Bibliothek an — dort kann man Ihnen sicher weiterhelfen.

Kataloge

Die rechte Bibliothek zu finden ist eines, das gesuchte Buch dann zu entdecken ein anderes. Im allgemeinen (insbesonders bei größeren Bibliotheken) sind die Bestände unterdessen in der EDV erfaßt. Das

Suchprinzip ist aber das gleiche wie bei den alten Buch- oder Karteikatalogen. Am besten findet man einen Titel, wenn er mehrfach eingeordnet ist: Unter Verfassernamen, Titel, einem oder mehreren Schlagwörtern.

Der Nominalkatalog

Er ordnet den Bestand alphabetisch nach Verfassernamen und führt hinter diesen Namen die jeweils einstehenden Titel auf. Diesen Katalog nennt man auch den alphabetischen. In seltenen Fällen wird auch in diesem Katalog nach Titeln geordnet, so wie es gelegentlich eine Mischform gibt, bei der (aber immer in alphabetischer Reihenfolge) Verfasser und Titel durcheinander aufgeführt werden.

Sachkataloge

Sie werden auch Realkataloge genannt. Sie unterteilen die Bestände nach Klassen, Gruppen und Untergruppen. In sehr großen Bibliotheken stehen mehrere Sachkataloge jeweils in den einzelnen Abteilungen, nahe der Bücher, die sie aufführen. Mitunter gibt es auch einen Schlagwortkatalog, in dem alle Sachgebiete durcheinanderlaufen und der alphabetisch geordnet ist. Wer im Schlagwortkatalog etwas finden will, muß mehrere Schlagwörter überprüfen. Beispiel: Wer etwas über 'Lesetechniken' sucht, findet es vielleicht unter: 'Lesen, rationelles' / 'Technik des Lesens'/'Rationelles Lesen'/'Lesetechniken'/'Schnellesen'.

Sonderkataloge

Beispiele: Katalog der Zeitschriften/... der Blindenliteratur/... der Handschriften. Standardkataloge nennt man jene Zusammenstellungen, die über Bestände in Zweigstellen der Bibliothek Auskunft geben.

Kompendienkataloge und Bibliographien

Hierbei handelt es sich um Bücherlisten, die alle Titel eines Fachgebietes zusammenstellen. Fragen Sie in der Buchhandlung, ob es für Ihr

Fachgebiet derartiges gibt. Es existiert auch ein Verzeichnis dieser Kataloge selbst (Bibliographie der Bibliographien).

Arbeit in der Bibliothek

Grundsätzlich ist jedem Leser jedes in einer Bibliothek einstehende Buch zugänglich. In fast allen großen Büchereien stehen häufig benutzte Bücher so ein, daß sie dem Benutzer unmittelbar zugänglich sind (Freihandbücherei). Die im Archiv stehenden Titel holen die Mitarbeiter der Bibliothek gleich herbei (Sofortausleihe).

Wo man sonst noch lernen kann

Lernen läßt sich überall. Informationen sind an vielen Stellen zu finden. Denken Sie nur an Museen. Diese Institutionen bieten mitunter auch Bücher und Fachdrucksachen zum Kauf an und veranstalten Vorträge. Denken Sie des weiteren an Exkursionen, sowohl in die nähere Umgebung als ins Ausland (z.B. während des Urlaubes). Von Zeit zu Tag gibt es 'Tage der offenen Tür', während derer Firmen und Behörden Besuchern ihre Arbeit näher bringen. Ebenso sind Messen und Ausstellungen gute Informationsquellen. Gerade dort findet man oft das neueste schriftliche Informationsmaterial. Doch betätigen Sie sich dort nicht als Papiersammler, sondern wählen Sie sehr gezielt. Bildschirmdienste sind noch im Kommen. Hier wird sich in naher Zukunft noch manche große Informationsquelle erschließen.

16. Vom Werkzeug und Material

Schlechtes Material sowie unzweckmäßige Werkzeuge können Ärger bringen, die Arbeit stören, Schaffensfreude verlorengehen lassen. Höhere Kosten für bessere Qualität lohnen hier immer. Halten Sie solche Dinge nicht für nebensächlich, sonst könnten Zeitverlust oder gar Neubeginn einer schon fortgeschrittenen Arbeit Sie gar bald eines

Besseren belehren. Denken Sie bei der Auswahl von Werkzeug und Material an die Angemessenheit! Für eine hingeworfene Skizze braucht man sicherlich kein Büttenpapier. Beginnen wir unsere Betrachtungen bei den Papieren.

Allerlei Papiere

Papier besteht im allgemeinen aus Holzfasern und Zellulose. Je höher der Zelluloseanteil, desto feiner das Papier. Zeitungspapier besteht fast ausschließlich aus Holzfasern. Es eignet sich kaum für anspruchsvolle Arbeiten, da es Tinte und Tusche verlaufen läßt und schnell vergilbt. Höherer Holzanteil bedeutet niedere Papierqualität. Für Skizzier- und Mitschreibearbeit sowie maschinengeschriebene Entwürfe kann Papier ruhig holzhaltig sein. Holzfreies Papier besteht fast ausschließlich aus Zellulose, obwohl man, strenggesehen, auch hier nicht von 'holzfrei' sprechen dürfte, weil auch Zellulose letztlich aus Holz gewonnen wird (allerdings nicht auf mechanischem, sondern kompliziertem chemischen Wege). Am besten ist es, Sie machen mit Ihren Schreibmitteln, wie Tinte, Tusche, Farbstifte, zunächst Versuche auf verschiedenen Papieren und entscheiden dann, was Sie nehmen. Für die meisten Arbeiten eignen sich jene Papiere, die der Handel mit 'holzfrei' bezeichnet. Wir empfehlen, sich auf das Normformat DIN A 4 (297 x 210 mm) festzulegen und nur in Sonderfällen davon abzuweichen. Die meisten Hefter, Ordner usw. sind auf DIN A 4 zugeschnitten. Auch in den Schulen geht man mehr und mehr von den früheren kleinen Heften DIN A 5 (210 x 148 mm) auf DIN A 4 über. In der Praxis bestens bewährt: Kariertes Papier, weil es maßstabgerechte Skizzen erleichtert. Auch 'rautiertes' Papier ist praktikabel. Es ist ein Mittelding zwischem 'kariertem' und 'liniertem' Papier.

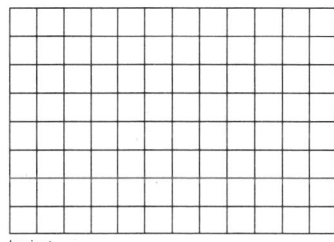

kariert

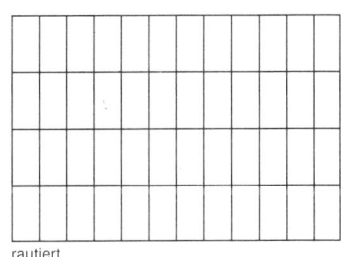

rautiert

Wer lieber mit Blankopapieren und Linienblättern arbeitet, achte darauf, daß die unterliegenden Blätter nicht verrutschen. Von Fall zu Fall ist zu erwägen, ob man sich nicht eigene, speziell zugeschnittene Linienblätter selbst gestalten soll (z.B. für Mitschreibearbeiten). Die mehr für das Maschinenschreiben gedachten Mattpostpapiere eignen sich für viele Zeichenarbeiten. Es ist bei ihnen auf das Papiergewicht zu achten. Gerechnet wird in Gramm pro m^2. Ein 80-g-Papier wiegt pro m^2 eben 80 g, d.h. der Briefbogen (DIN A4) kommt auf 5 g. Drei solcher Bogen und ungefüttertes Kuvert liegen noch im normalen Briefporto von 20 g. 80-g-Papiere eignen sich für den größten Teil der vorkommenden geistigen Arbeiten. Vielleicht kommen Sie auch mit 70 g aus, vielleicht brauchen Sie gelegentlich stärkeres, z.B. jenes, welches die üblichen Zeichenblöcke anbieten. Erproben Sie das! Bitte bedenken: Je dünner ein Papier, desto durchscheinender — wichtig, wenn beiderseitig gearbeitet werden soll. Durchschlagpapier für die Schreibmaschine hat meist nur 30 g. Soll auf solchen Durchschlägen weitergearbeitet werden, ist auch dafür ein schwereres Papier empfehlenswert. Zwischen Original und Durchschlag kommt das bekannte Kohlepapier, das aber auch nicht immer kohlschwarz sein muß, sondern in verschiedenen Farbtönen zu haben ist. Manche Sorten schmieren nicht (Hände bleiben sauber). Schließlich haben wir noch Kopierpapier, das kein Farbzwischenblatt verlangt (sogenannte 'Ohne-Kohle-Papier'), die Durchschrift wird auf chemischem Wege hergestellt. Solche Papiere (wie die Handelsmarke NCR) sind einerseits erheblich teurer, zum anderen sieht man jeden Kratzer darauf, es gibt jedesmal Spuren, wenn solch ein Blatt zur Hand genommen wird.

Bei Karteiarbeit können Sie von dem oben empfohlenen DIN-A4-Format abweichen. Sie verlangt die Formate DIN A5 und DIN A6. Merkzettel dürfen noch kleiner sein. Für sie gibt es die heute weitverbreiteten Blöcke, die Zettel verschiedener Farben zusammenfassen oder durch besondere Form (Pfeil, Hand, Kreis, Herz) auf sich aufmerksam machen. Anspruchsvolle Zeichenarbeiten verlangen Spezialpapiere, wie Japanbütten bei Aquarellzeichnungen oder Transparentpapier für technische Zeichnungen. Anfänger sollten fachmännischen Rat einholen. Ein besonderer Hinweis gelte den verschiedenen Gitternetzpapieren, von denen wir nachstehend einige abbilden.

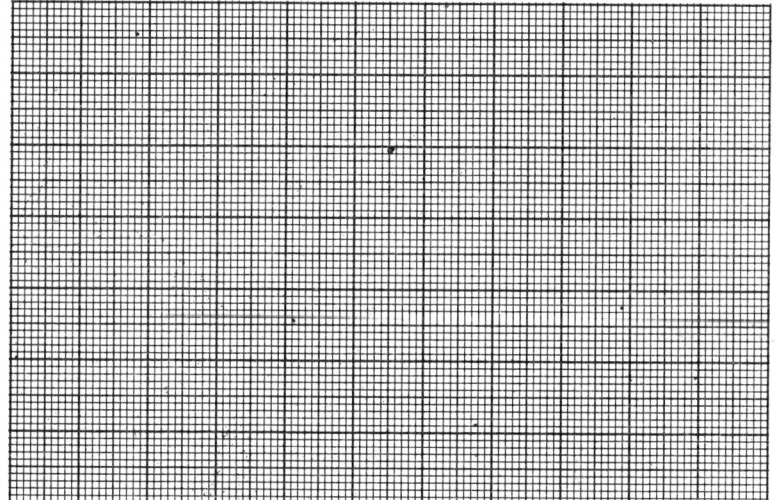

einfaches Millimeterpapier

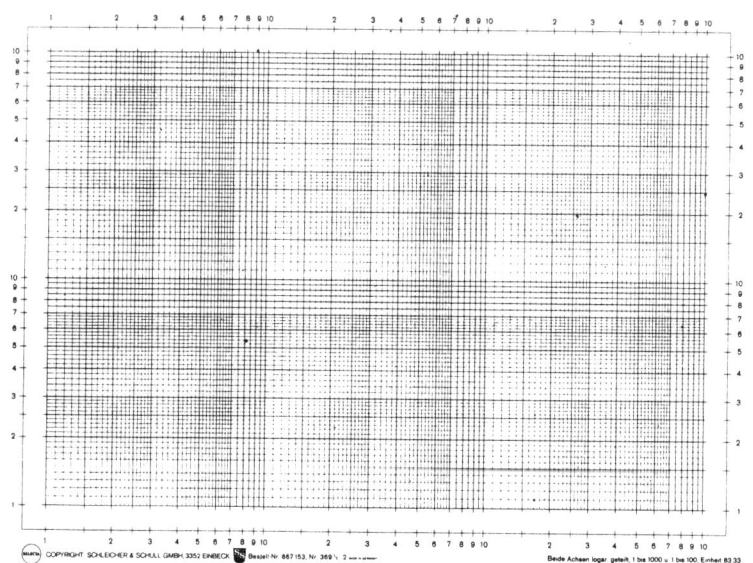

Potenz- (Doppel Logarithmen-Papier)

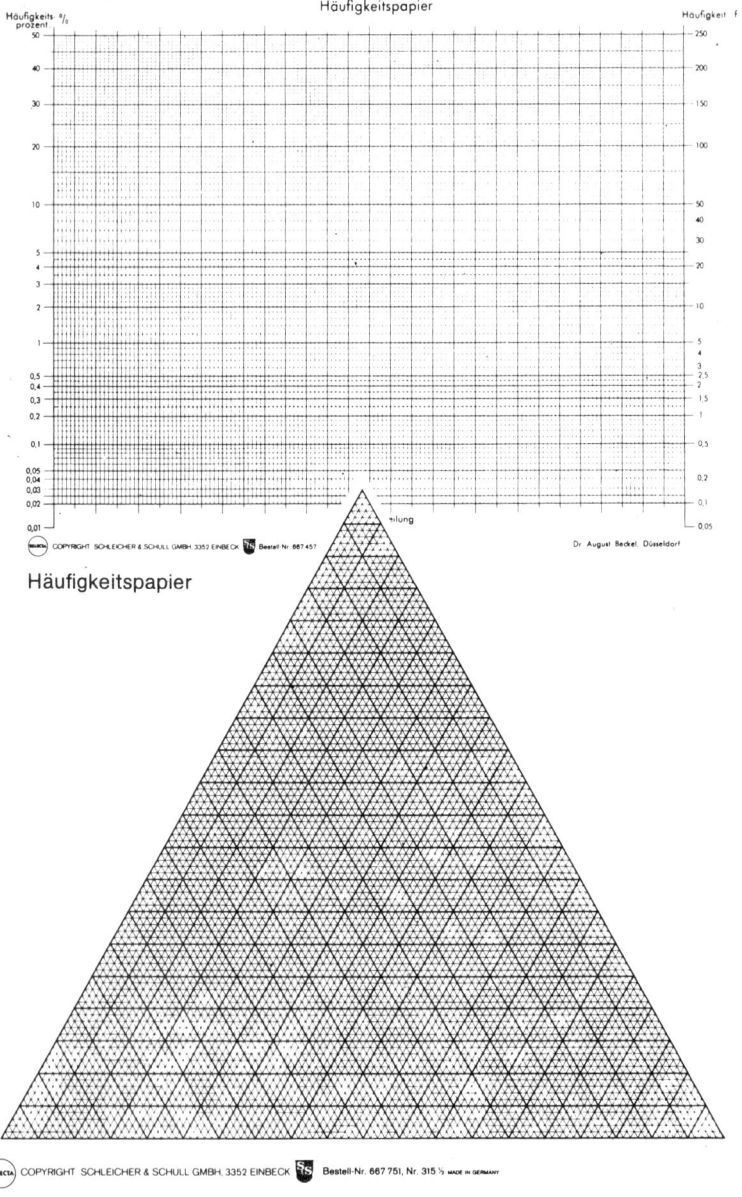

Häufigkeitspapier

Häufigkeitspapier

Dreieckskoordinatenpapier

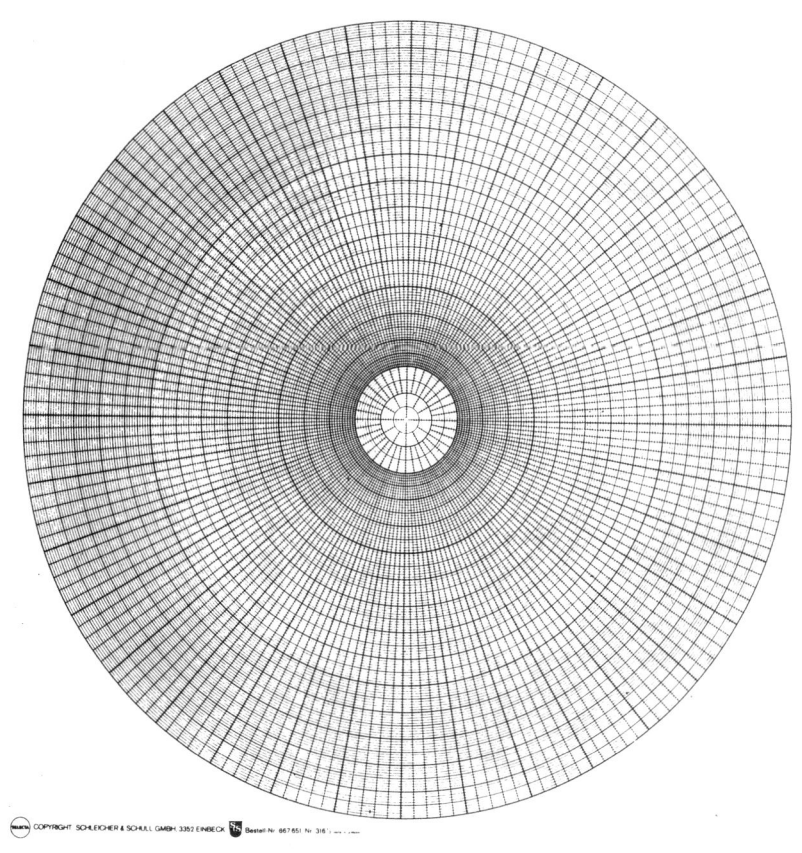

Polarkoordinatenpapier (kreisförmig)

Die Bildvorlagen für die Gitternetzvorlagen wurden freundlicherweise von der Fa. Schleicher u. Schüll zur Verfügung gestellt.

Kartons

Festere Papiere (ab 120–130 g) werden Kartons genannt. Sie eignen sich für Register, Trennlagen, Deckblätter. Karteikarten sollten 170 – 190 g haben. Noch schwereren Karton (z.B. 250 g) nur verwenden, wenn Karten sehr oft zur Hand genommen werden.

Schreibgeräte

Noch immer bewährt: Der Füllfederhalter, zumal er durch Patronen unproblematisch wurde. Korrekturstifte (Tintenkiller) erlauben ein Löschen, die Korrektur wird dann mit Spezialstift vorgenommen. Auch für manche Kugelschreiber gibt es ähnlich Korrekturhilfen. Obgleich es unterdessen sehr gute Kugelschreiber gibt (langlebig, schmierfrei, nicht auslaufend), setzten sich feinspitzige Filzstifte weitgehend durch. Achten Sie auf Qualitätsfabrikate mit Schutz gegen Austrocknen, damit die Spitze auch bei längerem Gebrauch hält! Solche Stifte lassen sich sogar für technische Zeichnungen verwenden. Besser bewährt für technisches Zeichnen sind jedoch Tuschefüller, die es in verschiedenen Konstruktionen gibt und von denen laufend Neukonstruktionen auf den Markt kommen. Dazu gibt es mancherlei Zubehör, z.b. Halter, die ein Austrocknen des offenen Füllers verhindern. Im Aussterben begriffen, wenn auch bei 'alten Hasen' nach wie vor beliebt, sind verstellbare Reißfedern, besonders in der breiten Form (Schwedenfeder). All diese Zeichengeräte wie auch die ihnen entsprechenden Einsätze in Zirkeln, verlangen Pflege. Sie sind unmittelbar nach Gebrauch gut zu reinigen. Bei kurzfristiger Arbeitsunterbrechung können Tuschefüller mit der Spitze in einer Reinigungsflüssigkeit stehend aufbewahrt werden. Achten Sie den guten alten Bleistift nicht zu gering. Ob in holzgefaßter Form oder als Mine in besonderen Haltern, es gibt ihn in zahlreichen Härten für jegliche Art von Schreib- und Zeichenarbeit. B-Kennzeichnungen = weichere Stifte/ H-Bezeichnungen = härtere Stifte. Je weicher oder härter, desto höher die Nummer. In der Praxis reichen im allgemeinen:

3 B: für weiche Schattierungen
2 B: für Künstler-Freihandzeichnungen und bestimmte Markierungsarbeiten
  B: für Skizzen und allgemeine Markierungen sowie für das Mitschreiben
HB: auch für das Schreiben und für technische Zeichnungen geeignet
  H: für mittelkräftige Linien bei technischen Zeichnungen (unsichtbare Kanten)
2 H: für kräftigere Linien (Maßlinien/Schraffuren) beim technischen Zeichnen
3 H: für feine Linien (Maßlinien/Schraffuren) beim technischen Zeichnen

Die mit TK-Stifte (Techniker/Künstler) bezeichneten Minenhalter sind universell einsetzbar. Sie arbeiten mit normalen oder sehr feinen

Minen. Letztere machen ein Spitzen überflüssig. Achtung: Bei älteren Modellen können die Minen herausfallen, wenn die Verschraubung locker ist, jüngere haben eingebaute 'Fallbremsen'. Für normale Minen gibt es spezielle Minenspitzer. Es stehen auch Farbminen in den wichtigsten Farben bereit. Holzgefaßte Farbstifte bieten jedoch eine weitaus größere, fein abgestufte Farbenauswahl (über 200 Töne). In der Praxis des Geistesarbeiters genügen fast immer 5 - 7 Farben: rot/gelb/grün/blau (orange/violett/braun).

Spezielle Markierungsstifte

Inzwischen fest eingebürgert haben sich die Filzstifte in transparenten Farbtönen, mit denen Textstellen so überstrichen werden können, daß sie gut durch die Farbe herauszulesen sind. Derart markierte Textstellen leuchten aus dem Grau des Schriftbildes stark heraus. Achtung: Normale Filzstifte sind meist zu farbintensiv und schlagen auf die Rückseite des Papiers durch. Obwohl es Markierungsstifte in mehreren Farben gibt, empfehlen wir, sich auf Gelb zu beschränken. Schwarze Schrift auf gelbem Grund ist am besten lesbar.

Radiergeräte/Korrekturmittel

Das alte Korrekturpapier (z.B. Tipp-Ex) hat die unangenehme Eigenschaft, Farbpartikel abzusetzen, die dann die Maschine verschmutzen. In die Maschinen eingebaute Korrekturbänder sind besser. Für ältere Maschinen verwenden Sie am besten flüssiges Korrekturmittel (z.B. 'Tipp-Ex-Fluid'): Ein Tupfer Korrekturweiß auf den Fehler, und er ist abgedeckt und kann überschrieben werden. Mit solchem Fluid, es trocknet sehr schnell, lassen sich auch Handschriften und Zeichnugen korrigieren. Graphiker haben sich mit Deckweiß schon immer ähnlich beholfen.

Für echtes Radieren gibt es noch den alten Speckgummi sowie Radierer aus Plastikmaterial, die besonders oberflächenschonend für das Papier sind. Tinte und Tusche kann man mit ihnen jedoch nicht beikommen. Hierfür bedarf es der Glaspulvereinschlüsse, wie sie die bekannten achteckigen Maschinengummis und die holzgefaßten Radierstifte haben. Wer bei feineren Arbeiten zu weit abkommt, greife auf eine Radierschablone zurück:

Radierschablone

Geschickt gehandhabt, eignet sich die Rasierklinge für feinste 'Abschabungen'. Ähnliches erlaubt der Radierpinsel, ein im Halter zusammengefaßter Satz Glasfasern. Vorsicht mit beiden: Dünnes Papier ist schnell durchgeschabt.

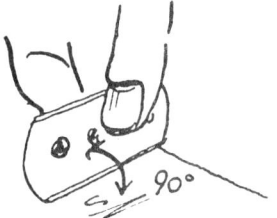

senkrecht angesetzte Rasierklinge

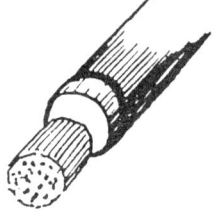

Glashaarradierpinsel

Weiche Radiergummis zur Reinigung von Papieren von Verschmutzungen einsetzen. Für die Reinigung von Schreibmaschinentypen, Kugelköpfen, Typenräder gibt es eine spezielle Knetmasse, die in der Hand weichzukneten ist und dann kurzfristig auf die Typen gedrückt wird. Bei Abnahme nimmt sie den Schmutz mit und vernichtet ihn gewissermaßen in sich selbst. Zum anderen wird auch eine Reinigungsflüssigkeit in kunststoffgeschützten Glasampullen angeboten, die im Stiel eines Reinigungspinsels eingeschlossen sind. Bei Entwürfen, die später kopiert werden, kann eine falsch geschriebene Stelle mit

212

Korrekturstreifen überklebt werden (zur Not tut es auch ein Streifen geschnittenes Selbstklebeetikett). Streifen bzw. Etikett werden überschrieben, auf der Kopie ist davon nichts zu sehen.

Weitere Zeichenwerkzeuge

Wer all die Werkzeuge, die in Zirkelkästen zusammengestellt sind, wirklich benötigt, achte auf Präzision. Der Praktiker wird sich seine Zirkel und besonderen Werkzeuge selbst zusammenstellen. Immer das Beste wählen! Ein Zirkel, dessen Linie nicht haarscharf in den gezogenen Kreis zurückführt, ist unbrauchbar. Für viele Arbeiten genügt der sogenannte Handzirkel mit auswechselbarem Bleistift-, Tusche- oder Stahlspitzeneinsatz (als Stechzirkel). Für Schaltungen, statistische Darstellungen und wo sonst noch sehr kleine Kreise benötigt werden gibt es den Nullen- oder Fallzirkel. Große Zirkel, selbst mit Verlängerungsstück, genügen hingegen schon nicht mehr, wenn Kreise über 30 Radius zu ziehen sind. Dann bedarf es des Stangenzirkels. Gilt es Maße abzugreifen, ist ein Präzisionsstechzirkel am Platz. Werden Pinsel benötigt (z.B. zum Anlegen von Flächen) sollte Ihnen Marderhaar nicht zu teuer sein. Solche Pinsel behalten jahrzehntelang ihre Form.

Kurvenlineale und Schablonen

Für Spezialarbeiten gibt es eine schier unübersichtliche Zahl von Kurvenlinealen. Für die meisten Kurven reicht normalerweise der sogenannte Burmester-Kurvensatz:

Burmester-Kurvenlinealsatz

Abzurundende Ecken zeichnet man am einfachsten mit der Radius-schablone. Gleiches gilt für Übergänge oder Verbindungen zwischen Geraden, die sich winklig treffen. Das geht schnell und sauberer als mit dem Zirkel. Auch kleine Vollkreise erlaubt diese Schablone zu ziehen.

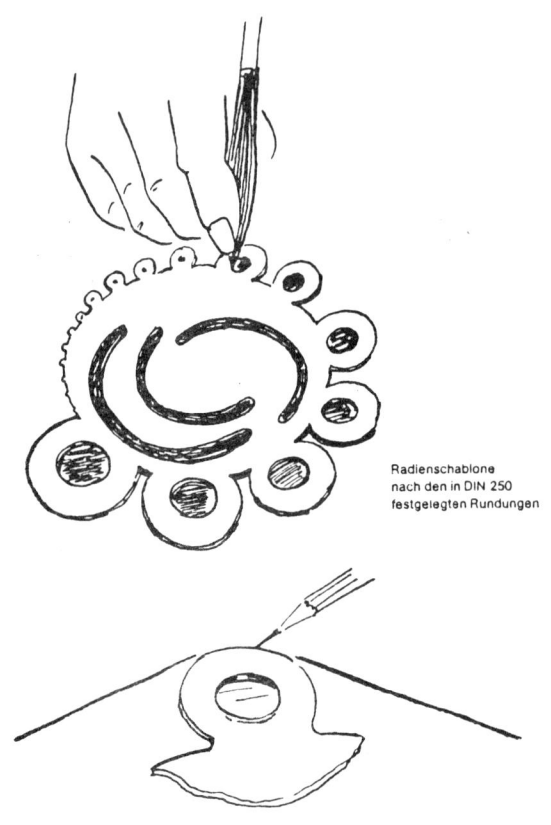

Radienschablone
nach den in DIN 250
festgelegten Rundungen

Von der Vielzahl weiterer Schablonen seien hier nur erwähnt:

Chemieschablonen
Ellipsenschablonen
Mutternschablonen (für Schraubenzeichnungen)
Oberflächenzeichenschablonen
Schablonen für Flußdiagramme der EDV
Schablonen mit Möbelsymbolen (für Architekten)

Schablonen mit Schaltzeichen
(für Elektriker)
Schraffurschablonen
Schriftschablonen
(z.B. für Normalschrift)
Schweißzeichen-Schablonen

214

Lineale, Winkel, Maßstäbe

Gerät aus glasklarem Kunststoff erhält zwar schnell Kratzer, dennoch ist es gegenüber Holz und Metall zu bevorzugen, weil die Zeichnung hindurch zu sehen ist. Bei der Arbeit mit Tusche darauf achten, daß die Zeichenkante vorgeschoben bzw. nach hinten abgeschrägt ist, damit die Tusche nicht am Lineal verläuft.

Für kleinere Zeichenarbeiten gibt es im Handel handliche Zeichenplatten, die geführte Lineale eingebaut haben. Mitunter sind die Platten auch mit kleinen Zeichenmaschinen ausgestattet. Empfehlenswert sind Rollineale, bei denen die Rolle mit einer Skala versehen ist, die genauen Abstand beim Schraffieren gewährt oder deren Löcher (in welche die Bleistiftspitze einzuführen ist) gestatten, Koordinatennetze zu zeichnen.

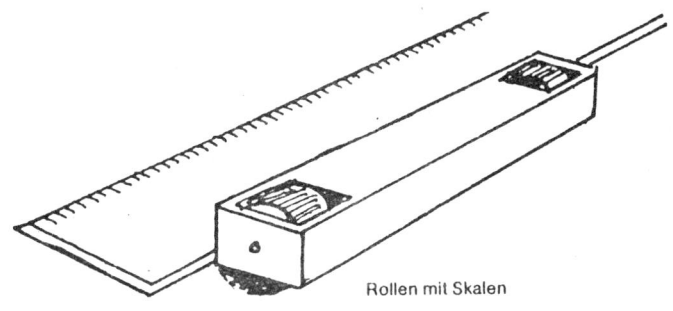

Rollen mit Skalen

Bewährt sind auch jene dreieckigen Verhältnismaßstäbe, die sechs verschiedene Skalen darbieten:

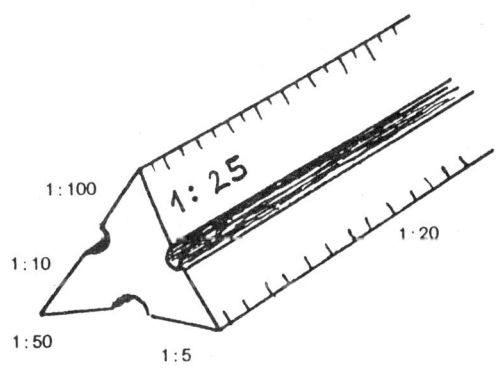

215

Wird zusätzlich ein Winkelmesser benötigt, so sollte einer mit Vollkreis bevorzugt werden, weil mit ihm die 360° eines Kreises erfaßt werden.

Schneidegeräte

Eine große Papierschere ist fast immer unentbehrlich. Viele Schneidearbeiten lassen sich jedoch mit Messern besser durchführen. Zwei Messerformen sind bewährt: Jene mit auswechselbarem Messerband, bei denen (nach Stumpfwerden) die Klinge an einer Sollbruchstelle abgebrochen wird und dann ein neues, scharfes Stück zur Verfügung steht; und jene andere, bei der das Schneidemesserchen im ganzen auszuwechseln ist.

Papiermesser mit auswechselbarer Klinge

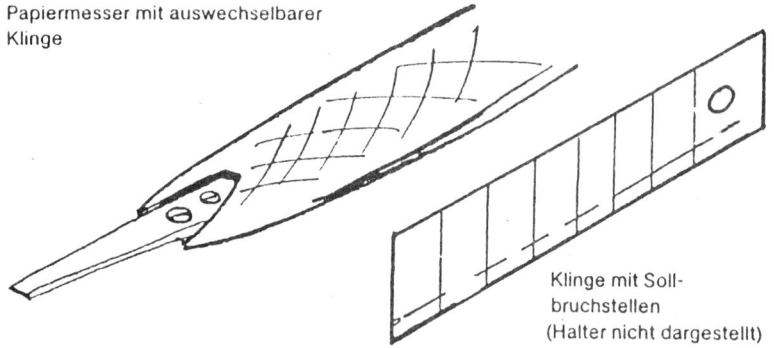

Klinge mit Soll-
bruchstellen
(Halter nicht dargestellt)

Kleber, Klebebänder, Aufkleber

Handelsüblichen Nitroklebern (wie UHU) ist bei Punktklebungen der Vorzug zu geben. Für kleinere bis mittlere Flächenklebungen leichter Papiere eignen sich Klebestifte. Für großflächige Klebungen verwenden Sie am besten Tapetenkleister. Mit ihm lassen sich z.B. große Etiketten kleben oder Papier auf Pappen ziehen. Gut bewährte sich doppelseitiges Klebeband, das es mittlerweile auch hauchdünn gibt. Es gibt sogar eine dauerverwendbare Sorte; man klebt einen Streifen auf einen Bord und kann dann auf seiner Oberseite Merkzettel beliebig oft anbringen und abnehmen. Die verschiedenen Klarsichtklebebänder und -folien sind hinreichend bekannt — wir müssen nicht näher auf sie eingehen. Ausnahme: Filmoplast — ein Klebeband, das nach seinem Aufbringen nahezu unsichtbar ist und deshalb gern für Dokumente und Geldscheine verwendet wird. Recht brauchbar für Ordnungsarbeiten sind Selbstklebebuchstaben oder -ziffern. Bei der Gestaltung von Schriftzeilen, besonders wenn deutlich größer als Schreibmaschinenschrift, bewähren sich Abreibebuchstaben (z.B. 'Letra-Set'). Sie werden durch Reiben von ihrer Grundfolie auf beliebiges Papier übertragen. Weiterer Beachtung des Schaffenden empfohlen seien die selbstklebenden Ordnerrücken, die es in verschiedenen Farben gibt.

Folien

Sowohl selbstklebend als nichtklebend gibt es glasklare und farbige Folien bis zu Meterbreite. Sie eignen sich zum Schutz von Plänen, Tafeln, Karten, die häufig zur Hand genommen werden müssen (auch Bücher werden darin eingebunden).

In der Hand des Graphikers ein ausgezeichnetes Hilfsmittel: Rasterfolien, die es auch als Rasterpapiere gibt und mit denen Schattierungen in Zeichnungen geklebt werden können.

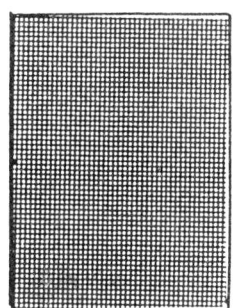 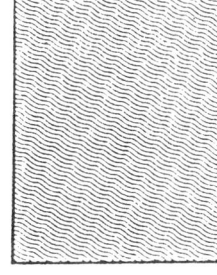 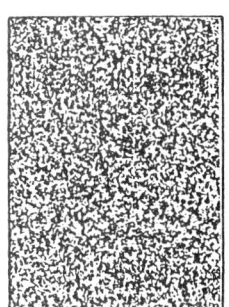

Muster von Rasterfolien

Weiteres Zubehör

Locher und Heftmaschine sind auf dem Arbeitstisch obligatorisch. Achten Sie auf Stabilität bei diesen Geräten. Locher sollten einen Anschlag haben, der die Papiere immer in gleiche Position bringt, damit die Löcher genau an der vorgesehenen Stelle sitzen.

217

Sind viele Bleistifte zu spitzen, lohnt sich eine kleine Spitzmaschine mit Drehkurbel. Ansonsten wähle man Bleistiftspitzer mit Auffangbe-hälter für die Spitzerabfälle. Das gilt auch für die kleineren Minenspit-zer. Wer viel zu schreiben hat, wähle auf jeden Fall eine elektronische Schreibmaschine. Besitzt man schon einen Computer, kann auch der dazugesetzte Drucker deren Funktion übernehmen. Bei der Vielzahl der Neuerungen, die moderne Schreibmaschinen bieten (von Mehr-zeilen-Display bis zur Bildschirmschreibmaschine) ist der Rat eines gut informierten Fachmannes unentbehrlich.

Ordner, Hefter, Mappen

Langfristiges Arbeiten auf einem Gebiet führt schnell zur Überfüllung der Sammelordner. Wirken Sie von Anfang an durch strenge Selektio-nen entgegen. Heben Sie nicht auf, was Sie später nicht brauchen. Wählen Sie dennoch Ihren Ordner nicht zu schmal. Wer sich, bei gerin-gerem Sammelumfang, mit Heftern begnügt, dem sei der Kunstoffhef-ter mit glasklarem Deckel empfohlen. Man sieht bei ihm das oberste Blatt durch und erspart sich zusätzliche Beschriftung. Schlichte Akten-deckel sind nur für kurzfristige Ordnungsarbeiten und Transport empfehlenswert, da der Heftmechanismus fehlt, rutschen einliegende Blätter leicht heraus. Sogenannte Prospekthüllen (= glasklare Ta-schen) können innerhalb der Ordner Ordnung schaffen. In ihnen fin-det Ablagegut auch ungelocht sichere Aufnahme. Auch Einhängestrei-fen und -klammern dienen der Unterordnung in Ordnern. Eine spe-zielle Ausführung kann durch den Rücken von Broschüren gedrückt werden und erlaubt so das Einhängen broschürten Ablagegutes.

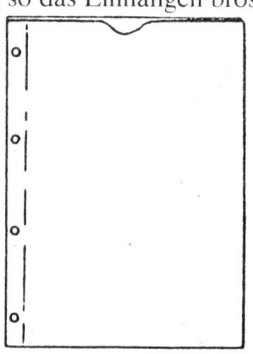

Klarsichttasche,
hier mit Öffnung oben.
Es gibt auch Ausführungen
mit seitlicher Öffnung
sowie Öffnung oben und
an der Seite.

218

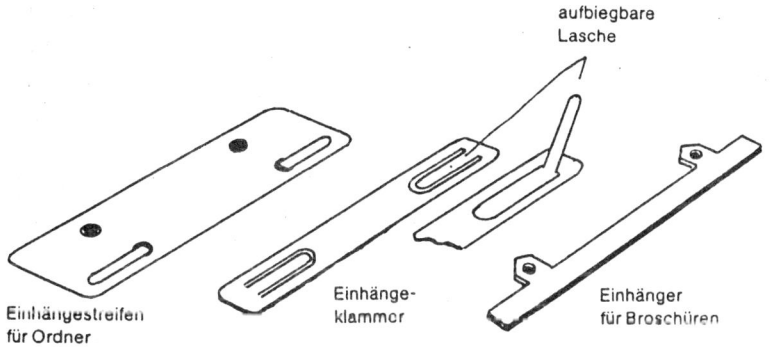

aufbiegbare
Lasche

Einhängestreifen
für Ordner

Einhänge-
klammer

Einhänger
für Broschüren

Allerlei Kleinkram

Da sich die meisten Klebearbeiten besser mit Klebeband durchführen lassen, werden Reißnägel nur noch selten im Büro gebraucht. Haben Sie aber an ihnen Bedarf, dann wählen Sie 'Reißbrettstifte' mit eingesetzter Stahlspitze. Sie verbiegen nicht und machen feinere Löcher als andere.

Bei Büroklammern sind die aus Draht besser als die aus Kunststoff, weil erstere mehr Blätter fester fassen und nicht so leicht zerbrechen. Sie rosten aber — deshalb für längerfristiges Klammern solche Drahtklammern wählen, die einen Kunststoffüberzug haben.

Für das Arretieren von Karten oder Schriftstücken in Büchern (z.B. der inneren Seite des hinteren Buchdeckels) gibt es spezielle Streifen, die übers Eck gesetzt werden und hinter die das Sammelgut gesteckt werden kann.

Recht empfehlenswert sind Boxen oder röhrenähnliche Gefäße auf dem Schreibtisch, die Schreibgerät stehend aufnehmen und dieses so zugriffssicherer machen.

Sind Farben von Kugelschreibern oder Filzstiften äußerlich nicht erkennbar (durch entsprechende Farben der Kappen bzw. Schäfte), so markiert man diese Geräte mit selbstklebenden Farbbändern.

Magnettafeln oder -leisten oberhalb der Arbeitsfläche mit zugehörigen Magneten erlauben es, wichtige Schriftstücke deutlich ins Blickfeld zu rücken, und haben gegenüber den 'Nadel-Pinnwänden' den Vorteil, daß das Schriftgut unbeschädigt bleibt.

Mitunter tut eine Tafel gute Dienste. Mit Kreide oder Spezialstiften (zu denen dann wieder ein Speziallöscher gehört) können Sie Wichtiges großformatig notieren.

Als Schreibtischkalender bewährte sich besonders der in Tagebuchform, bei dem Ecken oder Partien des Tageblattes abgerissen werden. Bei größeren Formaten lassen sich die Abrisse sogar abheften. Ein Übersichtkalender (Kartenform) kann wichtige Termine immer auf einmal ins Blickfeld bringen.

Es folgt nun eine Zusammenstellung von Werkzeugen und Materialien. Kreuzen Sie an, was Sie brauchen, streichen Sie, was Sie nicht benötigen, und ergänzen Sie die Liste um Dinge Ihres ganz speziellen Bedarfs. Später verwenden Sie das Ganze dann als Checkliste, mit der Sie von Zeit zu Zeit Ihre Bestände prüfen.

Werkzeug- und Materialliste

Skizzier- und Mitschreibpapier	Füllhalter (Patronen)
Reinschrift- und Zeichenpapier	Korrekturstift
Papier, kariert	Kugelschreiber
Papier, rautiert	Filzstifte
Karton ca. 130 g	Markierungsstifte
Karton ca. 190 g	Tuschefüller
Kohlepapier	Reißfeder
Durchschlagpapier	Bleistifte
Kohlefreies Papier	Farbstifte
Karteikarten DIN A 5	Minenhalter
Karteikarten DIN A 6	Radiergummi (Speckgummi)
Gitternetzpapiere	Kunststoffradierer
Transparentes Papier	Rasierklinge
Schutzfolien	Glashaarpinsel
Rasterfolien	Korrekturpapier
Korrektur-Fluid	Klebezeichen
Korrekturklebeband	Abriebzeichen
Schreibmaschinenradierer	Etiketten
Radierschablone	Locher
Typenreiniger	Heftgerät (Klammern)
Typenreiniger-Fluid	Schreibmaschine
Handzirkel	Rechengerät
Nullenzirkel	Ordner
Großzirkel	Hefter

Stechzirkel
Aquarellpinsel
Lineale
Maßstäbe
Kurvenlineale
Kreisschablone
Spezialschablonen
Papierschere
Schneidemesser
Tubenkleber
Klebestift
Leim
Klebeband

Mappen
Klarsichttaschen
Einhängestreifen
Einhängeklammern
Broschüreneinhänger
Lochverstärker
Reißnägel
Fotoecken
Magnettafel
Magnete
Pinntafel
Pinnstifte

17. Die Nutzung von Geräten

Die Nutzung von Ton- und Bildaufnahmegeräten, von Projektoren
aller Art und so mancher anderen Apparatur ist leider nicht für alle
selbstverständlich. Besonders Anfänger haben ihre Mühe damit. Wir
versuchen, ein wenig auszugleichen, und schicken voraus, daß die
Elektronik täglich neue Überraschungen bringt.

Diktiergeräte

Mancher hat Scheu, ins Gerät zu diktieren, und bevorzugt noch das
Stenogramm der Schreibhilfe. Dabei läßt sich doch gerade durch zu
verschiedener Zeit diktierte Texte viel Zeit sparen. Brauchbar sind fast
alle tonaufnehmenden Geräte, besonders praktisch sind aber jene, die
mit sogenannten 'elektronischen Notizbüchern' arbeiten. Diese Kleingeräte können in der Jackentasche überall mitgeführt werden. Man
kann jederzeit daraufsprechen, was sonst niedergeschrieben werden
müßte. Die Zahl der unterschiedlichen Geräte ist groß. Für alle gelten
die gleichen Grundregeln:

- Schreiben Sie nicht erst alles nieder, was Sie aufsprechen wollen (Anfängerfehler) — das wäre keine Rationalisierung. Bei umfangreichen Texten zunächst ein paar Stichwörter notieren und ordnen kann jedoch vorteilhaft sein.
- Wenn ein anderer abschreiben muß, was Sie diktieren, sagen Sie Satzzeichen, Absätze und Besonderheiten des Textes mit an.
- Schwierige Wörter und Eigennamen sind zu buchstabieren.
- Auf gute Klangqualität, lautes und sauberes Sprechen achten.
- Bei Bedarf kleine Skizzen, auch für die äußere Gestaltung des Textes dem Diktat beigeben!
- Darauf achten, daß kein Hintergrundlärm auf die Aufnahme kommt!
- Gegebenenfalls 'Regeln für Phonodiktat'/DIN 5009 beachten!
- Für das Buchstabieren sich des gebräuchlichen Telefonalphabets bedienen!
- Einblendungen mit STOPP! begrenzen — Stopp! — ich buchstabiere .... Stopp! ... weiter im Text. Entscheiden Sie von Fall zu Fall, welche der folgenden Angaben Sie ggf. auf einem Vordruck markieren oder auf Band mitsprechen sollten:

1. Eigener Name und Anschrift (Abteilung)
2. Art des Schreibens (Brief, Karte, Aktennotiz, Bericht und Schablone)
3. Anzahl beizufügender Unterlagen
4. Anzahl der gewünschten Durchschläge
5. Besondere Versandvermerke (Einschreiben, Drucksache usw.)
6. Format (am besten immer DIN A 4)
7. Zu erwartende Länge des Schreibens (damit Schreibkraft den Platz von vornherein richtig einteilen kann)
8. Angaben zur Bezugszeichenzeile im Brief
9. Überschrift
10. Eventuelle Untertitel (möglichst vermeiden)
11. Genaue Anrede (evtl. Titel)
12. Der eigentliche Text: Satzzeichen angeben/Einrückungen nennen/Sperrungen (möglichst vermeiden) — Buchstabieren, wo Unklarheit herrschen könnte.
13. Grußformel

14. Unterschriften mit Angaben 'links'/'rechts' — (sind in Maschinenschrift unter dem Freiraum für die eigentliche Unterschrift zu wiederholen)
15. Postscriptum/ausführliche Anlagen
16. Eventuelle Sondervermerke auf den Kopien
17. Hinweise, an wen die Durchschläge gehen sollen

Tonbandgeräte im allgemeinen

Hier wieder nur einige Hinweise für den Einsatz: Begnügen Sie sich mit den einfachen Funktionen, es soll ja die Arbeit erleichtern und Zeit sparen. Aufnahme — Löschen — Vor- und Rücklauf — Pause — Wiedergabe zu beherrschen genügt fast immer. Neuere Geräte steuern automatisch die Aufnahme (sonst erproben, wie die Aufnahmen auszusteuern sind).

Wer Lerntexte auf Band spricht und bei späterem Lesen zugleich mithört, setzt zwei Sinne ein und erhöht damit Konzentration und Erinnerungsquote.

Erwägen Sie immer die Möglichkeit, anstelle geschriebener Exzerpte, Texte aus Lernstoffen auf Band zu sprechen und laufend abzuhören.

Wenn Sie in Vorträgen mitschneiden wollen, holen Sie zuerst die Erlaubnis des Vortragenden ein. Solche Aufnahmen ersparen zwar die Schreibarbeit, doch muß später der Vortrag immer wieder ganz abgehört werden, es sei denn, man notiert über das Bandzählwerk wichtige Passagen.

Haben Sie zu schreiben (etwa Berichte), so können Sie gelegentlich Formulierungen auf Band sprechen, um zu hören, wie es klingt. Die Hauptanwendung finden Tonbandgeräte bzw. Kassettenrecorder sicherlich nach wie vor im Sprachunterricht. Es wird empfohlen, sich vom Tonträger eines Sprachlehrwerkes Kopien zu machen (darf nur für den eigenen Gebrauch geschehen), um die 'Mutterbänder' zu schonen. Das gilt besonders für 'Billig-Kassetten-Lehrgänge', weil bei denen die Bänder schnell defekt werden. Schließlich kann das Tonband- oder Kassettengerät in Diskussionsrunden usw. eingesetzt werden. Von den Aufnahmen dort wird später das Protokoll abgeschrieben. Zu der Vorbereitung für Reden, Referate, Vorträge gehört die Tonbandaufnahme. Man sollte sich immer wieder einmal selbst hören. Manche Menschen erschrecken, wenn sie die eigene Stimme zum ersten Mal vom Band hören.

Es lohnt sich, ein gutes Gerät anzuschaffen. Viele Kassettengeräte haben, mit Rücksicht auf die handelsüblichen Kassetten, nur eine Laufgeschwindigkeit. Bei Aufnahmegeräten mit verschiedener Laufgeschwindigkeit, bringt die, mit einer sehr hohen (19 m/sek), die beste Klangqualität. Mit 9,5 m/sek ist man bei Musikaufnahmen recht gut bedient. Für Sprachaufnahmen reichen die 4,75 m/sek immer aus. Das zeigt sich schon daran, daß es für Reportagegeräte Geschwindigkeiten gibt, die die letztere nochmals halbieren. Ziehen Sie auch das Überspielen von Lehrschallplatten in Betracht. Mit Hilfe des Bandzählwerkes können Sie dann jede beliebige Textstelle schnell wiederfinden.

In Sprachlaboren sind mehrere Bandgeräte mit einem Steuerungs- und Überwachungsorgan zusammengeschaltet. Jeder Schüler hat hier sein eigenes Gerät. Der Lehrer kann sich überall einschalten und mithören oder sogenannte Konferenzschaltungen zwischen Schülerplätzen vornehmen oder das Wort an alle richten. Ebenso kann der Schüler beim Lehrer Rat abrufen.

Videogeräte

Bild und Ton können aufgenommen und beliebig oft wiederholt werden. Das bietet nahezu ideale Möglichkeiten für vielerlei Lernarbeit. Wiedergabegeräte sind inzwischen erschwinglich. Die Zahl angebotener Lernstoffe wächst ständig. Videoaufnahmen eignen sich besonders dann, wenn das gesamte Verhalten der Persönlichkeit überprüft werden soll. Sie werden intensiv bei der Verkäuferschulung eingesetzt. Auch das Einfangen von Aktualitäten bietet ein weites Feld. Schwierige Handgriffe lassen sich in Phasen zerlegen, Arbeitsabläufe festhalten. Der Nachteil der kleinen Bildfläche (gegenüber Filmvorführungen) kann durch Spezialgeräte (Telebeam), die Großflächenprojektion erlauben, ausgeglichen werden. Ebenso gibt es Spezialgeräte, die Mikroprojektionen auf Bildschirm oder Bildwandgröße bringen. Ob Bildplattengeräte im Schulungssektor eine Rolle spielen werden, ist immer noch nicht abzusehen, doch darf man sich auch in bezug auf Bildaufnahmen/-wiedergaben von der Technik noch einiges erwarten.

Arbeit mit Videorecordern hat sich im Micro-Teaching (Lehren in kleinen Gruppen) schon weitgehend durchgesetzt.

Filme und Filmen

Noch gibt es sie: Lehrfilme auf 16 oder 8 mm (vom Normalfilm ganz zu schweigen), doch der Videofilm, mit seiner einfachen Handhabung, hält seinen Einzug ins Klassenzimmer, in Hörsäle und Schulungsräume. Die Zeit zwischen Aufnahme und Wiedergabe dauert noch lang. Sofortbildfilme sind noch nicht technisch ausgereift und wohl auch zu teuer. Dem Videofilm scheint die Zukunft zu gehören. Immerhin, wer als Schmalfilmer noch seine Ausrüstung hat, sollte überprüfen, wie weit sie für das Lernen nutzen läßt. Vorteil der Filmerei liegt sicherlich in der großen Projektionsfläche. Günstig ist es auch, daß zunächst stumm aufgenommene Schmalfilme sich beliebig schneiden lassen und dann paßgenau vertont werden können.

Stehende Lichtbilder/Episkope

Von der Laterna magica unserer Vorväter über Episkope bis zur Multivisionswand gibt es zahlreiche Projektionsgeräte für stehende Bilder. Diageräte bedürfen spezieller Bilder, Episkope projizieren jedes beliebige Bild, auch aus Büchern heraus. Ältere Geräte sind allerdings mitunter recht lichtschwach. Das zu projizierende Material ist nicht streng formatgebunden und braucht auch nicht transparent zu sein. Auch die schnell auf den Zettel geworfene Skizze läßt sich auf die Wand bringen.

Diaprojektoren

Sie sind wohl die am häufigsten anzutreffenden Projektionsgeräte. Sie arbeiten mit Diapositiven, deren Gestaltung zu Lehr- und Projektionsmaterial gesondert vorzubereiten ist. Allerdings ist auch das Angebot an fertigen Lehrdias in den Lehrmittelhandlungen recht groß.

Hohe Lichtstärke bringt besondere Helligkeit und Glanz in die projizierten Bilder. Dias können deshalb im halbverdunkelten Raum eingesetzt werden. Fernbedienung (auch kabellose) gestattet ein einfaches Steuern (vorwärts, rückwärts, Schärfe) der Bilder und Bildfolgen. Das Zusammenstellen in besonderen Diamagazinen gestattet, Ordnung im Projektionsmaterial zu halten. Moderne Geräte stellen die Bildschärfe selbst nach. Es gibt Ausführungen, die die Dunkelphase zwischen den Bildern überbrücken. Ein Bild erscheint nahtlos nach dem anderen. Das übliche Format entspricht dem der Hobbyfotografie (24 x 36 cm / mit Rahmen 5 cm²). Glasdias, die jeder Berufsfotograf anfertigt, gestatten, das Format 5 x 5 nahezu voll auszunutzen. Sondergeräte arbeiten auch mit größeren Diaformaten (6 x 6 / 8 x 8).

Arbeitsprojektoren

Diese Geräte sind unter verschiedenen Namen bekannt (Overheadprojektor, Tageslichtprojektor, Schreibprojektor usw.) und haben einen wahren Siegeszug angetreten. Sie sind aus Schulungen nicht mehr fortzudenken. 'Arbeitsprojektor' ist recht treffend, weil während der Projektion in das Bild hineingemalt, -geschrieben, -gearbeitet werden kann bzw. es überhaupt erst auf der Projektionsfläche entwikkelt wird. Das Gerät ist so lichtstark, daß es im unverdunkelten Raum eingesetzt werden kann.

Diese Geräte werden laufend weiterentwickelt — es gibt schon eine sehr große Zahl von Modellen. Gemeinsam ist ihnen der Arbeitstisch, die erleuchtete Fläche, auf die das zu projizierende Material aufgelegt wird, von etwa 25 cm² (seltener im Format DIN A4). Die Bilder entstehen entweder auf einer aufzulegenden Leerfolie oder werden vorgefertigt (bei häufig einzusetzenden Bildern immer zu empfehlen). Es gibt für viele Fächer auch bereits im Lehrmittelhandel fertige Folien.

Auf Leerfolien kann ähnlich gearbeitet werden wie auf der Schultafel. Unmittelbar während des Vortrages entstehende Bilder haben den Vorteil, durch die sichtbare Bewegung Aufmerksamkeit beim Hörer zu erzeugen. Doch läßt sich ja auch kombinieren, indem in vorgefertigte Folien hineingearbeitet bzw. durch Auflegen von Überlagerungsfolien

das fertige Bild verändert wird. Mit Spezialstiften wird auf durchsichtiger (oder auch farbiger) Folie gearbeitet, entweder permanent, d.h. unlöschbar, oder wasserlöslich, wobei korrigiert werden kann. Ein feuchtes Papiertaschentuch genügt dazu. Nicht mehr benötigte Folien sind unter fließendem Wasser schnell zu reinigen und können wieder verwendet werden.

Über Kopiergeräte lassen sich von beliebigen Vorlagen (auch aus Büchern heraus) Folien ziehen. Der Fachhandel bietet viele Folienvarianten an. Im allgemeinen ist es ein schwarzes Bild auf weißem Grund, doch auch blau, rot, grün auf weiß und negative (z.B. weiß in grün). Ebenso finden sich farbige Adhäsionsfolien, womit Schwarz-weiß-Folien mit Farbflecken versehen werden können. Interessant ist eine Spezialfolie, die zunächst die Leuchtfläche des Arbeitstisches verdunkelt und anschließend mit Spezialstiften beschrieben wird, es leuchten dann aus dem Dunkel der Fläche die farbigen Schriften oder Bilder heraus. Der Signaleffekt bei den Zuhörern ist stark.

Erwähnt sei bewegliches Projektionsmaterial, z.B. aus Acrylglas, mit dem sich Funktionsmodelle projizieren lassen. Mit Hilfe eines kleinen Motors, oder von Hand gekurbelt kann Rollenmaterial über die Leuchtfläche geführt werden. So können Laufschriften entstehen und längere Texte dargeboten werden. Auch das Ausschneiden von Symbolen oder Schattenrissen, die dann projiziert werden, hat einigen Aufmerksamkeitseffekt. Übereinandergelegte Folien bieten viele Möglichkeiten, z.B.

Grundblatt = Notenlinien/Überfolie = Noten
Grundblatt = Teil einer Zeichnung/Überfolie = Ergänzung
Grundblatt = Aufgabe/Überfolie = Lösung

Durch übergelegte Papiere können Abdeckungen der Grundfolie vorgenommen werden. Im Unterricht wird dann erst nach und nach das ganze Bild aufgedeckt. Mit Überfolien lassen sich ganze Entwicklungen darstellen. Und immer wieder bleibt die Möglichkeit, in die gerade stehende Projektion hineinzuarbeiten. Mit Hilfe von Klebestreifen lassen sich schnell Auflegerfolien an die Grundfolie montieren. Sie werden bei Bedarf einfach umgeklappt.

weitere Möglichkeiten
für Aufleger

Die meisten Geräte haben eine Einrichtung für Rollenfolien, mittels derer das Rollenband über die Arbeitsfläche gezogen wird. Auf solchen Rollen lassen sich vorgefertigte Folien zusammenstellen. Rollenfolien erlauben es, frühere Projektionen bei Bedarf wieder zurückzuholen, ohne daß das Material durcheinandergerät. Für Geräte ohne Rolleneinrichtung gibt es Aufsätze, die nachträglich montiert, gleiche Vorteile bieten.

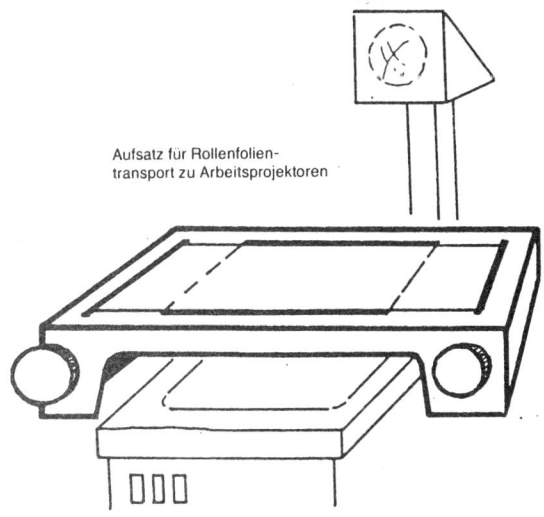

Aufsatz für Rollenfolien-
transport zu Arbeitsprojektoren

Der Handel bietet Papprahmen (Passepartouts) für Folien an. Diese schützen das Folienmaterial. Gleiches tun Prospekthüllen. Dünne glasklare Prospekthüllen können mitsamt der Folie projiziert werden, es ergeben sich keine Helligkeitsverluste.

Will man bei wasserlöslichen Schreibstiften verhindern, daß unbeabsichtigte Löschungen (z. B. durch die leicht feuchte Hand) auftreten, so lege man eine Leerfolie auf die Darstellung.

Arbeitsprojektoren können durch Zusätze für weitere Arbeiten genutzt werden, z.B. gibt es einen Zuatz, der es erlaubt, Diapositive im Kleinbildformat einzuschieben.

Sogenannte Polarisationsfilter in Verbindung mit Sonderfolien täuschen einfache Bewegungen im Bild vor. Allerdings ist der

Aufwand für den Normalverbraucher zu hoch, wie diese Möglichkeit überhaupt mehr eine technische Spielerei ist.

Ein weiteres Zusatzgerät gestattet, Bilder (z.b. Statistiken) und Bildschirmtexte unmittelbar auf die Leinwand zu bringen.

Recht interessant ist ein Zusatzgerät, mit dem mikroskopisch Kleines ins riesenhafte vergrößert und projiziert wird. Ein anderes erlaubt es, Daten unmittelbar vom Computer auf die Leinwand zu übertragen.

Die Entwicklung ist in vollem Gang. Informieren Sie sich auf den einschlägigen Messen (z.b. 'Photokina' oder 'DIDAKTA')

Sonderformen von Arbeitsprojektoren sind zusammenlegbar und so handlich, daß sie der reisende Trainer leicht mit sich führen kann.

Maschineschreiben

Es ist immer lohnend, 10-Finger-Blindschreiben zu erlernen. Der geistig Schaffende kann dadurch viel Zeit sparen. Achten Sie darauf, daß Sie arbeitsgerecht vor der Maschine sitzen. Bei rechtwinklig abgewinkelten Armen, die am Körper liegen, sollte das Tastenfeld gut erreichbar sein. Stellen Sie die Sitzhöhe Ihres Stuhles danach ein. Die Füße müssen dabei vollflächig auf dem Boden ruhen.

Halten Sie die Maschine sauber, die tägliche Kurzreinigung vor Arbeitsbeginn verhilft, manche Reparatur hinauszuzögern. Für die Reinigungsarbeit gibt es Spezialfluid oder Reinigungsknete, die sich beide gut eignen und bewährten. Schreiben Sie nicht wild darauf los. Machen Sie sich immer erst ein paar Gedanken über den Aufbau des Textblockes, die Verteilung des Textes auf dem Blatt, Randbreite, Zeilenbreite, Abstände. Holen Sie vor Arbeitsbeginn alles herbei, was Sie zum Schreiben brauchen. Achten Sie auf gute Beleuchtung, ausreichend Platz für alle benötigten Unterlagen und das abzulegende, fertige Schreibgut. Die Lehne Ihres Stuhles sollte Ihnen (besonders bei längerer Schreibtischtätigkeit) eine gute Stütze im Rücken geben. Schreiben Sie nicht bewußt 'schnell', sondern lieber rhythmisch! Rhythmisches Schreiben führt zu hohen Schreibgeschwindigkeiten. Bei zu schnellem, d.h. hastigem Schreiben haben nicht nur die alten Typenhebelmaschinen ihre Tücken. Machen Sie des öfteren kleine Pausen, in denen Sie den Rücken entspannen und auch die Handmuskulatur zu lockern versuchen (Hände ausschütteln). Wer mit Kugelkopf oder Typenrand arbeitet, beachte die Möglichkeit, Typen auszuwechseln und damit mehr Leben in das Schriftbild zu bringen.

Besonders die Möglichkeit, durch eine Kursivschrift Hervorhebungen vorzunehmen, sei empfohlen. Ein Nachschlagewerk (z.B. der Duden, der Wahrig, der Mackensen) sollte griffbereit stehen. Gleiches gilt für ein Fremdwörterbuch.

Kunstseide oder Kunststoffbänder bringen schärfere Schriften als die noch anzutreffenden Baumwollbänder. Karbonbänder zeichnen beste Schriften, sind aber nicht so ergiebig wie Textilbänder. Haben Sie sich verschrieben, so kann mit der schon erwähnten Knetmasse zum Typenreinigen, die über eine Lochschablone auf den Fehler gedrückt wird, ein Teil der sonst schmierenden Farbe weggenommen werden. Das restliche Radieren ist dann einfach. Wenn radiert werden soll (besser ist es meist, den Fehler abzudecken), dann mit scharf gespitztem Radierstift und mit kreisförmigen Bewegungen ohne Druck. Radieren auf Dokumenten oder ähnlichen Schriftstücken ist grundsätzlich 'verboten'. Bei Entwürfen, die noch ins Reine geschrieben werden, braucht auch nicht radiert zu werden. Man korrigiert durch Streichung und setzt das Richtige daneben. Bei Schreiben, die kopiert werden sollen, können Fehler durch Überkleben (Korrekturband) und Überschreiben beseitigt werden. Viele moderne Schreibmaschinen haben ohnehin Korrekturvorrichtungen eingebaut. Machen Sie sich mit ihnen vertraut! Wenn es nicht auf äußerste Sauberkeit ankommt (z.B. Aktennotizen für den Eigenbedarf), ist das Abdecken des Fehlers mit Korrekturband und Überschreiben immer noch die beste Korrekturmöglichkeit.

Wenn nicht die Maschine selbst Hilfseinrichtungen für paßgenaues Wiedereinspannen herausgenommener Bogen hat, orientieren Sie sich an zwei Punkten im Text oder die Sie selbst an den Anfang und das Ende einer Zeile setzen. Stellen Sie dann Ihr Papier auf diese Punkte ein. Haben Sie kleine Zettel oder Karteikärtchen (z.B. DIN A7) mit der Maschine zu beschriften, dann falten Sie einen Briefbogen so, daß eine Rinne entsteht und stecken Sie Karte oder Zettel da hinein. Nicht nur für Adressen, sondern auch für Kleintexte sind Selbstklebeetiketten praktisch: Sie schreiben Ihren Text darauf und kleben das beschriebene Etikett dort ein (z.B. Karteikarte), wo es hin soll. Schreibsätze aus mehreren Blättern lassen sich besser einspannen, wenn sie am Kopf mit einem Briefkuvert überstülpt werden.

Kleinrechner und Computer

Eigentlich heißt Computer ja Rechner. Doch da selbst Kleingeräte heute viel mehr können als nur 'rechnen', müssen wir unterscheiden. Die klassischen Rechenschieber oder -scheiben werden heute nicht einmal mehr für Überschlagsrechnungen eingesetzt — sie sind unterdessen beliebtes Sammelobjekt geworden. Elektronische Taschenrechner, heute schon im Format einer Scheckkarte zu bekommen, leisten schnelle Arbeit, wenn es um einfache Rechenoperationen geht. Auch die diversen mechanischen Rechenmaschinen in den Büros werden unterdessen vom elektronischen Rechner verdrängt. Wenn Sie sich einen anschaffen wollen, nehmen Sie einen mit Druckervorrichtung. Gar zu oft will man 'schwarz auf weiß' sehen, welche Ergebnisse errechnet wurden. Auch erlaubt die Beiheftung von solchen ausgedruckten Zetteln zu sonstigen Texten deren Leser eine bessere Kontrolle. Achten Sie beim Kauf auch auf Kapazität (hohe Stellenzahl) und die Möglichkeiten, die über die 4 Grundrechenarten hinausgehen. Haben Sie viel zu rechnen, bedenken Sie, daß auch die Batterien ein Kostenfaktor sind. Wählen Sie dann ein Gerät, das ans Netz angeschlossen werden kann. Für die nebenbei durchzuführende Kleinrechnung genügen Billigrechner. Noch immer recht selten im Gebrauch sind die elektronischen Rechner, die mit einem Übersetzungsgerät gekoppelt sind (elektronische Vokabelbücher). Das bekannteste ist inzwischen in den wichtigsten Sprachen erhältlich und enthält einen Wortschatz, der schon gut zur allgemeinen Verständigung beiträgt. Es gibt bereits Sonderformen dieser Geräte, bei denen die Vokabel nicht nur im Schriftbild gezeigt, sondern zugleich vorgesprochen wird. Auch auf diesem Sektor ist sicherlich noch viel zu erwarten.

Entscheiden Sie auch selbst, inwieweit anspruchsvollere Computer, die ja heute fast schon zum Inventar eines jeden Kinderzimmers gehören, bei geistigen Tätigkeiten, insbesondere Lernarbeit, hilfreich werden könnten. Es gibt schon Kleinstgeräte, mit denen eine Vielzahl von Notizen (z.B. Adressen) festgehalten und bei Bedarf abgerufen werden kann.

Telefon und der richtige Ton

Wie bei jeder Tätigkeit gilt auch hier: sich immer gut vorbereiten! Erwarten Sie Anrufe und kennen das Gesprächsthema, dann holen Sie schon vor dem 'Klingeln' alles herbei, was Sie beim Gespräch benötigen könnten. Wollen Sie selbst anrufen, legen Sie Schreibgerät, Papier und Unterlagen ebenfalls bereit und überlegen Sie schon vorher Ihre wichtigsten Aussagen.

Für unverhoffte Anrufe sollten Sie immer Schreibgerät und ein Formular 'Erhaltener Anruf' neben dem Telefon bereithalten.

Darüber könnten Sie sich vor Gesprächen schon Gedanken machen:

- Wen will ich sprechen? (Dann nicht von anderen abwimmeln lassen)
- Worüber will ich sprechen? (Dann im Gespräch nicht in andere Bahnen leiten lassen)
- Was will ich mit meinem Gespräch erreichen? (Dann beharrlich auf sein Ziel zusteuern)
- Wie beginne ich motivierend? Wie interessiere ich den Partner für mein Anliegen?
- Wie formuliere ich einen erfolgreichen Schluß?

Zeit ist auch bei Telefonaten Geld. Deshalb immer kurz fassen! Nicht herumreden, sondern nach kurzer höflicher Einleitung zum Thema kommen. Floskeln und alles Nebensächliche vermeiden! Erwägen Sie die Anschaffung eines Gerätes, welches eine gewünschte Nummer so lange anwählt, bis das Freizeichen ertönt, das erspart Ihnen viel Wählarbeit bei Nummern, die oft besetzt sind. Auch ein Verstärker auf dem Schreibtisch ist praktisch. Er hält die Hände frei für andere Arbeiten, und mehrere Personen können mithören.

Ebenso sei der Gebührenzähler erwähnt, der Ihnen zeigt, wie Zeit und Geld davonlaufen, wenn Sie zu lange sprechen.

Ferner werden Sie sich fragen, ob nicht auch ein automatischer Anrufbeantworter Ihnen die Arbeit erleichtern könnte.

Vom Bildtelefon ist zwar schon seit Jahren die Rede (technisch kein Problem), aber wer weiß, wie lange es noch dauern wird, bis es Allgemeingut wird.

Beim Telefonieren sollten Sie die Sprechmuschel dicht vor den Mund halten!

Vermeiden Sie Räusper- und Verlegenheitslaute (äh/eh), sie stören am Telefon ebenso wie im Vortrag. Sprechen Sie laut und vernehmlich und bewegen Sie die Lippen akzentuiert.

Versuchen Sie sich von wichtigen Partnern in Firmen die Durchwahlnummern geben zu lassen, damit Sie nicht erst lange über die Zentrale wählen müssen.

Die wichtigsten Rufnummern sollten Sie (wenn nicht im Kopf) griffbereit neben dem Telefonapparat haben. Ob als Telefonregister oder als Liste an der Pinnwand ist dabei Geschmackssache.

Vermeiden Sie Wartezeiten! Müssen Unterlagen herbeigeschafft werden, erbitten Sie Rückruf oder bieten Sie an, zurückzurufen! Sinnvoll ist, wichtige Telefonate anzukündigen (evtl. sogar mit Postkarte). Ist jemand nicht erreichbar, ist es besser, nach einem günstigeren Termin zu fragen, als um Rückruf zu bitten.

Übrigens: Wer selbst viel redet, hört wenig. Lassen Sie ruhig den anderen mehr sprechen! Am Schluß eines jeden Gesprächs sollte eine kurze Zusammenfassung (Gesprächsergebnis) stehen.

Vervielfältigungs- und Kopiergeräte

Kopien zu ziehen ist heute einfach. Sind doch in fast allen Büros und in vielen Geschäften (z.B. Warenhäusern) Geräte zugänglich. Überlegen Sie bei Ihren Arbeiten gut, ob Ihnen Kopien nicht Zeit einsparen könnten. Geht es nur um Vervielfältigungen (nicht um Kopien), so ist nach wie vor der Spiritus-Umdrucker günstig. Es gibt handbetriebene Geräte schon für wenig Geld. Hierbei wird, nach einem von Hand gezeichneten oder mit Maschine geschriebenen Original, durch leicht mit Spiritus angefeuchtete Blätter die Farbe des (Um-)Druckes abgehoben. Die Herstellung der Vorlage ist einfach. Ein dem bekannten Kohlepapier ähnlicher Farbträger wird 'verkehrt herum' von unten an das spezielle Schablonenpapier gelegt und in die Schreibmaschine gespannt. Der Handel hält auch schon fertig zusammengestellte Sätze bereit. Nun wird auf normale Weise geschrieben. Zeichnungen lassen sich von Hand einsetzen. Besonderer Vorteil: Indem nacheinander verschiedene Farbträger unterlegt werden, lassen sich später mehrfarbige Abzüge in einem Druckvorgang herstellen. Nachteil: Die meist begrenzte Auflagenhöhe – je nach verwendetem Material etwa zwischen 50 und 500 lesbare Abzüge. Mit Wärmekopiergeräten können auch Umdruckschablonen von beliebigen Originalen (keine Grautöne) hergestellt werden. Wenn es auf Farbe ankommt und preiswert sein soll, ist heute noch der Umdrucker einige Überlegungen wert.

Wachsmatrizenvervielfältiger

Diese Geräte sind zwar stark im Rückgang, werden aber ihres niedrigen Preises wegen und den hohen Auflagen der Abzüge (bei niedrigen

Kosten für das Einzelblatt) noch immer gern eingesetzt. Auch unter ihnen gibt es einfache Ausführungen für den Handbetrieb, allerdings auch Geräte, die fast wie kleine Druckmaschinen arbeiten. Vorteil gegenüber vielen Kopiergeräten auf elektronischer Basis: sehr schnelles Herstellen großer Auflagezahlen. Die benötigte Schablone wird aus wachsbeschichtetem Papier mit der Schreibmaschine erstellt. Spezielle Griffel erlauben es, Strichzeichnungen einzubauen. Die Abzüge lassen sich auf nahezu jedem Schreibmaschinenpapier herstellen und sind daher äußerst preiswert. Die Papierqualität wird vom späteren Verwendungszweck bestimmt. Abzüge auf besserem Papier sehen besser aus. Glatte Papiere brauchen längere Trockenzeiten. Bei besonderen Geräten wird deshalb nach jedem Abzug eine Art Löschpapier eingeschoben, das mehrfach verwendbar ist.

Weitere Kopiergeräte

Als es nichts Besseres gab, arbeitete man mit sogenannten Wärmekopierern. Hier wurde ein Spezialpapier durch Wärme beeinflußt. Diese Kopierer konnten (im Gegensatz zu Spiritus- oder Matrizendruckern) unmittelbar vom Original kopieren. Obwohl die Technik sich auch ihrer annahm und die älteren blassen Kopien nach und nach gegen klarere ausgetauscht wurden, konnten sich diese Geräte nicht halten.

Gute Kopierqualitäten brachten Naßkopierer, die auch feine Grautöne lieferten. Aber das Hantieren mit der Entwicklerflüssigkeit und die Beschränkung auf Einzelkopien, die Abhängigkeit von Spezialpapieren und die Geruchsbelästigung ließen sie verschwinden.

Einen wahren Siegeszug hielten unterdessen Kopiergeräte, die auf elektrostatischer Basis arbeiten. Früher gab es sie nur als Großanlagen, jetzt finden sich schon Formate, die nicht größer als eine Schreibmaschine sind. Wie bei anderen technischen Geräten (etwa Videoanlagen) sind auch die ursprünglich sehr hohen Preise beträchtlich gesenkt worden. Man kann erwarten, daß es auch auf diesem Markt bald Billigangebote gibt.

Ihr Vorteil: Es kann im Rahmen des Formates (normalerweise DIN A4) nahezu jedes Original kopiert werden. Das Kopieren aus Büchern raus ist möglich. Es kann auf jedes Papier und auf Folien abgezogen werden (Achtung: Es gibt auch Fabrikate, die ein Spezialpapier erfordern). Maschinenpapier, Postkartenkarton, Overhead-Folien, Etiketten u.v.a. kann zum Bedrucken herangezogen werden. Je nach Fabrikat erlauben auch kleine Geräte, 20 – 100 Abzüge automatisch anzufertigen. Bei größeren Anlagen sind die Auflagezahlen noch höher – wie solche Geräte auch Großformate kopieren, das Vergrößern und Verkleinern der Vorlagen erlauben. Der Markt und die technische Entwicklung sind hier noch weitgehend offen. Wieder empfehlen wir, in Fachpresse, Fachgeschäften und -messen die Augen offenzuhalten.

Pausgeräte

Für technische Zeichnungen, besonders solche im Großformat, sind Pausgeräte unentbehrlich. Einfachste Form: Rahmen, in denen Pauspapier und transparentes Original zusammen mit einem Spanntuch auf eine Glasplatte gedrückt werden. Es folgt eine Belichtung wie beim Foto (kann auch mit Tageslicht vorgenommen werden). Die Entwicklung erfolgt dann in einem Spezialbehälter auf chemischem Wege. Anspruchsvolle Geräte arbeiten vollautomatisch.

Die echten Drucker

Als Klein-Offset sind Druckgeräte schon bis zu Handwerkern und Freiberuflichen vorgedrungen, wenngleich viele ihrer ursprünglichen Aufgaben unterdessen von modernen Kopiergeräten übernommen wurden. Für den Lernenden sind diese Geräte von untergeordneter Bedeutung. Geht es um echte Druckaufträge, so ist immer gesicherte Fachkenntnis erforderlich. Ob Hochdruck oder Lichtdruck – der versierte Drucker ist unentbehrlich.

Tafeln, Pinnwände u.s.w.

Auch in unserer Zeit ist die Wandtafel, notfalls eine mit Schultafellack gestrichene Hartfaserplatte, ein gutes Hilfsmittel. Es gibt auch praktische Kunststofftafeln im Handel, auf die mit Spezialstiften geschrieben werden kann. Kunststoffbeschichtete Platten, die man sich beim Holzhandel auf individuelles Maß zuschneidern läßt, können (in weiß) zugleich als Projektionswände genutzt werden. Ebenso können solche Tafeln als 'Pinnwand' dienen, wenn selbstklebende Etiketten oder Haftzettel auf ihnen befestigt werden. Schließlich dient die gleiche Platte als Zeichenbrett oder 'Flip- Chart', wenn entsprechendes Papier angebracht wird. Besondere Version: Die Tafel ist aus lackiertem Eisenblech und arbeitet zusätzlich als Magnettafel. Spezielle Magnettafeln sind mit Haftmagneten ausgestattet, die entweder selbst schon Symbole sind oder Notizen, Zettel, Karten an die Tafel heften. Es gibt sogar Magnete mit Ösen, durch die eine farbige Kordel gezogen wird. Damit lassen sich statistische Kurven darstellen. Mitunter helfen die ganz schlichten Pinnwände aus Kork, um Notizen im Blick zu behalten. Darauf werden Zettel mit Nadeln, Reißstiften oder Spezialstiften aufgespießt. Vermeiden Sie bei deren Einsatz den Fehler, zuviel aufzuheften. Manches ist ohnehin im Terminkalender besser untergebracht.

Flip-Charts

Eigentlich sind das nur Ständer mit großformatigen (DIN A 0 oder DIN A 1) Papierblöcken − doch welche Arbeitsmöglichkeiten! Als Tischgeräte gibt es sie in der Form aufstellbarer Mappen.

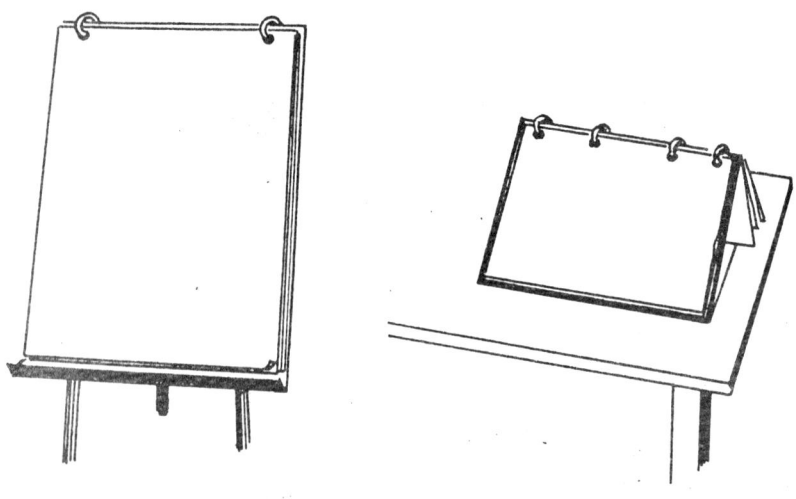

Man arbeitet im Prinzip wie auf der herkömmlichen Schultafel, hat aber den Vorteil, die beschriebenen Blätter gut sichtbar an die Wand zu heften oder bei Bedarf zurückblättern zu können. Es wird nichts gelöscht. Unterdessen gibt es schon 'Super-Flip-Charts', die eine Kopiereinrichtung eingebaut haben, d.h., die Hörer brauchen nicht mehr abzuschreiben, es kann vielmehr bei Bedarf eine der Hörerzahl entsprechende Menge von Kopien abgezogen werden.

Bei der Arbeit im gleichen Raum genügt es, den Papierblock mit Haken unmittelbar an die Wand zu hängen. Für den Transport gibt es viele zusammenlegbare Modelle. Erproben Sie vor dem Kauf Handlichkeit und Gewicht. Manches Gerät läßt da zu wünschen übrig. Soll auf den Blättern auch gezeichnet werden, so empfiehlt es sich, großkariertes Papier einzusetzen. In vielen Fällen werden Vortragende und Lehrer den Arbeitsprojektor dem Flip-Chart vorziehen. Bedenken Sie aber: Flip-Charts sind wie Tafeln vom Strom unabhängig, es kann Ihnen nicht mitten im Vortrag die Projektionslampe durchbrennen. So waren schon oft Tafel oder Flip-Charts die Rettung, wenn Projektoren ausfielen. Ein hilfreicher Trick: In einer oberen Ecke wird, als Gedächtnisstütze, mit hauchdünnen Bleistiftlinien vorgezeichnet, was später groß auf der Fläche erscheinen soll. Es ist auch die schwache, dem Hörer unsichtbare Vorzeichnung in Originalgröße auf der Fläche denkbar. Das ist ein alter Kniff der Schnellzeichner. Wie bei Projektoren kann auch am Flip-Chart eine vorgefertigte Karikatur (im Block an der richtigen Stelle untergebracht) die Lernatmosphäre auflockern und die Lernenden motivieren. In Diskussionsrunden wird auf dem Flip-Chart in Stichwörtern festgehalten, was an wichtigen Gedanken vorgetragen wurde. Auch Flip-Charts gibt es mit einer Grundplatte aus Metall, die zugleich als Magnettafel dienen kann.

18. Tricks, Kniffe und Eselsbrücken

Das Wasser des Vergessens ist tief — eine Eselsbrücke kann Sie sicher an das Ufer der Erinnerung führen. Es geht jetzt um Mnemotechnik, bei der sich das Gedächtnis auf die äußere, sprachliche Form des zu Merkenden stützt. Eine Warnung im voraus: Mnemotechnik ist kein Wundermittel zur Verbesserung des Gedächtnisses — auch sie hat ihre Grenzen. Einige ihrer sogenannten Hilfen sind umständlich zu handhaben. Wägen Sie ab, ob dann der Nutzen dem Aufwand entspricht. Im übrigen darf Mnemotechnik nicht davon abhalten, das natürliche Gedächtnis zu aktivieren.

Der Dichter in uns als Merkhilfe

Gereimtes merkt sich besser: 'Trenne nie das s vom t — denn es tut den beiden weh!' Die Werbung ist längst dahinter gekommen, hören Sie sich nur die Rundfunkwerbung an. Ein weiterer Beweis ist auch, daß viele Menschen noch lange die in der Schulzeit erlernten Gedichte aufsagen können. Deshalb: Wenn es Ihnen leichtfällt, machen Sie sich einen Reim auf die Dinge, die Sie merken wollen. Das kann sogar beim Einprägen eines (sonst allzuschnell vergessenen) Namens sein (Sie sollten nur dem Namensträger nicht verraten, was Sie da mit seinem Namen anstellen):

Günter Sauer — ein ganz Schlauer

Frau Bernhardt, die man gern hat

Dann klappt es ganz gut mit späterer Erinnerungen. Gar nicht schlimm, wenn dabei die Methode 'Reim dich — oder ich freß dich!' angewandt wird:

Reich die Hände — Hermann Mende

Manchmal klappt es gar nicht oder nur nach mühsamen Suchen. Dann sollten Sie sich nicht mit einem Merkvers herumquälen, obgleich jedes Bemühen selbst eine Beschäftigung mit dem Lernstoff ist und das Gedächtnis fördert. Dort, wo Ihnen ein Vers spontan zufliegt, können

Sie sich immer gut helfen. Mitunter kann es durchaus praktikabel sein, längere Reimereien als Gedächtnisstütze zu benützen. Früher hat man ganze Lehrbücher in Reimen abgefaßt. Der wirksamste Merkvers ist immer der, den Sie selbst erfinden. Hier nur ein paar Möglichkeiten:

> Willst Du etwas sicher wissen,
> wirst Du 6mal fragen müssen:
> Wer — Was — Wo — Warum — Wie — Wann?
> ziehn die Antwort dir heran!
> (W-Fragen)
> Spreche langsam, laut und klar,
> atme ruhig, mache Pausen!
> Bringe Höhepunkte dar!
> Gestik, Mimik, keine Flausen.
> Hörer ansehn, geradehalten,
> Wechsel bringen in die Sachen.
> Thema gliedern und entfalten
> und dem Hörer Freude machen.
> Deutsch und Stil und Sicherheit,
> bringen noch einmal so weit
> (Worauf man beim Reden achten muß)
>
> Große Durchgangswiderstände:
> Wärme geht nicht durch die Wände.
> Leit- und Durchgangszahlen klein
> Dämmen Heizverluste ein.
> (Aus der Physik/Wärmelehre)

Initialzündung durch Anfangsbuchstaben

'Geh, du alter Esel' (g — d — a — e = Geigensaiten)
'Cuno, der Esel, fabriziert Gold am Hinterteil' (Anfangsbuchstaben der Wörter = Tonfolge der Tonleiter)
Diese altbekannten Beispiele aus dem Musikunterricht erklären schon den Trick.
Durch mehr oder weniger komische Sätze bzw. der Anfangsbuchstaben ihrer Wörter werden Buchstabenfolgen eingeprägt, die ihrerseits wiederum die Anfänge einzuprägender Wörter sind.

Beispiel:

Antike Redegliederung:

Thema (Einleitung)

Erklärung (Warum man spricht)

Begründung (Beweise)

Gegensatz (Auseinandersetzung mit Gegner)

Vergleiche

Beispiele

Zeugnisse (z.B. Zitate)

Schluß

Aus dem Anfangsbuchstaben T / E / B / G / V / B / Z / S läßt sich folgender Merksatz bilden. 'Tu es bald − geh' vom Bewährten zum Sicheren!'

Derartige Merksätze sind zwar konstruiert, prägen jedoch die Buchstabenfolge ein. An diesen Buchstaben lassen sich dann leichter die eigentlich zu merkenden Wörter wieder in Erinnerung rufen. Eine abgewandelte Form dieses Hilfsmittels verwendet die Anfangssilben. Der zunächst unsinnig erscheinende Spruch: Klio Melterthal − Euer Urpokal soll die Namen der 9 Musen merkbar machen: Klio − Melpomene − Terpsichore − Thalia − Euterpe − Erato − Urania − Kalliope

Reihen von Stichwörter oder Dingen lassen sich mit diesem Hilfsmittel besser merken. Manchmal ergeben sich sogar sinnvolle Wörter dabei (ist aber nicht erforderlich): Sind z.B. Kaffee, Öl, Linsen und Nüsse zu besorgen, findet sich leicht das Merkwort 'Köln', aber auch das unsinnige Kunstwort 'Kaliniöl' prägt Buchstaben und Wörter ein. Schließlich auch der Merksatz: 'Ödes Land − kein Nutzen'. Diese Beispiele aber zeigen zugleich, wie berechtigt unsere an den Anfang gestellte Warnung ist.

So-tun-als-ob = Phantasieschulung

Sich deutlich in der Phantasie vorzustellen, wie man eine Besorgung macht oder etwas erledigt, kann zu regelrechtem Gedächtnistraining erhoben werden. Sind z.B. Grüße auszurichten, so sieht man sich vorher in Gedanken schon dem Grußempfänger gegenüber. Ist ein Brief einzuwerfen, so sehe man sich in seiner Phantasie vor dem Briefkasten stehen und den Brief in den Schlitz stecken. Sind Einkäufe zu tätigen, durchwandere man im Geist schon den Laden und sehe, wie die Waren in den Einkaufswagen gelegt werden. Je lebhafter solche 'Vorstellungen' sind, desto weniger wird später vergessen.

Bildvorstellungen — Bildverknüpfungen

Bildvorstellungen, auch wenn die Bilder nicht den Realitäten entsprechen, helfen besser zu merken. Wer den Namen Müller damit merkt, daß er Herrn Müller in einer Mühle arbeiten sieht, prägt sich damit auch den Namen ein. Wer sich deutlich ausmalt, wie seine Frau einen leckeren Kuchen bäckt, vergißt nicht, das Mehl zu besorgen. Bildmerken funktioniert selbst dann, wenn mehrere Begriffe in einem Bild zusammengefaßt sind. Beispiel: Die Wörter 'Energie, Betriebsrat, Angestellter, Stechuhr' sind zu merken. Phantasiebild: Ein Angestellter geht mit einer Stechuhr unter dem Arm ins Zimmer des Betriebsrates und wirft ihm diese voller Energie vor die Füße (Phantasiebild für einen Diskussionsbeitrag zum Thema 'Gleitzeit').

Bildwortreihen als Gedankenraster

Das ist eines der ältesten, in vielen Varianten bekannten Mittel der Mnemotechnik überhaupt. Leider ist die Vorbereitung etwas aufwendig. Je nach Zahl der später zu behaltenden Wörter muß zunächst eine entsprechend lange Merkwortreihe erfunden und auswendig erlernt werden. Diese Wörter stehen an fester Stelle in einer Reihe und sind untereinander gut unterscheidbar, damit es keine Verwechslungen gibt. Beispiel:

1. Eintopf	7. Galgen
2. Zwillinge	8. Ruderboot (Achter)
3. Hut/Dreispitz	9. Professor (Neunmalkluger)
4. Tisch	10. Füße (10 Zehen)
5. Pentagon	11. Karneval (Elferrat)
6. Würfel (6 Augen)	12. Apostel

Diese Reihe hat noch den zusätzlichen Vorteil (ist nicht zwingend), daß die Wörter irgendwie an die jeweilige Zahl/Stelle in der Reihe erinnern. Sie auf 25 Wörter zu erweitern, was in der Praxis fast immer ausreicht, sollte Ihnen nicht schwerfallen. Die spätere Gedächtnisarbeit besteht darin, einzuprägende Begriffe möglichst bildhaft in die vorgegebene Reihe assoziativ einzubinden.

Nochmals Beispiel 'Redegliederung':

1. In der Eintopfterrine liegt ein Zettel mit dem Wort THEMA.
2. Ein Zwilling gibt wortreich eine ERKLÄRUNG ab.
3. Ein Hut ist auf den GRUND geweht.
4. Ein Gegner (GEGENSATZ) steht laut redend auf dem Tisch.
5. Das Pentagon wird als BEISPIEL für sichere Gebäude gesehen.
6. Zwei Würfel werden VERGLICHEN (VERGLEICH).
7. Am Galgen ist ein ZEUGNIS angeheftet.
8. Der Achter liegt ganz am SCHLUSS.

Wichtig: Die Phantasie muß deutliche Bilder schaffen! Diese Bilder brauchen nicht geistreich zu sein. Oft wirkt sogar das abwegige Bild stärker. Wird bei Bedarf die ursprünglich eingeprägte Reihe in Gedanken durchlaufen, dann erscheint auch das neu eingebundene, also zu merkende Wort. Bei Galgen taucht dann auch das angeheftete 'Zeugnis' auf. Versuche beweisen, daß eine solche Reihe beliebig oft belegt werden kann. Mnemotechnische Bildwortreihen lassen sich überall dort einsetzen, wo Reihen von Wörtern oder Begriffen zu lernen sind. Das können Besorgungen sein, eine Namensliste, die Stichwörter für eine Rede oder Diskussion. Mit unseren Merkwörtern zum Thema Gleitzeit ginge das dann etwa so:

Jemand ißt seinen Eintopf und bekommt dadurch Energie; der Betriebsrat besteht aus zwei sich ähnlich sehenden Personen (Zwillinge); ein Angestellter hat einen Dreispitz auf dem Kopf; vor ihm steht eine Stechuhr auf dem Tisch.

Bei solcher Arbeit prägen sich die Wörter in der richtigen Reihenfolge ein. Gedächtniskünstler arbeiten mit ähnlichen Reihen, die 100 und mehr Wörter lang sind. Sie beweisen durch ihre laufenden Vorstellungen, daß die Reihen immer wieder neu belegt werden können.

Farbvorstellungen in der Mnemotechnik

So wie Farbe als äußeres Ordnungsmittel hilfreich ist, fördert sie auch die Merkbarkeit. Erweitern wir etwa die Reihe der Regenbogenfarben um schwarz und weiß, dann haben wir: rot/orange/gelb/weiß / grün/ blau/indigo/violett/schwarz - also neun Farbtöne für geistige Ordnung oder als merktechnische Hilfe. Beispiel: Bei der Vorbereitung einer Rede können schon die Farben zur Hilfe gerufen werden. Dann betrifft rot beispielsweise die Einleitung (Notizen dazu kommen auf rote Zettel); orange die Erklärungen; auf gelb kommen Begründungen usw.

Formenvorstellungen in der Mnemotechnik

Auch typische Formen helfen dem Gedächtnis. So wird seit altersher Skandinavien mit einem Hund, Spanien mit einem Spatenblatt, Italien mit einem Stiefel verglichen. Suchen Sie nach Formähnlichkeiten, wenn Sie sich Umrisse einprägen wollen. Auch die Lage von Punkten im Raum kann man sich merken. Denken Sie nur an die bekannten Sternbilder.

Ziffern und Zahlen werden zu Wörtern

Seit Jahrhunderten arbeiten Mnemotechniker daran, Ziffern und Zahlen in Wörter umzuformen, um sie lernbarer zu machen. Noch immer sind die Ergebnisse unbefriedigend. Dabei ist die Grundidee gut: Die Ziffern werden durch Konsonanten ersetzt, während Vokale keine Bedeutung haben und beliebig eingeschoben werden können, um aus Konsonantenfolgen sinnvolle, merkbare Wörter zu machen. Eines der bekanntesten Systeme ersetzt:

Die 1 durch t und d	die 2 durch n und x
die 3 durch m und w	die 4 durch r und qu
die 5 durch s und ß	die 6 durch b und p
die 7 durch f und v	die 8 durch h, ch und j
die 9 durch g und k	die 0 durch l, z und tz

Soll beispielsweise die Jahreszahl 1945 zum Wort umgeformt werden, bieten sich an:

1 9 4 5
t g r s
d k qu ß

Daraus läßt sich leicht das Wort Tigris formen. Nun muß die Phantasie das Wort mit einem Ereignis von 1945 zum Bild verknüpfen. Beispielsweise könnte man Kriegskämpfe in Tigris stattfinden lassen — dann ist mit 'Tigris' 1945 später leicht zu reproduzieren. Leider gibt es viele Zahlen/Ziffernkombinationen, die kein vernünftiges Wort bilden lassen. Mnemotechniker helfen sich dann, indem sie nur jeweils die ersten 3 Konsonanten gelten lassen. Das ginge bei 1945 dann so:

1 9 4 5

Die Kreisstadt (Konferenz in der 'Kreisstadt' Potsdam war 1945.) Bei Daten gibt es noch einen besonderen Trick: Bei einstelligen Tages- oder Monatsdaten beginnt das Merkwort mit einem Vokal, der signalisiert, daß hier nur der erste Konsonant gelten soll. Beispiel: Kriegsende 8.5.1945

8. 5. 45

ohne Aussicht/Resignation

Wir sehen jedoch, daß die Arbeit viel Konstruktion verlangt, dadurch wird das mnemotechnische Hilfsmittel schwer handhabbar.

Zahlenmerken über Formen

Merkwörter werden so gewählt, daß sie Ziffern formähnlich sind:
1 = Fahnenstange/2 = Schwan/3 = Haken/4 = Gabel/5 = Mann mit Bauch/6 = Elefantenrüssel/7 = Galgen/8 = Sanduhr/9 = Tabakpfeife/0 = Reifen.
122 wäre dann: zwei Schwäne hinter einer Fahnenstange/221 = vor einer Fahnenstange. 64 = ein Elefant, der eine Gabel im Rüssel hat.

246

Natürliche 'Merkwürdigkeiten' an Zahlen

Die Nummer 19184 (eine wirklich existierende Telefonnummer) ist zu merken über 1918 = 4 Jahre Krieg. Solche 'Merkwürdigkeiten' finden sich oft, wenngleich sie nicht immer auf Anhieb zu erkennen sind.

Beispiele: 171 923 = die nebeneinanderliegenden Primzahlen
17, 19, 23
25 625 = Grundzahl (25) und Quadratzahl (625)

Vom segensreichen Zwang der Gewohnheiten

Das ist kein Trick, sondern gesicherte Erkenntnis: Wer es sich 'angewöhnt', täglich zur gleichen Zeit gleiches zu tun (z.B. von 18.00 h bis 19.00 h eine Lektion Französisch durchzugehen), dem geht nicht nur die Lernarbeit leichter von der Hand, sondern der hat auch bessere Lernergebnisse. Ebenso wie sich schlechte Gewohnheiten einfahren können, kann man sich auch gute zulegen. Wir haben es hier mit einer Parallele zum rhythmischen Arbeiten zu tun: Bestimmte Bewegungen taktmäßig durchgeführt, lassen die Arbeit schneller und besser gelingen.
Beispiel: Rhythmischer Anschlag beim Maschinenschreiben.

19. Aktive Hörarbeit

Hören heißt für uns 'aufmerksam sein'. So wird aus passivem Hören ein aktives Hinhören. Es geht vor allem um das Mitdenken und Festigen des Aufgenommenen. Auch zur Hörarbeit gehört Selektion. Alles Gehörte mitzuschreiben führte bald zu gedankenlosem Nachplappern. Dann geht das Wichtige in der Menge des Nichtigen unter, Nuancen der Betonung gehen verloren, Ironie und Spott werden nicht wahrgenommen. Reiner Wortlaut sieht ohnehin anders aus als lebendige Sprache, bei der auch körpersprachliche Mittel wirken. So gilt für

Vorträge, Vorlesungen und dergleichen: So viel mitnehmen wie nötig – so wenig mitschreiben wie möglich. Schon die Nacharbeit verlangt das. Sie wollen sich nicht mit Wörtern herumschlagen, sondern mit Inhalten auseinandersetzen. Nacharbeit sollte unmittelbar nach dem Vortrag vorgenommen werden, wenn alle Eindrücke noch frisch sind. Mitschreiben und spätere Auswertung immer in eigenen Worten vornehmen. So wenig wie möglich wörtliche Formulierungen übernehmen. Hören und selektives Mitschreiben erfordern sehr hohe Konzentration. Also: Keine Unterhaltung mit dem Nachbarn, keine neugierigen Blicke schweifen lassen. Sich möglichst nahe beim Vortragenden hinsetzen. Sie wollen gut verstehen und auch behalten. Fragen Sie deshalb, wenn Sie etwas nicht verstanden haben (soweit es die Situation erlaubt). Je mehr Sie schon im Vortrag sicher aufnehmen, desto weniger brauchen Sie nachzuarbeiten. Lassen Sie beim Notieren viel Platz, um später eigene Gedanken nachtragen zu können.

Hören und Weghören

Bei aller notwendigen Aufmerksamkeit, gibt es doch so mancherlei, über das man besser hinweghört. Zwar sind Lockerheit, Humor und der eingeblendete Witz dem Vortrag förderlich, wer aber am Schluß nur noch die Späße in Erinnerung hat, richtete seine Aufmerksamkeit auf das Falsche. Da gilt es mehr weg- als hinzuhören. Überhören Sie auch Sprachschnitzer und Stilfehler großzügig. Es könnte zwar Ihr Selbstbewußtsein heben, den Vortragenden bei Fehlern zu erwischen, doch wenn diese den Sinn der Aussage nicht verfälschen, bringt Ihnen die Beachtung nichts weiter ein. Bedenklich ist jedes Abschalten, auch während jener Passagen, die belanglos sind. Der Hörer weiß ja vorher nicht, wann es wieder für ihn wichtig wird. Also: Gedanken bei der Sache halten, um den Anschluß nicht zu verlieren. Pausen im Vortrag (der Redner überlegt oder sucht in seinen Unterlagen) nützen Sie für die Rekapitulation des bisher Gehörten. Überprüfen Sie dabei Ihre Notizen. Spannen Sie zugleich die Erwartungshaltung wieder hoch, damit Sie die kommenden Ausführungen gut erfassen.

Ansprüche an die Zuhörer

Alles geht klar, wenn der Vortragende sich in Form und Inhalt seinen Hörern anzupassen weiß. Dann sieht er auch genügend Zeit zum Mitschreiben vor. Schwierig wird es, wenn der Vortragende zu viel voraussetzt. Auch wenn er zu schnell spricht, haben seine Hörer Mühe. Scheuen Sie sich dann nicht, zurückzufragen oder um langsameres Vortragen zu bitten. Unterfordert Sie ein Vortragender, so nutzen Sie die Zeit für Notizen, zur Formulierung zu stellender Fragen, zu gründlichen Gedanken zum Thema.

Vorbereitung auf die Hörarbeit

Vorbereitung heißt nicht, eine Vormeinung aufzubauen, sondern sich gedanklich auf die zu erwartenden Ausführungen einzustellen. Zum Lernen gehört die Bereitschaft, Lehre anzunehmen. Vorbereitung soll Aufmerksamkeit aufbauen, die Konzentration hochspannen, einen Zustand der Erwartung erzeugen. Hier die Fragen, die Sie sich zu stellen haben:

- Was erwarte ich von der Veranstaltung?
- Welche besonderen Informationen erhoffe ich?
- Wieviel weiß ich schon, ist mir vom Thema bereits bekannt?
- Welche ähnlichen Themen beschäftigen mich schon?
- Welche Fragen soll mir der Vortragende beantworten?

Wählen Sie im Vortragsraum den günstigsten Hörerplatz (meist vorn) und meiden Sie geschwätzige Mithörer, die Sie ablenken könnten.

Mitarbeit während des Vortrags

Richten Sie grundsätzlich Ihr Ohrenmerk auf das Wesentliche. Mühen Sie sich, es vom Unwesentlichen zu unterscheiden. Beobachten Sie den Redner aufmerksam! Er wird durch Heben der Stimme, betonte Gesten und Gebärden sowie rhetorische Pausen Wichtiges herausheben. Wägen Sie sofort ab, ob es auch für Sie wichtig ist. Kennzeichnen

Sie Wichtigkeitsgrade in Ihrer Niederschrift durch Schriftgröße und -dicke. Achten Sie auf ankündigende Formulierungen wie:

'Dabei ist besonders zu beachten ...'
'Sie sollten sich einprägen ...'
'Besonders wichtig (bedeutsam, bedenkenswert) ist ...'
'Ich möchte betonen (unterstreichen, hervorheben) ...'

Satzeinleitungen mit: Wenn, aber, jedoch, deshalb, darum, denn ... Merken Sie auch auf, wenn rhetorische Fragen gestellt werden ('Sie stimmen mir doch zu ...?'). Unbekannte Wörter sofort notieren und später nachschlagen. Wenn der Redner Sprechpausen einlegt, die eigene Niederschrift überprüfen. Halten Sie ständig Ihr Interesse wach! Fragen Sie sich nach dem Nutzen der Informationen! Vorträge usw. sind meist nur Teil eines Ganzen. Fragen Sie also auch nach den übergeordneten Zusammenhängen.

Übrigens: Sie sollten ausgeruht zu Vorträgen gehen. Einfach so nebenbei, im Halbschlaf, zuhören bringt nicht viel ein. Achten Sie auf Gliederung bzw. Aufbau der Ausführungen. Das fördert die Konzentration zusätzlich.

Hören vom Tonträger

Lernen von Kassetten und anderen Tonträgern ist ein Mittelding zwischen dem Lesen und dem Hören in Vorträgen. Wie beim Lesen können Sie durch 'Band-Stop' beliebige Pausen einlegen und dadurch das Lerntempo steuern. Hören Sie sich Ihre Kassette zunächst einmal im ganzen an. Dann gehen Sie ein zweites Mal durch und drücken jeweils die Pausentaste, wenn Sie an wichtige Stellen kommen. Bedenken Sie gründlich, was Sie hörten, bevor Sie das Band weiterlaufen lassen. Sie können auch ein Strich- bzw. Schlagwortregister anlegen und mit den entsprechenden Nummern des Bandzählwerkes versehen. Dann finden Sie später gesuchte Stellen leicht wieder. In späteren Durchgängen gehen Sie nur noch zu den Stellen, die der Nacharbeit bedürfen. Auch hierbei mit Notizen (Mitschreibearbeit) lernen. Es kann nützlich sein, Lehrtexte aus Büchern auf Band zu sprechen (dabei streng selektieren) und später abzuhören.

Hör- und Sprechtempi

Wer betont langsam spricht, bringt es auf etwa 100 Wörter in der Minute. So sprechen gute Redner. In lebhafter Unterhaltung kann die Sprechgeschwindigkeit bis auf 200 wpm gehen. Schnellere Tempi bedeuten Unverständlichkeit, weil dann die Präzision der Aussprache leidet.

Hörübungen

Nicht jeder, der schlecht hört, ist schwerhörig, manche sind nur hörfaul. Hörfaulheit führt zu gewohnheitsmäßigem Schlechthören, solche Menschen fragen unentwegt zurück. Sie sollten Ihr Gehör trainieren! Nehmen Sie (bei Tonband oder Radio) die Lautstärke nach und nach zurück — bemühen Sie sich dabei, alles gut zu verstehen.

Vom richtigen Mitschreiben

Es beginnt beim guten Zubehör. Halten Sie immer mehrere Schreibgeräte parat! Bleistifte brechen schnell mal ab, Kugelschreiber oder Füller werden zur unpassenden Zeit leer. Für Mitschreibearbeit und kleine Skizzen eignet sich gut der mittelweiche Bleistift (B oder 2B). Er erlaubt durch unterschiedlichen Schreibdruck verschiedene Schriftstärken. Üblicherweise wird man den ausgewachsenen Radiergummi bevorzugen, doch in Vorträgen bewährt sich auch der kleine Gummi am Bleistiftende, weil er jederzeit zur Hand ist und nicht verlorengeht. Da es nicht immer Tische oder Pulte gibt, ist es gut, sich eine feste Pappe oder kleine Schreibplatte in den Vortrag mitzunehmen. Format: Etwas größer als der aufzulegende Schreibblock. Mit einer Klammer lassen sich darauf auch lose Blätter festhalten.

Wenn Sie Minenhalter mit feinen Minen verwenden (es gibt sie ja in allen Härtegraden), dann brauchen Sie nicht zu spitzen, also auch keinen Bleistiftspitzer. Ansonst nehmen Sie einen mit Abfallbehälter, damit Ihnen nicht die Abfälle auf das Geschriebene fallen.

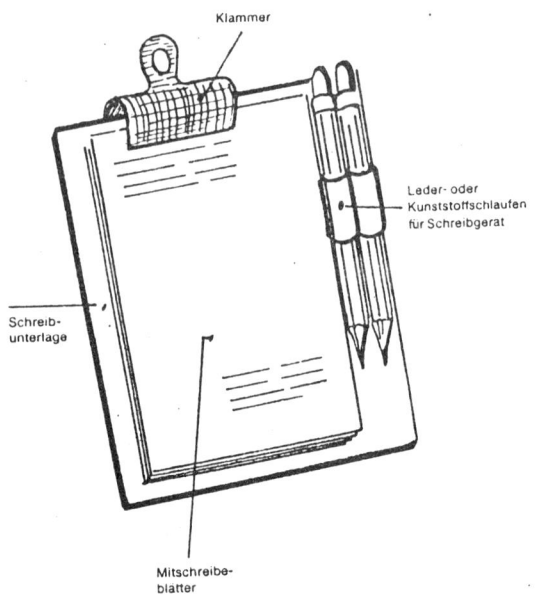

Klammer

Leder- oder
Kunststoffschlaufen
für Schreibgerät

Schreib-
unterlage

Mitschreibe-
blatter

Schreibpapier

Da Mitschreibeblätter bald ausgewertet und dann weggeworfen werden sollen, kann einfaches Papier (sogar einseitig schon beschriebenes) verwendet werden. Einseitig zu beschreiben ist überhaupt Gebot der Mitschreibearbeit. So können Teile herausgeschnitten und entfernt, andere zwischengeklebt werden. Auch beim Ordnen ermöglicht es bessere Übersicht. Bei bereits einseitig verwendetem Papier immer die ungültige Seite dick durchstreichen, damit es später keine Verwechslungen gibt. Im übrigen genügen billige Schreibblöcke oder Konzeptpapier. Arbeiten auf losen Blättern ist vorzuziehen.

Die Blatteinteilung

Gleiche Informationen sollten auf allen Blättern immer an gleicher Stelle stehen. Teilen Sie Ihre Mitschreibeblätter nach eigenen Arbeitserfordernissen ein. Hier nun zwei Möglichkeiten:

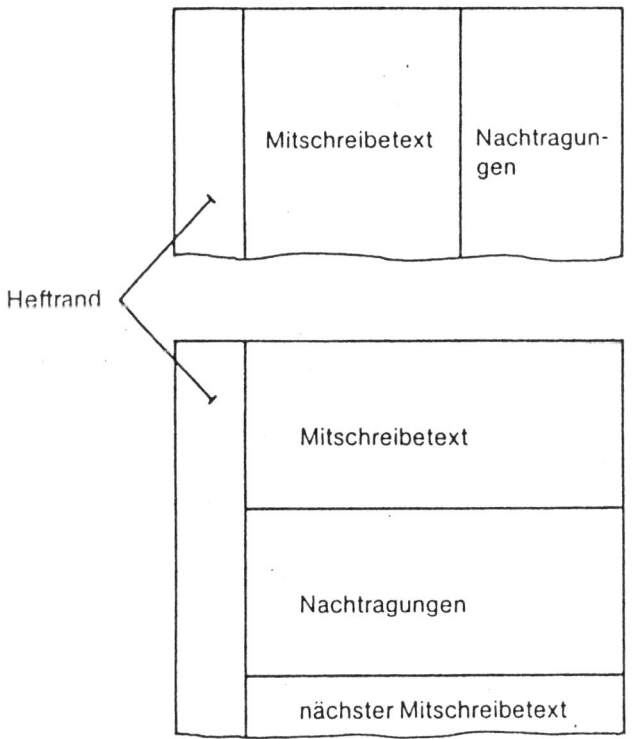

Nicht am Heftrand sparen, sonst gibt es beim Lesen eingehefteter Blätter Schwierigkeiten. Ausreichend Platz für Nachträge lassen. Auf die erste Seite eines Mitschreibeblattes gehören: Der genaue Titel, der Name des Vortragenden, Ort und Datum des Vortrags. Auch ein paar Hinweise auf das Thema oder die weitere Bearbeitung können schon auf die erste Seite kommen. Geben Sie in die rechte obere Ecke ein Kurzzeichen der Arbeit und numerieren Sie laufend. So können Sie schnell rückordnen, wenn Blätter verschiedener Arbeiten durcheinandergeraten. Eine besondere Einteilung, die auch für das Exzerpieren verwendet werden kann, zeigt unser nächstes Bild:

253

Heftrand

Spalte für Arbeitszeichen

Mitschreibespalte

Nachtragungen

Titelangaben bzw. Kurzzeichen

Spalte für Stichwörter

In den einzelnen Spalten erscheinen:

'Arbeitszeichen' = Hinweise für die weitere Bearbeitung

'Mitschreibespalte' = der eigentliche, mitzuschreibende Text

'Nachtragungen' = das, was bei der Auswertung hinzugefügt wird

'Stichwörter' = Wörter oder Kurznotizen, die späteres Wiederfinden erleichtern.

Das eigentliche Mitschreiben

Die Notizen während des Vortrages immer so kurz wie möglich halten! Bevorzugen Sie eigene Formulierungen, weil das schon eine Bearbeitung des Themas ist. Schon beim Mitschreiben sind Wichtigkeitsunterschiede hervorzuheben (Schriftgröße/-dicke). Kurzschrift vermeiden, sie verführt dazu, zu viel mitzuschreiben. Konjunktionen durch mathematische Zeichen ersetzen. Endungen können meist wegfallen, auch Verben und Adjektive können oft ohne Informationsverlust abgekürzt werden (hier machen wir uns also wieder Mittel der Kurzschrift dienstbar). Betonte Querstriche nach Abschluß eines Gedankens erhöhen

254

die Übersichtlichkeit. Wenn nicht mit Formblättern, die Platz vorgeben, gearbeitet wird, nach jedem Gedanken genügend Platz für die Nachbearbeitung lassen. Nicht zu klein schreiben, damit es später noch einmal gelesen werden kann. Auf Rechtschreibung und Stil braucht beim Mitschreiben im allgemeinen nicht geachtet zu werden.

Arbeitszeichen

Wir rieten, auf Kurzschrift zu verzichten. Wer sie jedoch gut beherrscht, sollte sie dort, wo er ohnehin mitgeschrieben hätte (für Artikel, Bindewörter, Endsilben), den Langschriftzeichen vorziehen. Sonstige Arbeitszeichen sind einzusetzen, wenn sie geläufig sind (z.B. die von der Markierungsarbeit her bekannten). Aber immer erst prüfen, ob überhaupt etwas geschrieben werden muß. Erwägen Sie, ob nicht eine kleine Skizze viele Worte ersparen könnte.

Nachbearbeitung

Für Nacharbeitungen eignet sich am besten das Strukturexzerpt (siehe S. 114) Gute Hörer/Mitschreiber versuchen schon während des Mitschreibens zu strukturieren. Wer später auf Mitschreibetexte zurückgreifen muß, erwäge auch, Auszüge daraus zu fertigen und auf Karteikarten zu sammeln.

Durchschlagetechnik für die spätere Weiterarbeit

Für Spezialaufgaben erwägenswert: das Nachfassen, also Notizen in den Spalten 'Nachtragungen' und 'Stichwörter'. Es wird mit der Maschine vollzogen und dabei ein Durchschlag gefertigt. Das Original bleibt dann so erhalten und wird abgeheftet, mit dem Durchschlag kann beliebig weitergearbeitet werden. Beispielsweise mehrfaches Nachfassen unter verschiedenen Gesichtspunkten oder Zerschneiden und Neuzusammenstellen, Übertragen auf Karten. Auf diese lassen sich Auszüge aus ganz verschiedenen Mitschreibearbeiten mit Buchexzerpten und sonstigen Notizen gemeinsam verarbeiten.

20. Von der Sprechtechnik zur Rhetorik

Jeder, der sprechen kann, kann auch reden lernen — wenn es ihm nur gelingt, seine Hemmungen zu überwinden. Einen Rednerkurs zu besuchen ist immer empfehlenswert, denn wir lernen in der Schule kaum richtig sprechen, geschweige gut reden. Reden lernt man am besten am Rednerpult vor Publikum. Unsere Tips sollen dabei unterstützen und ein Grundwissen vermitteln.

Natürliches Reden

Eine Rede soll ebenso natürlich wirken wie ein Gesprächsbeitrag. Üben Sie sich deshalb in einer ungekünstelten Sprech- und Redeweise! Die Mittel sind in Gespräch und Rede gleich und nur im Grad unterschiedlich. Beispielsweise ist es eine rhetorische Grundforderung, laut zu sprechen. Dennoch wird man unterschiedliche Stimmkraft einsetzen, je nachdem, ob man vor einem halben Dutzend oder vor Hunderten von Leuten zu reden hat (wenn dieses nicht die Technik, sprich Lautsprechanlage, für Sie ausgleicht). Viele Menschen sprechen so schlecht, daß sie schon akustisch-phonetisch nicht zu verstehen sind. Als erstes ist auf eine saubere Aussprache zu achten. Durch Prägnanz der Aussprache wirkt der Redner lauter und verständlicher. Prägnanz heißt hier: klare Betonung aller Lautzeichen, das erfordert den bewußten Einsatz aller Sprechwerkzeuge. Bewegen Sie Ihre Lippen so beim Sprechen, als sollte ein Gehörloser Ihnen die Worte von den Lippen ablesen! Üben Sie durch lautes Vorlesen oder Sprechen auf Band! Soll eine Stimme weit zum Tragen kommen, müssen die Vokale besonders gut geformt sein. Das heißt: Den Mund aufmachen! Dabei erfordert das A die größte, das Ü die kleinste Mundöffnung. Offener Mund bei den Vokalen und deutliche Lippenbewegungen bei den Konsonanten bringen schon sehr viel Sauberkeit in das Sprechen. Wie Laute exakt geformt werden, beschreibt das Buch: 'Siebs — Deutsche Hoch- und Bühnensprache'.

Nasallaute (m/n/ng) sollten spürbar schwingen. Doch immer bedenken: Es darf nicht künstlich klingen. Verschlucken Sie keine

Endungen und vermeiden Sie die unangenehmen Verlegenheitslaute (äh/eh)! Im Deutschen dürfen die Wörter nicht (wie im Französischen) ineinandergezogen werden. 'Er redet' darf nicht klingen wie 'erredet'. Der Satz 'Was er tut, tut er ganz!' klingt bei manchen so: 'Wassa tut tuta ganz!' Sie sind doch bemüht, immer klar und deutlich zu sprechen?

Immer langsam voran

Zählen Sie nach: Die meisten Menschen sprechen zu schnell. Lesen Sie einen beliebigen Text eine Minute lang laut vor. Wahrscheinlich kommen Sie dabei auf 130 — 150 Wörter. Markieren Sie das 100. Wort im Text und versuchen Sie dann die 100 Wörter in einer Minute zu sprechen — das wäre angemessenes Redetempo. Wenn Sie vor größerem Publikum gar mit betonten rhetorischen Pausen reden, sollte das mittlere Sprechtempo zwischen 80 und 90 Wörtern pro Minute liegen.

In angeregter Unterhaltung spricht man noch schneller als 130/150 wpm, und wenn einer erst auf 180 (nämlich Wörter pro Minute) ist, sprudelt es nur so aus ihm heraus. Langsames, ruhiges Sprechen muß nicht langatmig und schon gar nicht langweilig sein. Dieser Eindruck entsteht nur, wenn zwischen sinngemäß zusammenhängenden Wörtern zu lange Pausen gemacht werden. Pausen gehören in der Rede dahin, wo im Schriftlichen Satzzeichen stünden, also dort, wo der Hörer nachdenken sollte. Auch bei durchweg langsamem Sprechen können kürzere Passagen, schnell gesprochen, Leben in die Rede bringen. Rhetorische Mittel müssen wie ein Instrument gehandhabt werden: Mit Gefühl — so wird auch bei generell zu fördernder Lautstärke zeitweise leise und eindringlich zu reden sein. Langsames Reden hat überdies den Vorteil, daß der Redner ruhiger wirkt.

Sprechtechnik und Atmung

Was das Fundament für das Haus, ist die Atmung für die Rede. Sprechen Sie nie längere Sätze, als Sie in einem Atemzug unterbringen können. Atmen Sie dort, wo Satzzeichen die Pause vorschreiben! Der gute Redner trainiert seine Atmung, um nicht durch zu kurze Sätze abgehackt zu wirken. Trainieren auch Sie vor allem die Bauchatmung in folgender Reihenfolge der Muskelbewegungen: Bauchdecke, Flanken, Rückenpartie, Brustkorb. Die Ausatmung muß in genau der gleichen Reihenfolge ablaufen. Stellen Sie sich beim Atemtraining vor, daß die Luft ganz langsam strömt. Bei der Betätigung von Bauch-, Flanken- und Rückenmuskeln wird das Zwerchfell kräftig bewegt und massiert die Eingeweide. Beobachten Sie die 'Körperatmung' am gesunden Säugling, dann sehen Sie, wie vernachlässigt Ihre eigene Vollatmung ist! Bei intensiver geistiger Betätigung benötigen wir besonders viel Sauerstoff im Gehirn. Den bringt ruhige, tiefe Vollatmung am besten dorthin. Bei den Übungen durch die Nase einatmen! In der Rede selbst werden Sie nur selten mit reiner Nasenatmung auskommen. Übung zur Verlängerung der Ausatmung: Es wird auf den Buchstaben f (gleichsam wie durch einen Strohhalm) ausgeatmet.

Pausen sind das Beste

Wir meinen nicht die Pause von der Rede, sondern die in ihr. Mit betont ruhigen Pausen wirkt der Redner selbst ruhig und überträgt diese Ruhe auf die Hörer. In der Redepause kann man sich gut die nächsten Worte überlegen. Auch die Hörer erhalten Zeit nachzudenken. Außerdem: Wer gewohnheitsmäßig mit Pausen spricht, verliert seltener den Faden. Sollte das dennoch drohen, fällt das Suchen nach dem neuen Anfang nicht so auf. Der Redner kann sich dann dadurch helfen, daß er den letzten Satz wiederholt. Manche Hörer sind für derartige Wiederholungen sehr dankbar. In Redepausen ist der Augenkontakt zum Publikum zu festigen. Wer pausenlos redet, übersieht die Reaktionen der Hörer auf die eigenen Worte. Die Pause betont das, was zuvor gesagt wurde — sie ist das Satzzeichen der Rede. Die Erwartungshaltung der Hörer wird durch rhetorische Pausen erhöht, die Spannung steigt.

Auge in Auge

Gesprächspartner, die einander nicht ansehen, wirken verlegen. Auch der Redner, der seine Hörerschaft nicht ins Auge faßt, wirkt schüchtern (oder arrogant). Geben Sie jedem Ihrer Hörer das Gefühl, daß Sie ganz persönlich zu ihm sprechen! Lassen Sie den Blick einmal zu diesem, einmal zu jenem gleiten! Reden Sie nie über die Köpfe der Anwesenden hinweg! Also nicht, wie früher mitunter empfohlen, sich einen Punkt auf der gegenüberliegenden Wand suchen und den anstarren, sondern das Publikum ins Auge fassen. Anfänger suchen sich eine sympathische Person in der Hörerschaft und schauen diese an - dann versuchen sie von dort aus mit dem Blick zu anderen überzugehen. Betrachten Sie das Publikum nie als Meute, sondern als Menschengruppe, die Ihren Ausführungen Aufmerksamkeit schenkt.

Vom Wechsel der Mittel und der Betonungskurve

Gute Sprecher malen mit der Stimme. Man hört es ihr an, ob etwas bedrohlich ist, verärgernd, liebevoll, freundlich − ohne die Wörter verstehen zu müssen. Denken Sie an den Schauspieler, der eine Geschichte vorliest! Eine gute Portion Betonung gehört in jede Rede. Lassen Sie Ihre Stimme kontrollieren, oder überprüfen Sie sie mit Tonbandaufnahmen!

Der äußere Eindruck ist wichtig*

Kleidervorschriften gibt es kaum mehr, dennoch gilt: „Wie Du kommst gegangen, so wirst Du empfangen!" Wie sich der Redner zu kleiden hat, hängt von der Redesituation ab. Sowohl der zu akkurat Gekleidete wie der Nachlässige können fehl am Platze sein. Sie stehen im Blickfeld der Hörerschaft, wenn Sie auftreten. Unordentlichkeit und Unsauberkeit sind verboten. Abzeichen oder die Batterie von Schreibstiften in der oberen Rocktasche können mißbilligende Blicke auf sich ziehen. Korrigieren Sie solche Äußerlichkeiten.

Schwieriger wird es schon mit der rednerischen Haltung. So wie die Rede inhaltlich, sei die Haltung äußerlich aufrecht und locker. Nicht strammstehen vor dem Publikum, sich aber auch nicht hinflegeln, nicht die Hände in den Taschen vergraben! Nehmen Sie eine ähnliche

---

* zu diesem Thema ist bei der Modernen Verlagsgesellschaft bereits erschienen: „Für den ersten Eindruck gibt es keine zweite Chance", Joh. E. Erdtmann.

Haltung ein, wie sie der Turner in der Riege hat, wenn er den Kameraden bei den Übungen zuschaut. Die Hände sollten zunächst locker am Körper herabhängen, dann wissen Sie, wo sie herzuholen sind, wenn es gilt, Gestik einzusetzen. Beide Füße stehen vollflächig auf dem Boden. Nicht mit den Zehen 'Löcher' bohren, weder wippen noch schaukeln.

Wir reden nicht nur mit dem Munde

Die Körpersprache beginnt bei der Haltung des Redners. Ein zurückgenommener Oberkörper heißt: 'Ich nehme Abstand!' — Vorgebeugter Oberkörper = Warn- oder Angriffsgeste. Wer sich ans Rednerpult krallt, sucht nach Halt. Spazierengehen auf dem Podium zeigt Unruhe (und bringt sie auch ins Publikum). Wer stocksteif dasteht, ist wahrscheinlich gehemmt. Die Bewegung am Rednerpult geht vor allem vom Oberkörper aus und zeigt sich besonders in den Gesten der Hände. Gesten machen eine Rede lebendig, doch dürfen sie nicht vor dem Spiegel einstudiert werden (zumindest nie so wirken). Manche Rednerschulen studieren Standardgesten ein. Der Kenner weiß genau, aus welcher Schule ein Redner kommt. Wir empfehlen: Beobachten Sie einige Zeit Ihre persönlichen Gesprächsgesten. Genau die gleichen Bewegungen, vielleicht etwas betonter, setzen Sie dann auch in Ihrer Rede ein. Ganz ohne Gesten wirken Sie langweilig. Gleiches gilt für die Mimik. Ein unbewegtes Gesicht reißt keinen Hörer vom Stuhl. Sieht auch in großen Räumen die letzte Reihe das Gesicht des Redners nur noch als weißen Fleck, so muß dennoch die Mimik eingesetzt werden. Schon durch Richtung und Haltung des Kopfes wird auch ganz hinten noch manches wahrgenommen. Wer vorn sitzt, sieht deutlich: Erstaunt hochgezogene Brauen, gespitzte Lippen, zum Lachen verzogener Mund usw. Das alles gehört zur Körpersprache in der Rede, genauso wie die Bewegungen der Hände.

Ist das nicht Schauspielerei?

Sicher gibt es Redner, die sich verstellen oder schauspielern. Sie werden schnell durchschaut. Im übrigen spielt der Schauspieler einen fremden Charakter nach. Redner aber stellen sich selbst dar. Selbst wenn das mit deutlichen Gesten und betonter Mimik geschieht, so ist das doch keine Schauspielerei. Voraussetzung ist nur, daß der Redner die eigene Meinung vertritt. Aber das sollte doch wohl selbstverständlich sein?

Wie/wann/wo reden?

Oft ist Schweigen wirklich pures Gold, denn es wird mancherorts zuviel Blech geredet. Schweigen kann beredt und klug sein. Reden Sie dort, wo es erforderlich ist! Gelegenheiten gibt es genug. In Diskussionsrunden gewinnt nicht selten der, der die beste Redetechnik einsetzt. Rhetorik wirkt nun einmal überzeugender als bloßes Gerede. Wenn Sie kluge Gedanken haben, ist es nahezu Ihre Pflicht, sich um eine gute Redetechnik zu bemühen. Suchen Sie dann eine Redegelegenheit, wenn Sie sich und Ihre Meinung durchsetzen wollen. Verzichten Sie nicht auf das Wort, wenn Sie etwas zu sagen haben! Prägen Sie sich einen Klassiker unter den Ratschlägen an Redebeflissenen gut ein: 'Tritt frisch auf — mach's Maul auf — hör' bald auf!' Mit anderen Worten: Mutig, laut, verständlich, doch kurz sprechen!! Sie nehmen andere am ehesten für sich ein, wenn Sie ihnen die eigenen Vorteile vor Augen führen. Bemühen Sie sich deshalb, vom Standpunkt der Hörer aus zu sprechen. Reden Sie nicht lange um die Dinge herum, wirksames Sprechen verlangt auch die Kürze! Wer zu lange spricht, erweckt den Eindruck, andere überreden zu wollen (der Volksmund nennt das 'jemanden besoffen reden!'). Gute Vorbereitung ist unerläßlich. Sowie Sie wissen, zu welchem Thema Sie wann immer zu sprechen haben, beginnen Sie mit Ihren Vorbereitungen. Die Vorbereitung für spontane Reden besteht in der Schulung Ihrer Rhetorik.

Gedankenordnung in der Rede

Was der Plan für ein Projekt, ist die Disposition für die Rede. Ordnung in der Rede (eigentlich in Ihren Gedanken) ist unentbehrlich. Die Aufsatzgliederung 'Einleitung — Hauptteil — Schluß' läßt sich auch für die Rede verwenden: Sie nennen am Anfang Ihr Thema und stimmen die Hörerschaft ein, Sie machen im Hauptteil Ihre Ausführungen, Sie fordern im Schluß (Zusammenfassung) Ihre Hörer auf, sich Ihren

Anschauungen anzuschließen. Wir stellten Ihnen in anderem Zusammenhang eine antike Redegliederung vor:

Thema / Erklärung / Begründung / Gegensatz / Beispiele / Vergleiche / Zeugnisse / Schluß. Diese Gliederung, etwas verfeinert, können Sie vielfach einsetzen. Entscheiden Sie, bei welcher Gelegenheit der eine oder andere Punkt wegfallen kann:

- Anrede (so erforderlich, dabei Rangordnungen beachten)
- Begrüßung (zunächst Ehrengäste, dann die anderen)
- Einstimmung (z.B. eine Behauptung im Sinne späterer Ausführungen)
- Begründung (Hinweis darauf, warum dieses Thema aktuell ist)
- Die eigentlichen Ausführungen mit den Beweisen:
  a) eigene Argumente
  b) Aussagen anderer im Sinne eigener Anschauungen
  c) Beispiele
     (Beweise durch Vergleich mit gleichartigen Geschehen)
  d) Vergleiche (Beweise durch Erwähnung ähnlichen Geschehens)
  e) Zitate (soweit nicht schon unter b gebracht)
  f) Widerlegung anderer Meinungen
- Folgerungen (Schlüsse aus allen vorausgegangenen Ausführungen)
- Abschluß a) kurze Zusammenfassung des Wichtigsten
           b) Aufruf an die Zuhörer
           c) markanter (einprägsamer) Schlußsatz

Hinweise zur 'Anrede'

'Meine Herrschaften!' ist marktschreierisch und ganz schlecht. 'Hochverehrtes Publikum' erinnert an den Zirkus. Wenn nicht ein Vertrauensverhältnis die Anrede vorschreibt ('Liebe Kollegen!'/'Liebe Freunde!'), bleibt noch immer 'Verehrte Damen, geehrte Herren!' oder 'Geehrte Damen und Herren!'. Weniger glücklich ist 'Verehrte Anwesende!'. In Feiern redet man zuerst die zu Ehrenden an ('Liebes Brautpaar!'/'Lieber Jubilar!') und dann die 'Lieben Festgäste!'. Es gibt eine größere Zahl von Nuancen, ein gewichtiges Wort bei der Auswahl spricht das Taktgefühl.

Hinweise zur 'Begrüßung'

Ehrengäste werden zuerst begrüßt, dann die Rangältesten der Reihe nach abwärts, die Damen vor den Herren. Wenn man als Redner den Hörern nicht bekannt ist und auch nicht vorgestellt wurde, kann eine kurze Selbstdarstellung wichtig sein. Das gilt auch in Beiträgen zu Diskussionen in der Öffentlichkeit.

Zur 'Einstimmung'

Bemühen Sie sich um einen motivierenden Beginn! Spannen Sie die Aufmerksamkeit der Hörer hoch! Beispielsweise mit einer Behauptung: 'Gute Redner sind Erfolgsmenschen!' Auch eine betonte Frage kann Aufmerksamkeit wecken: 'Weshalb sind gute Redner Erfolgsmenschen?' Die Einleitung kann schon das Thema umreißen: 'Wer reden lernt, bahnt persönliche Erfolge an!' Manchmal macht ein kleiner Schock die Hörer munter: 'Sie werden immer erfolglos bleiben ...' (wenn Sie nicht reden lernen!) − Den Schock aber nur mit großer Vorsicht einsetzen. Gleiches gilt für Formulierungen, die Widerspruch hervorrufen. Wenn ein Witz am Anfang steht, muß er sehr gut und möglichst neu sein. Kalauer und Blödeleien sind verboten. Ebenso zu vermeiden: Der erhobene Zeigefinger und die Entschuldigung am Anfang der Rede.

Zur 'Begründung'

Hierher gehören ein paar starke (nicht die stärksten) Argumente.

Zu den 'Aussagen anderer'

Sehr wirksam ist es, wenn Menschen mit anderer Überzeugung im eigenen Sinne zitiert werden können bzw. gegnerische Aussprüche so ausgelegt werden, daß sie den Redner unterstützen.

Zu 'Beispiele'

Beispiele sollten überprüfbar sein. Zum Beispiel beweisen die Lebensläufe von Dale Carnegie und Benjamin Franklin, daß Rhetorik eine wichtige Grundlage des Erfolges sind.

Zu 'Vergleiche'

Sie hinken immer ein wenig, sonst wären es ja Beispiele. Vergleiche sind besonders dann einprägsam, wenn sie bildhaft humorvoll sind.

Zu 'Zitate'

Wenn Persönlichkeiten (es muß nicht immer Goethe sein) zitiert werden, dann im genauen Wortlaut, oder der Zusatz 'sinngemäß' ist zu geben. Übrigens sollte nicht jede Aussage mit einem Dichterwort garniert werden.

Zu 'Folgerungen'

Ohne Folgerungen aus den Ausführungen eines Redners bleibt die ganze Rede unwirksam. Folgern Sie, rufen Sie auf, appellieren Sie: 'Deshalb fordern wird Sie auf, nunmehr einen Rednerkurs zu besuchen!'

Zum 'Abschluß'

Hörer vergessen schnell. Deshalb, besonders bei längeren Reden, am Schluß das Wichtigste zusammengefaßt wiederholen. Dabei möglichst neue Formulierungen einsetzen. Den Schlußsatz oder auch die letzten zwei, drei Sätze dürfen Sie (im Gegensatz zur übrigen Rede, die sonst langweilig wirkt) auswendig lernen!

Stoffsammlung und Vorbereitung

Anfänger haben kaum zu viel Redestoff. In der Rede selbst wird mancherlei vergessen. Alte Regel: Immer dreimal soviel Stoff in Vorrat haben, wie in der Redezeit unterzubringen ist. Dann aber keinesfalls auswendig lernen, der gute Redner spricht frei. Rechtzeitig vor der Rede den Stoff sammeln, dabei schon die Punkte obengenannter Gliederung berücksichtigen. Sammeln Sie Einfälle auf Zetteln, die von Zeit zu ordnen sind. Auch so geht es: Jeweils ein größerer Notizbogen wird am oberen Rand mit einem Dispositionspunkt gekennzeichnet. Jeder Einfall wird dann auf dem zuständigen Bogen festgehalten. Nach einiger Zeit wird ausgewertet, gestrichen, zugefügt, Notizen unter den einzelnen Bögen ausgetauscht. Schließlich wird die endgültige Gliederung erarbeitet. Sie können dabei durchaus Sätze formulieren, wie Sie sie in der späteren Rede verwenden wollen — aber bitte: Nicht auswendig lernen! So entsteht allmählich die ganze Rede. Wichtige Reden sollten in verschiedenen Formulierungen durchdacht werden. Sie dürfen sogar in flüchtiger Form niedergeschrieben werden. Später in der Rede spricht man dann aber wieder frei. Gegen das Auswendiglernen spricht noch etwas Wichtiges: Der Redner klebt an seinem Text, Zwischenrufe bringen ihn leicht aus dem Konzept.

Wie war das mit den Merkzetteln?

Gute Redner brauchen nicht einmal einen Stichwortzettel auf dem Rednerpult. Doch ist ihnen, besonders aber Anfängern, immer ein solcher gestattet. Stichwortzettel mit vielleicht nur einem Dutzend, in Riesenlettern geschriebenen Wörtern wirken ungemein beruhigend. Auf einen DIN-A4-Bogen passen leicht 10 — 20 (1 — 1,5 cm groß geschriebene) Wörter. Damit läßt sich eine mittellange Rede gut umreißen. Die Größe der Notizen erlaubt, daß der Redner aufrecht stehenbleiben kann. Er braucht nicht in sein Manuskript 'hineinzukriechen'. Ein kurzer Blick genügt, und schon kann der Redner wieder sein Publikum anschauen. In der Gesprächsrunde bewährt es sich, Notizen auf einer Postkarte zusammenzustellen. Stichwörter dabei am besten als Strukturformel ordnen!

Formen der Rede

Die häufigste Form ist der Diskussions- oder Gesprächsbeitrag. Wer schon in Alltagsgesprächen die gute Rede pflegt, braucht sich auch vor Publikum nicht zu sprechen fürchten. Auch auf Gesprächsrunden gilt es sich gut vorzubereiten. Mit unfairen Ausführungen anderer ist immer zu rechnen. Ein alter Trick: Auf schwache Argumente eines anderen wird sofort scharf eingegangen. Das erzeugt den Eindruck, als

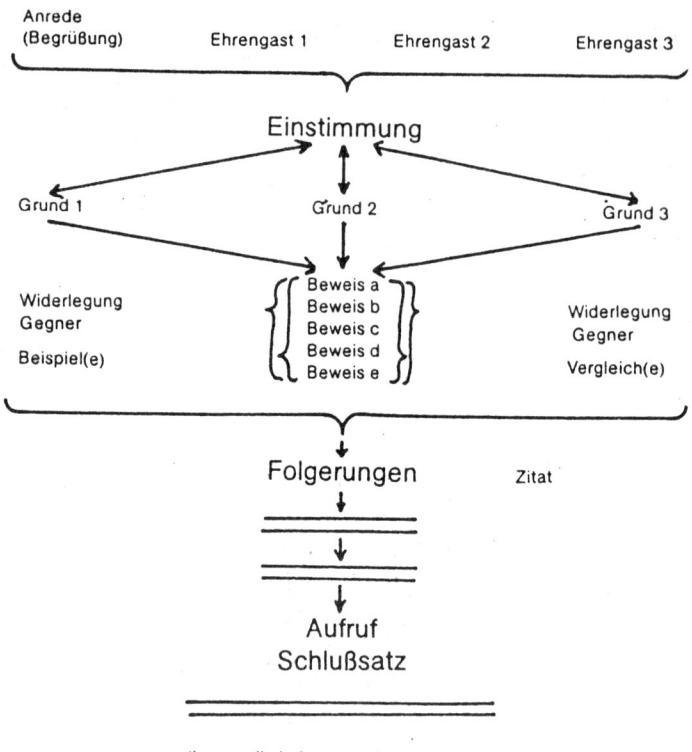

sei der Gegner generell schwach. Für Gesprächsrunden gilt: nicht zu lange Einzelbeiträge, lieber mehrmals kurz und prägnant seine Meinung sagen. Diese Meinung möglichst stichfest beweisen. Auf die Fehler in den Ausführungen anderer hinweisen, jene unterstützen, die gleicher Meinung sind.

Gesellschaftsreden

... sollten so aufgebaut sein: Begrüßung und Danksagung für das Kommen (besonderer Gruß an Ehrengast − gegebenenfalls kann jemand dazu erhoben werden).

Kurzer Rückblick auf letztes Treffen bzw. die Geschehnisse, die zum Treffen führten.

Geht es um den persönlichen Anlaß bei einem Anwesenden, dann evtl. dessen Kurzbiographie vortragen (locker, humorvoll, doch nicht platt).

Erinnerung an ein besonders fröhliches, gemeinsames Erlebnis. Kleine Anekdote zur Person des zu Ehrenden. Gegebenenfalls Dank für Geschenke und Aufmerksamkeiten. Gute Wünsche einbringen. Trinkspruch, den man sich vorher jedoch gut überlegen sollte, damit einem nicht ein peinlicher Fehler unterläuft (wenn Gelegenheit angemessen).

Bei Sachberichten

Entsprechend früher genannter Gliederungen Tatsachen vortragen. Widersprüchliches gegeneinander abwägen und eigene Meinung dazu herausstellen (beweisen). Die Sprache soll dabei sachlich und objektiv sein. Wichtig: Tatsachen anschaulich schildern. Wichtig: Kurze, prägnante Wiederholung am Schluß!

Sach- oder Lehrvorträge

... sollen Wissen vermitteln. Der Schwerpunkt liegt bei den Erklärungen, die dem Wissensstand und Bildungsniveau der Hörerschaft genau anzupassen sind. Bei diesen Vorträgen sollte der Redner besonders fest im Sattel sitzen und auch mit anderen Lehrmeinungen vertraut sein.

21. Dialektik als Hilfsmittel geistiger Arbeit

Im Altertum war Dialektik schlicht die Unterredung. Später verstand man mehr die Kunst der Überredung darunter. Jüngere Philosophen sehen in ihr eine wissenschaftliche Methode zur Erkenntnis. Allmählich scheint aber das Wort seine ursprüngliche Bedeutung zurückzugewinnen: Kunst der wirksamen Gesprächsführung. Es geht um

Gesprächsstrategien und Verhandlungstechniken als Hilfsmittel geistiger Arbeit. Wenn jemand recht hat, sollte er auch wissen, wie er es rhetorisch wirksam durchsetzen kann.

Überzeugen heißt nicht überreden

... und schon gar nicht überschreien. Es gibt eine unfaire Dialektik (Nachfahre der Sophisterei), vor der sollten Sie sich schützen! Betrachten Sie die Ratschläge der Dialektik nicht zu hinter- oder vordergründig. Erstrangig ist immer das, was gesagt wird, also der Inhalt der Ausführungen. Das Bemühen, sich gegenseitig rhetorisch oder dialektisch auszustechen, darf nicht das eigentliche Gesprächsthema in den Hintergrund rücken. Überzeugen kann man nur, wenn man selbst von seiner Sache überzeugt ist. Überzeugung sollte damit beginnen, daß die eigene Argumentation auf Schwachstellen hin untersucht wird. Fehler beseitigen — Vorzüge herausstellen!

Ein wenig klassische Dialektik

Sokrates, der als Vater der Dialektik gilt, betrieb ein fast spielerisch anmutendes Fragen, das die Befragten nach und nach zur Einsicht führte. Er war auch der Ansicht, daß es nicht darauf ankäme, um jeden Preis recht zu behalten, sondern darauf, zu einer allseitig befriedigenden Lösung zu kommen. Nach Sokrates kamen andere und stellten Denkgesetze auf, die dann zur Grundlage der formalen Logik wurden, aber auch in die Sophisterei ausarteten. Man kam zu der Lehre von den Schlüssen, die sogar zu verblüffenden Trugschlüssen führen konnten:

Beispiel:
Jede Katze hat drei Schwänze!, denn
1. Jede Katze hat einen Schwanz.
2. Keine Katze hat zwei Schwänze.
3. Folglich hat jede Katze einen Schwanz mehr als keine — und das macht 3 Schwänze.

Der Fehler liegt natürlich im falschen Ansatz, der 'keine' als Zahlwort rechnet. Doch soll von dieser Schlußlehre hier sowieso nicht die Rede sein.

In der Scholastik wurde mehr auf die geschliffenen Formen des Beweises selbst geachtet, Kant nannte sie deshalb die 'Logik des Scheins'. Wir wollen die Brauchbarkeit der Syllogistik nicht weiter untersuchen, doch verlangt diese, daß eine Vielzahl von Grundregeln beachtet wird, so daß sie in der Praxis schwer zu handhaben ist.

Der sogenannte gesunde Menschenverstand

Anderen wird gesunder Menschenverstand gern abgesprochen, doch selten ist derjenige, der abspricht, in der Lage, in diesem Zusammenhang das Wort 'gesund' zu erklären. Auch bleibt er die Definition für Menschenverstand schuldig. Nebenbei bemerkt: Manches Tier handelt mitunter vernünftiger als mancher 'gesunde Menschenverstand'. Sagen wir's bescheidener: Es geht uns um die Fähigkeit, Dinge, Geschehnisse und deren Zusammenhänge zu erfassen. Daraus folgt: Der ist anderen überlegen, der alle Einzelheiten eines Gesprächsthemas gründlich durchdenkt und in ihren Zusammenhängen erfaßt. Wer sich die meisten Informationen zum Thema zusammenstellt, hat die beste Überzeugungsbasis. Und wieder ist es nicht ein Auswendiglernen vieler Fakten, sondern das gedankliche Zusammensetzen von Einzelinformationen zu einem sinnvollen Ganzen. Daraus ergibt sich: Auf dem Lernweg vorgenommene gründliche Vorbereitung leitet die Dialektik ein.

Bleiben Sie bei der Wahrheit

Geringe Vorteile, die sich im Augenblick durch einen Schwindel erreichen lassen, stellen oft die Mehrzahl späterer Erfolgsaussichten in Frage. Aufschneider stacheln sich mitunter gegenseitig so auf, daß keiner mehr dem anderen etwas glaubt. Wer schreit, hat Unrecht! Wer sich im Recht weiß, braucht nicht zu schreien, sondern bleibt ruhiger und pariert Angriffe gelassener. Bei der Wahrheit bleiben heißt auch, Mängel und Schwächen einer Sache zuzugeben, wenn sie vorhanden sind und man darauf angesprochen wird. Ein beliebter dialektischer Trick: Ich weiß zwar ... (um diesen oder jenen Mangel) ... aber das fällt im Zeichen der vielen Vorteile nicht ins Gewicht!' So nimmt man anderen den Wind aus den Segeln. Ist zu erwarten, daß der andere diesen Trick einsetzt, kann so vorgebeugt werden: 'Vielleicht werden Sie ... herunterspielen wollen, doch sollten wir diesen erheblichen Mangel im Auge behalten!' Um die Wahrheit zu beweisen, müssen die eigenen Argumente immer überprüfbar sein. Bedenken Sie auch, daß nicht jeder Andersdenkende gleich ein Gegner ist, und überlegen Sie, wie Sie sich ihn zum Partner machen können. Achten Sie auf Ihre Worte und wägen Sie ab, ob sie nicht falsch interpretiert werden könnten. Wörter, die einer Fachsprache entnommen sind, müssen für alle, die an der Kommunikation beteiligt sind, die gleiche Aussage haben. Selbst Wörter der Umgangssprache werden manchmal unterschiedlich definiert – besonders wenn sie gefühlsmäßig belastet sind. Denken Sie nur an: Gerechtigkeit, Gleichberechtigung, Erfahrung, gesunder Menschenverstand. Wenn in einer Gesprächsrunde ein Sprecher einen Begriff in einem anderen Sinne verwendet als die Allgemeinheit, so muß der Gruppenleiter eine Definition einblenden. (Nebenbei bemerkt sind 'Definitionsübungen' eine gute dialektische Schulung. Probieren Sie es aus, indem Sie wichtige Begriffe so zu erklären versuchen, als hätten Sie ein Lexikon zu schreiben.)

Körpersprache in der Dialektik

Gute Redner setzen die Körpersprache bewußt ein. In Gesprächsrunden kommen die Zeichen der Körpersprache spontaner. Wer viel verhandelt, sollte sich unbedingt intensiver mit Körpersprache auseinandersetzen. Einerseits, um sie selbst zu beherrschen, andererseits, um zu erkennen, was die andern nicht mit Worten sagen wollen. Die Kinesik (Lehre von der Körpersprache) ist der Meinung, daß der Mensch zwar trefflich mit Wörtern lügen könne, nicht aber mit seiner Haltung und seinen Bewegungen. Mit denen verrate er sich vielmehr. Achten Sie besonders auf Richtungen und Distanzen. Aggressive Typen rücken nahe heran. Wer behauptet, nichts von Ihnen zu wollen, und Sie dann beim Unterarm packt oder mit dem Zeigefinger lanzenartig auf Sie zustößt, der lügt. Eng am Körper gehaltene Gliedmaßen kennzeichnen den Ängstlichen und Unsicheren. Seien Sie aber nicht voreilig in Ihren Urteilen. Oft wechseln Gesten und Haltungen schnell. Die Momentfotografie sagt nicht viel, erst die größere Zahl gleicher körpersprachlicher Äußerungen gibt Ihnen tatsächlich Auskunft.

Wichtigkeit des Wortschatzes

Wem die Worte fehlen, der kann seine Gedanken nicht vermitteln. Goethe werden 40 000 deutsche Wörter nachgezählt. Mancher primitive Mensch braucht kaum mehr als 400. Die meisten von uns kaum über 4 000. Erweitern Sie ständig Ihren Wortschatz, damit Sie nie lange nach Worten suchen müssen. Schlagfertigkeit besteht zu einem guten Teil aus großem Wortschatz (und umfangreichem Wissen) – ein Schuß Humor würzt diese Fertigkeit.

Dialektische Regeln

Bemühen Sie sich um das, was wir im folgenden an 'Regeln' aufführen. Nicht so sehr durch Auswendiglernen als vielmehr durch ständiges Erproben in der Praxis:

- Je besser die Vorbereitungen, desto besser die Erfolgschancen.
- Je mehr Vertrauen Sie erwecken, desto geringer die Widerstände.
- Mit trainierter Rhetorik wächst Ihre Sicherheit.
- Menschenkenntnis hilft Ihnen immer ein Stück weiter.
- Ein je besseres Gesprächsklima Sie schaffen, desto besser hört man Ihnen zu.
- Je mehr Sie fragen, desto mehr müssen andere nachdenken.
- Je sachlicher Sie sind, desto weniger bringen Gefühle Störungen.
- Je engagierter Sie sind, desto glaubwürdiger wirken Sie.
- Um so mehr Interesse Sie anderen entgegenbringen, desto besser kommen Sie mit ihnen ins Gespräch.
- Je mehr Sie Ruhe bewahren, desto glaubwürdiger wirken Sie. Das gilt besonders dann, wenn andere unfair sind.
- Je mehr Konzentrationsbereitschaft Sie erkennen lassen, um so länger bleiben Sie im Gespräch.

- Je mehr Sie Gemeinsames herausstellen, desto weniger stört das Trennende.
- Je mehr Sie anderer Vorteile beweisen, desto besser können Sie die eigenen wahren.

Je mehr Sie fragen ...

In Gesprächen wird auf Behauptungen oft gar nicht eingegangen, sondern sogleich eine Gegenbehauptung aufgestellt. Das ist eine dialektische Taktik, hart an der Grenze zur Unfairneß. Auf Fragen zu antworten fühlen sich die meisten verpflichtet. Fragen Sie viel und leiten Sie mit Fragen das Gespräch in das von Ihnen bestimmte Fahrwasser. An Sie gerichtete Fragen beantworten Sie sofort möglichst knapp und fragen dann Ihrerseits, um wieder das Gespräch zu leiten. Nur im Notfall eine Frage so abwimmeln: 'Darauf komme ich später noch zurück!' Wer gezielt fragt, bekommt viele gute Antworten.

Auch Sie müssen antworten

Auch das Antwortverhalten gilt es zu trainieren. Schnelle und präzise Antworten sind ein Wundermittel der Überzeugung. Wer um keine Antwort verlegen ist, wirkt immer selbstsicher. Diese Fähigkeit trainieren Sie nur mit sorgfältigen Vorbereitungen. Gut vorbereitet sein heißt ja auch, Antworten parat zu haben. Halten Sie auf jeden Fall die Daten bereit, nach denen man Sie fragen könnte! Setzen Sie gegen Nachteile, auf die man Sie aufmerksam machen könnte, schon in der Vorbereitung Vorteile, mit denen Sie kontern können! Operieren Sie nie mit Daten oder Fakten, die Sie aus der Luft gegriffen haben, Sie verlieren sonst Ihre Glaubwürdigkeit! Lieber ab und zu auch einmal einen Informationsmangel zugeben, das wirkt ehrlicher. Bieten Sie in solchen Fällen an, die Information noch nachzuliefern. Besonders kluge Diskussionsteilnehmer legen sich eine Sammlung (vielleicht schon wieder auf Karteikarten) der wichtigsten Fakten an, die sie in Gesprächen brauchen. Lassen Sie sich in Ihren Antworten nicht dazu verleiten, mehr zu sagen, als gefragt wurde. Das gilt besonders bei indirekten Fragen. Machen Sie auch einmal eine kleine Denkpause, bevor

Sie eine Antwort geben. Das erweckt den Eindruck, daß Sie sich gründlich mit dem Erfragten auseinandersetzen, und gibt Ihnen Zeit, sich eine gute Formulierung zurechtzulegen.

Taktiken in Dialektik und Gesprächsführung

Der erste Eindruck

... ist der beste — so heißt es. Weder zu lässig noch mit überbetonter Würde sollten Sie auftreten. Geben Sie sich möglichst natürlich. Der Eindruck, den Sie machen, hängt nicht nur von Ihrem Äußerlichen, sondern auch von Ihrer Stimmung ab. Wenn Sie schlechte Laune erkennen lassen, machen Sie gewiß auch einen schlechten Eindruck.

Der angemessene Ton

Weder zu laut noch zu leise auftreten — das eine wirkt anmaßend, das andere ängstlich. Klares Sprechen macht überdies größere Lautstärke im kleineren Kreis überflüssig. Andere überschreien lohnt nie.

Sackgassen vermeiden

Legen Sie sich oder den Partner nicht zu früh fest. Sie geraten sonst in Verhandlungssackgassen. Verhandlungen verlangen nun einmal auch einen Verhandlungsspielraum.

Gemeinsames hervorheben

Nicht mit strittigen, sondern mit gemeinsamen Punkten beginnen. Auch während des Gesprächs das Gemeinsame betonen und das Gegensätzliche herunterspielen.

Auge in Auge

Offenheit macht sich bezahlt. Halten Sie den Blick offen, suchen Sie Augenkontakt und halten Sie ihn aufrecht. Weichen Sie den Blicken anderer nicht aus. Sie haben doch nichts zu verbergen?

Komplimente

Billige Schmeicheleien sind immer verdächtig, doch ab und zu ein kleines Kompliment zählt zu den guten Taktiken.

Ausreden lassen

Vielschwätzer muß man schon mal unterbrechen, doch grundsätzlich sollten Sie andere ausreden lassen — wie Sie sich auch das Ausredenlassen erbitten sollten. Vermeiden Sie es streng, selbst zu einem Vielschwätzer zu werden!

Klein gegen groß

Verzichten Sie lieber mal auf einen kleinen Vorteil, wenn Sie sich dafür über kurz oder lang einen großen einhandeln können!

Nicht erhitzt ins kalte Wasser

Tragen Sie Ihre Meinung nicht überfallartig vor — es könnte sonst nur noch gestritten werden. Beginnen Sie nie mit einer Unzumutbarkeit, in der Meinung, der andere könnte Ihnen ja etwas abhandeln (Sie sind nicht auf einem orientalischen Markt). Langes Feilschen ist kein Verhandeln. Bedenken Sie jedoch auch: So, wie es immer einen Verhandlungsspielraum geben sollte, so sollte es auch einen Forderungsspielraum geben.

Definitionen nicht vergessen

Taktieren Sie mal so, indem Sie fragen: 'Was verstehen Sie unter ...?' Setzen Sie dann Ihre Auslegung dagegen. Bemühen Sie sich schließlich, zu einer gemeinsamen Definition zu kommen.

Alternativen

Wer ein klares Ja oder Nein verlangt, übersieht vielleicht, daß es auch andere Möglichkeiten gibt, z.B.: Wenn so, dann nein; wenn aber so, dann ja! Ja-Nein-Taktik nur dann einsetzen, wenn dabei der Fortgang der Verhandlung gewährleistet ist.

Den Fortschritt betonen

Auch kleine Zwischenergebnisse (Näherkommen) festhalten, besonders dann, wenn es noch wichtige strittige Punkte gibt.

Steigerungen offenhalten

Immer ein paar Trümpfe in der Hand behalten, nicht gleich mit den stärksten Argumenten loslegen. Aber auch nicht gerade mit den schwächsten beginnen. Starke Argumente der anderen versuchen Sie zunächst gleichsam wie nebenbei abzutun. Setzen Sie gute, aber immer noch nicht die besten Argumente dagegen, denn die sollten erst gebracht werden, wenn der andere sein Pulver verschossen hat.

Taktik des Zeitgewinns

Manchmal hilft es aus schwierigen Situationen herauszukommen, wenn gesagt wird: 'Über den Punkt sprechen wir morgen (beim nächsten Mal ...), er ist zu wichtig, um jetzt nebenbei behandelt zu werden!'

Höflich bestreiten

Nottaktik, in der höflich bestritten wird, daß die gegnerischen Argumente stimmen. Verlangen Sie Beweise. Notfalls auch Unverständlichkeit vorschieben und eine genauere Erklärung verlangen.

Zwei kleine Worte

Ersetzen Sie das vielgebrauchte kleine Wort 'ich' sooft es geht, durch das 'Sie'.

Scheinbare Improvisation

Bei bester Vorbereitung so auftreten, als ob improvisiert würde. Man tut so, als ob man erst lange nachdenken muß, leistet sich einen

Versprecher (der sofort korrigiert wird), bildet einen nicht stilreinen Satz, eine gewisse Tiefstapelei, die den Meister der Verhandlung erfordert.

Alle im Gespräch halten

Mancher lauert, hält seine Ausführungen zurück, um dann mit Brachialgewalt seine Meinung einzubringen. Damit das gar nicht erst passiert, immer versuchen, alle Diskussionsteilnehmer frühzeitig ins Gespräch zu ziehen!

Suggestion

Haben Sie gute Ideen, bleiben Sie beharrlich bei Ihren Behauptungen! Wiederholen Sie suggestiv Ihre Worte und versuchen Sie dabei die dafürsprechenden Argumente zu steigern.

Sich unwissend stellen

Taktik, um Zeit zu gewinnen: sich etwas noch einmal ganz genau erklären lassen. Vielleicht findet man so den schwachen Punkt beim anderen.

Kaktus-Taktik

Vorgehen, bei dem einem Angreifer Stachel für Stachel abgebrochen wird, d.h., ein Argument nach dem anderen widerlegen — nicht alles mit einem Mal.

Waage-Taktik

Das Bemühen um ein Gleichgewicht der Zugeständnisse. Für jede Forderung eine Gegenforderung stellen, für jedes Entgegenkommen einen Gegenwert verlangen.

Eigenlob

Öfters auf die gemachten Zugeständnisse hinweisen, um die eigenen Forderungen besser unterbringen zu können.

Schlag auf Schlag

Harter Einsatz von einem Argument auf das nächste. Verlangt beste Beherrschung des Themas und eine große Zahl guter Argumente.

Bandaufnahmen

Keine ausgesprochene Taktik, doch ein gutes Mittel, die anderen vorsichtiger zu machen: Das Gespräch wird aufgenommen. Verlangt allerdings auch große Aufmerksamkeit von dem, der das Mittel einsetzt. Achtung: Erlaubnis vom Vortragenden einholen.

Mutter-/Vater-Taktik

Alles wird in 'väterlicher/mütterlicher Güte' erklärt oder 'verstanden'. Wirkt meist besonders seriös. Allerdings dabei nicht salbungsvoll werden.

Vergeßlichkeit als Notbremse

Auf der Verliererstraße kann es etwas helfen, Vergeßlichkeit vorzutäuschen und um genauere Erklärungen zu bitten. Es könnte sein, daß dann der andere ungeduldig wird und zu härteren, gar unfairen Mitteln greift und damit Grund für den Rückzug bietet. Setzt jemand diese Taktik gegen Sie ein, ist die Mutter-/Vater-Taktik das Gegenmittel.

Angreifen

Positives Gegenstück zur Defensive. Es ist fast immer besser, in Verhandlungen offensiv zu operieren, als sich als 'Konterboxer' zu betätigen. Mit der Offensive hat man auch die ganze Verhandlung besser im Griff.

Noch ein paar Verhaltensregeln

Gesprächspartnern sollte immer das Gefühl gegeben werden, daß man sie achtet und ernst nimmt. Übertreibungen sind zu vermeiden! (Nicht

277

in Superlativen sprechen.) Übertreibungen nützen sich schnell ab. Nicht triumphieren, wenn andere Fehler machen, sondern eigene Fehler auch eingestehen. Den anderen nicht frustrieren, z.B. nie als dumm hinstellen oder ihm die Qualifikation absprechen. Wenn es geht, sollte immer ein hartes Nein vermieden werden. Statt dessen auf annehmbare Weise ablehnen: 'Sie können von Ihrer Warte aus recht haben, ich sehe die Dinge so ...'. Geben Sie dem anderen auch immer die Chance, sein Gesicht zu wahren, wenn er auf der Verliererstraße ist.

Damit müssen Sie auch rechnen (Unfairneß)

Bei aller Fairneß, die Sie sich selbst abverlangen sollten, müssen Sie immer damit rechnen, daß andere unfair sind. Wir geben Ihnen auch dafür ein paar Verhaltensregeln:

Angriff auf den Gesprächspartner

Wem die Argumente ausgehen, der wird mitunter persönlich. Das geschieht meist in Erregung — deshalb behalten Sie ruhig Blut! Nicht zurückschimpfen, sachlich bleiben! Kommt es zum Streit, bleibt es nicht selten bei länger anhaltendem Groll. Beliebte Angriffe auf die Person sind Verallgemeinerungen: Sie als 'junger Springer'/'Linker/Rechter'/'Laie' ... Häufig wird moralisiert, dem anderen schlechtes Verhalten, gar ein anrüchiger Lebenswandel vorgeworfen. Gegenmittel: 'Bitte DAS doch nochmal zu wiederholen!' — 'Sind Sie noch in der Lage, eine sachliche Diskussion zu führen?' Bei vorgehaltenen früher gemachten Fehlern, diese (vielleicht in abgeschwächter Form) ruhig zugeben, als überholt bezeichnen und fragen, ob der Angreifer nicht auch unterdessen seine alten Fehler abbaute.

Offensichtliche Beleidigungen

Will Sie jemand bewußt beleidigen, sagen Sie ihm, daß Sie sich mit ihm in bester Gesellschaft wissen, oder brechen Sie das Gespräch kurz ab, bieten Sie an, jemanden zu schicken, der auf gleichem Niveau zu verhandeln weiß.

Schmeicheleien

Scheinbares Gegenteil von Beleidigungen — im allgemeinen (besonders wenn übertrieben) nicht ehrlich gemeint. Gegenmittel: Einfach überhören.

Es wird bestritten

... daß Sie informiert oder kompetent sind, oder Ihnen vorgeworfen, daß Sie gar kein positives Ergebnis wünschten. Dann mit einer besonders sachkundigen Frage kontern oder den Spieß umdrehen: 'Mir scheint, daß Sie es sind, dem hier die echten Informationen fehlen ...!'

Aus dem Zusammenhang gerissen

Ihre Ausführungen werden verkürzt oder aus dem Zusammenhang gerissen — also unrichtig — zitiert. Hier hilft nur, das korrekte Zitat zu wiederholen und in knappen Worten die richtige Aussage zu betonen.

Falsche Vergleiche

Immer wieder werden Äpfel mit Birnen verglichen: Sie können nicht einmal richtig Englisch und wollen hier ein in England erarbeitetes Verfahren einführen? Mögliche Antwort: 'Sie können kein Arabisch, aber doch hoffentlich in arabischen Ziffern bis drei zählen?'

Drohungen

Am besten überhören oder in betonter Weise: 'Probieren Sie das nur einmal — betonte Pause — Sie werden einiges erleben ...!'

Falsche Daten

Gegen falsche Daten/Einzelheiten hilft weiter nichts, als die richtigen dagegenzusetzen. Wieder einmal zeigt sich der Wert guter, umfangreicher Vorbereitung.

Inkonsequenz wird fälschlich vorgehalten

'Früher haben Sie doch so gehandelt — jetzt so?' Das sind wieder Äpfel mit Birnen verglichen. Was früher galt, muß nicht heute noch gültig sein. Weisen Sie auf die veränderten Bedingungen hin.

Spott und andere Reizmittel

Wer die Lacher auf seiner Seite hat, siegt mitunter über bessere Argumente. Lächerlichkeit kann töten. Wer Sie zu verspotten oder verhöhnen sucht, ist gefährlich. Ruhe ist Gebot — mit Humor zu kontern versuchen. Auch Argumentation auf erhöhtem Niveau kann helfen. Jetzt zahlt sich auch beherrschte Rhetorik aus: Betont langsam und eindringlich sprechen, bewußt die leisen Töne anschlagen.

Störungen

Manche stören durch Schreien oder unsachliche Zwischenrufe. Lassen Sie sich nie mit Schreiern oder Zwischenrufern in Zwiegespräche ein! Unsachliches sollten Sie überhören, wenn Sie nicht sofort mit einem Witzwort kontern können. Das wäre sogar das beste, weil es den Rufer lächerlich macht. Ein paar Standardformeln sollten parat gehalten werden: 'Dürftiger konnten Sie es wohl nicht sagen!' — 'Die Neandertaler waren geistreicher!' — 'Erst denken, dann rufen!' — 'Wie schön, auch mal etwas von Ihnen zu hören!'

Verschweigen

Jemand "vergißt", daß man eine Sache auch von einer anderen Warte aus sehen kann. Gegenmittel: Sofort die verschwiegenen Dinge groß herausstellen.

Gesunder Menschenverstand

Es ist das gleiche wie mit der jahrzehntelangen Erfahrung: Man spricht Ihnen Verstand, Erfahrungen, Vernunft, Kenntnis ab. Meist verlangt man von Ihnen, den gesunden Menschenverstand zu gebrauchen.

Fragen Sie, was das sei und bringen Sie Ihre gefestigten Argumente. Sie können auch so kontern: 'Es ist sehr unwahrscheinlich, daß Sie hier der einzige sind, der Verstand hat!'

Typisch

Unerlaubte Verallgemeinerung, jemand wirft Ihnen vor: 'Das ist für Sie als ... (Kapitalist, Gehaltsempfänger etc.) wieder mal typisch!' Kontern Sie: 'Nur der vorliegende Fall ist typisch — ich werden dessen Besonderheiten herausstellen!'

Verwirrung

Man will Sie aus dem Konzept bringen, z.B. durch Fremd- oder Fachwörter, die Sie nicht kennen, oder durch solche Wörter, denen ein anderer Sinn unterlegt wird. Verlangen Sie Definitionen. Kontern Sie mit kurzen Erläuterungen, geben Sie den Wörtern den richtigen Sinn.

Dritte vorschieben

Bei Kindern ist es der 'große Bruder', in Verhandlungen oft irgendeine (manchmal nur scheinbare) Autorität, mit der gedroht wird: Erst müssen deren Rat, Erlaubnis, Zustimmung eingeholt werden. Verlangen Sie, daß es gleich getan wird. Mitunter hilft schon die spöttische Frage: 'Dann fehlt es Ihnen also an Kompetenz?'

Übertreibungen

Übertriebene Forderungen werden eingesetzt, um Sie für andere gefügig zu machen. Oder: Man übersteigert Ihre Argumente. Wehren Sie sich, in dem Sie zu den realen Werten zurückführen.

Thema wechseln

Jemand wendet sich unmittelbar im Gespräch einem anderen Thema zu, um Sie einzuwickeln und bei passender Gelegenheit auf alte Forderungen zurückzukommen. Bestehen Sie darauf, daß ein Punkt nach dem anderen abgehandelt wird. Behalten Sie auf jeden Fall zurückgestellte Punkte im Auge, damit Sie später nicht überrumpelt werden.

Schleppesel

Unwesentliches wird gewaltig aufgebauscht, um vom Wesentlichen abzulenken. Sagen Sie, daß Sie diese Taktik kennen und sich nicht 'verschleppen' lassen.

Unbehaglichkeit

Mehr Mätzchen als Taktik: Man weist Ihnen unbequeme Möbel zu oder setzt Sie ungünstig. Bitten Sie dann höflich um Abhilfe. Andere versuchen es 'psychologisch', die Verhandlung wird in die Mittagspause oder kurz vor Feierabend gelegt — man hofft, daß Sie unkonzentriert oder schnell zu Abschlüssen bereit sind. Versuchen Sie zu korrigieren - notfalls Verhinderung vorschieben und absagen!

Nochmals Störungen

Der Verhandlungspartner bestellt einen 'Störer', z.B. die eintretende Sekretärin, die an einen (gar nicht vorhandenen) wichtigen Termin erinnert. Erzählen Sie, wenn solche Gefahr droht, beiläufig, wie Sie kürzlich anderorts eine gezielte Störung erlebten, damit der andere weiß, daß Sie diese Taktik kennen.

Handwerker-Taktik

... nennt man es, wenn einer betont auf sich warten läßt, um andere in Nervosität zu versetzen. Fangen Sie knallhart ohne ihn an, oder gehen Sie einfach. Sollte beides nicht möglich sein, so wissen Sie wenigstens, mit welcher Art von Taktik Sie es zu tun haben, und stellen Ihr Verhalten darauf ein.

Staffetten-Technik

Ein Partner verhandelt intensiv. Wenn seine Kräfte nachlassen, schickt er einen 'frischen' Partner in die Verhandlung. Ist Wiederholung zu befürchten, so sorgen Sie auch für einen 'Ersatzmann' oder schlagen Sie eine Unterbrechung/Vertagung vor.

Noch viele weitere Techniken oder Nuancen der vorhin genannten zählen zum Repertoire geschulter Verhandlungsstrategen. Sie sollten sich auch intensiver mit Dialektik auseinandersetzen, wenn Sie viel verhandeln müssen! Wer seine Gedanken anbringen und anderen schmackhaft machen will, sollte sie wirksam vortragen können.

22. Bessere Schrift — wirksames Schreiben

Die meisten Erwachsenen haben es nötig, ihre Handschrift zu reformieren. Eine charakteristische Handschrift muß ja nicht unbedingt unlesbar sein. Namhafte Persönlichkeiten hatten durchaus lesbare Handschriften, die nicht des Charakters entbehren. Unlesbare Schrift verfehlt ihren Zweck. Lesbar ist eine Schrift immer dann, wenn ihre Zeichen sich wieder den in der Schule erlernten Formen nähern, die Zeichen gut verbunden sind und Abstände zwischen Wörtern und Zeilen gelassen werden. Überdies ist bewußt gestaltete Schönschrift eine der besten Konzentrationsübungen. Schließlich lassen sich über die gute Handschrift ohne große Mühen Auszeichnungsschriften gewinnen. Diese, man nennt sie auch 'Zierschriften', sind für Beschriftungen in Beruf und Hobby vielseitig verwendbar.

Kontrollieren Sie gleich

Schreiben Sie einige Zeilen in Ihrer normalen Handschrift und kontrollieren Sie:

- Ist die Schrifthöhe gleichbleibend?
- Sind die einzelnen Buchstaben deutlich zu erkennen?
- Gehen keine Buchstaben ineinander über (überlagern sie sich nicht)?

- Sind die Abstände zwischen den Wörtern deutlich sichtbar?
- Sind die Zeilen klar getrennt (Abstand der Zeilen = Durchschuß)?
- Laufen keine Unterlängen in die Oberlängen der nächsten Zeile?
- Nehmen Ober-, Mittel- und Unterlängen jeweils gleichen Raum in Anspruch, also je 1/3 der Schrifthöhe? (Ausnahme: t es ist etwas niedriger als die anderen Oberlängen)
- Sitzen die Pünktchen über i − ä − ö etwa in der Mitte der Oberlängenhöhe genau über dem Zeichen?
- Sind Schleifen (wie bei f und g) auch wirklich Schleifen, und nicht Striche?

f statt f

- Hat die Schrift durchgehend gleiche Neigung (oder ist sie streng senkrecht)?
- Ist die Schriftstärke gleichbleibend oder gefällig dünn/dick wechselnd?

Vergleichen Sie noch mit den klaren Formen (d.h. mit denen, die Sie in der Schule erlernten) einer sauberen Schrift. Etwa mit diesen:

Korrigieren Sie Ihre Schrift, wenn Sie Mängel ermitteln. Finger sollten beim Schreiben ganz locker (unverkrampft) sein. Zeigefinger nicht durchdrücken, vielmehr locker aufliegen lassen. Schrift flüssig aus dem Handgelenk heraus schreiben, dann läßt sich auch Schönschrift zurückgewinnen.

Zur Entwicklung einer Zier- oder Auszeichnungsschrift gehen Sie in folgenden Schritten weiter:

284

1. Wir erobern uns zunächst eine gut lesbare Handschrift zurück...

2. Wir lösen im nächsten Schritt die Verbindungen zwischen den Zeichen

3. Wir vereinfachen die Formen, lassen Schnörkel weg und kommen zu einer Kursiv-Blockschrift

4. Wir richten die Buchstaben auf und erarbeiten so eine senkrechte Blockschrift

5. Durch Veränderung der Proportionen gewinnen wir: breite Schrift,

schmallaufende Schrift, sehr schmallaufende Schriften, VIELE VARIANTEN...

6. WERKZEUG WECHSEL: Kugelplattfeder - Breitfeder

Von jeder Stufe mehrere Seiten schreiben. Erst weitergehen, wenn das Ergebnis voll befriedigt und Sie ein gutes Schriftbild haben.
Beispiele für den Einsatz von Auszeichnungsschriften:

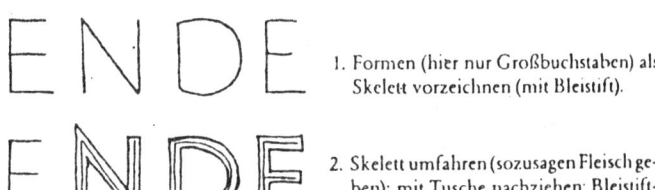

Und so können Sie die zuvor erreichte Skelettschrift weiter verfeinern bzw. für viele andere Zwecke nutzen:

E N D E

1. Formen (hier nur Großbuchstaben) als Skelett vorzeichnen (mit Bleistift).

E N D E

2. Skelett umfahren (sozusagen Fleisch geben); mit Tusche nachziehen; Bleistiftlinien wegradieren.

3. Wie unter 2.; dann Buchstaben ausfül-
len.

4. Verschiedene Möglichkeiten des „Aus-
füllens".

Normschriften

Beim technischen Zeichnen ist die Schrift vorgeschrieben, sie soll sich an die von der Normschrift vorgegebenen Zeichen halten. Sie finden sie in den einschlägigen Normen festgelegt:

ABCDEFGHIJKLMN

OPQRSTUVWXYZ

aabcdefghijklmno

pqrstuvwxyz

[(!?:;-"=+×·√%&)]Ø

1234567789011VX

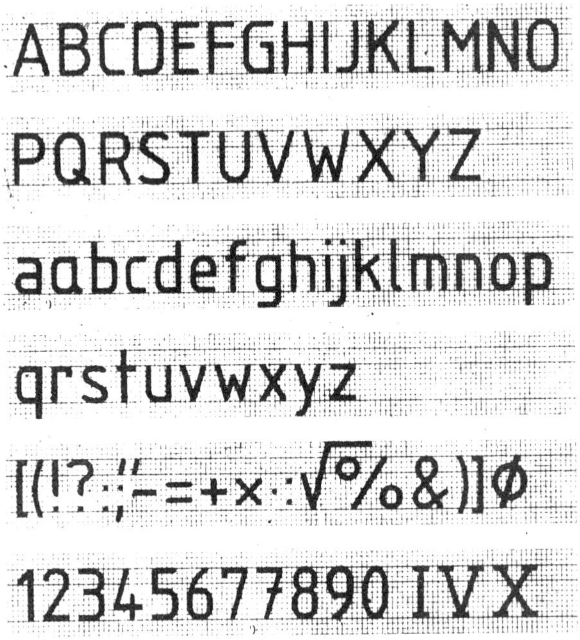

ABCDEFGHIJKLMNO

PQRSTUVWXYZ

aabcdefghijklmnop

qrstuvwxyz

[(!?;'"-=+x∶√%&)]∅

1234567789 0 I V X

Da Normen, insbesondere Zeichnungsnormen (schon im Hinblick auf die europäische Zusammenarbeit) ständig ergänzt und verändert werden, empfehlen wir Ihnen, sich vom Beuth-Verlag (Berlin/Köln) die jüngsten Veröffentlichungen (bzw. DIN-Blätter) schicken zu lassen.

Schriften für Diapositive und Overheadprojektionen

Hier finden sich in der Praxis oft Unvollkommenheiten und Fehler. Beispielsweise sind viele Schriften zu klein und können von weiter hinten Sitzenden nicht mehr gelesen werden. Wir empfehlen:

Bei Vorlage in Größe	DIN A3	DIN A4
Den Hauptteil	10 mm hoch	7 mm hoch
Wichtiges	7 mm hoch	5 mm hoch
Bemerkungen	5 mm hoch	3,5 mm hoch

Diese Zahlen sind Mindestwerte — je größer, desto besser = lesbarer.

Für Beschriftungen auf Folien für Overheadprojektoren sollten einfache, gut lesbare Schriften gewählt werden. Antiquaschriften mit Endstrichen (Serifen) sind, der besseren Lesbarkeit wegen, den Blockschriften vorzuziehen.

Faustregel: Schriften auf Bildvorlagen für Dias müssen aus 7fachem Abstand des Längenmaßes mit bloßem Auge zu lesen sein, d.h. bei DIN A4 aus knapp 2 m Entfernung.

Erfahrungswerte für Overheadprojektionsfolien: 10 — 15 Sehabstand der Hörer von der Projektionsleinwand verlangen auf der Folie 10 — 15 mm hohe Schrift, 15 — 20 mm hohe Schrift auf der Folie = etwa 15 — 20 m Sehabstand Projektionswand/Zuschauer.

Zum Schreiben von Texten

Bedenken Sie, wenn Sie zu schreiben haben, was wir Ihnen zu den Themen 'Planung' / 'Ideensammlung' / 'Ordnung' / 'Konzentration'/ 'Lesen' sagten. Erst denken — dann schreiben! heißt es auch hier. Erst die Gedanken ordnen, dann nach Wörtern und Sätzen suchen! Dabei von Anfang an versuchen, die logischen Zusammenhänge herzustellen. Immer wieder anzuraten: Mit einer Strukturskizze die Arbeit beginnen!

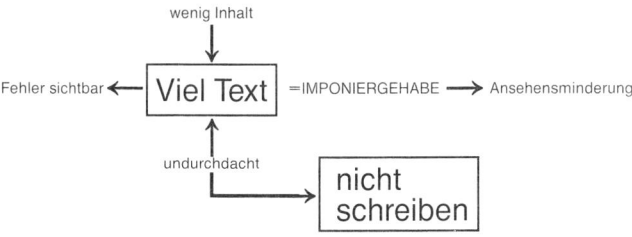

Wer in denkender Vorleistung die wenigen Wörter unserer Strukturskizze entwarf, dem fiele es sicher leicht, von ihr folgenden kleinen Beitrag abzuschreiben:

Wer wenig zu sagen hat, spricht meist besonders gern. Ähnlich geht es auch manchem Schreiber. Sie sollten besser nicht schreiben, bevor Sie ein Problem nicht soweit durchdacht haben, daß Sie klipp und klar sagen können, worum es geht. Verkneifen Sie sich das Schreiben besser auch dann, wenn Sie durch viel Text imponieren wollen. Zu viel Text oder langatmige Schreibweise mindern Ihr Ansehen. Überprüfen Sie laufend Ihre Texte auf überflüssige Aussagen — auf das Verhältnis von Textumfang zu Textinhalt. Lernen Sie aus den eigenen Fehlern! Fragen Sie sich immer, wie es sich besser machen ließe! Trainieren Sie die präzise Ausdrucksform (rund 100 Wörter)!

Die in der Skizze geordneten Gedanken können Sie in mehr oder weniger Wörter fassen, das hängt z.T. von Ihrer Schreibabsicht, z.T. von Ihren Lesern ab. Es lohnt immer, die Gedanken erst zu ordnen und danach zu schreiben. Selbst wenn es mehrerer Skizzen bedarf, bevor die Ordnung 'steht', spart es immer Zeit gegenüber dem unmittelbaren Losschreiben mit seinen zwangsläufig folgenden Korrekturen.

Die Einstimmung auf die Schreibaufgabe

Wer schreiben will, hat 3 Fragen zu beantworten:

1. Was soll mein Schreiben bezwecken?
2. Warum muß ich diese Schreibarbeit leisten?
3. Wie werde ich ihr am besten gerecht?

Alsbald tauchen weitere Fragen auf, z.B. folgende:

- An wen richtet sich das Schreiben?
- Wie kann ich diesen Leserkreis am besten packen?
- Wie erwecke ich Aufmerksamkeit?
- Welche Mittel setze ich ein?
- Was kann ich bei den Lesern voraussetzen?
- Welchen Nutzen biete ich den Lesern?
- Zu welchen Einsichten oder Verhaltensweisen soll der Leser kommen?
- Wie ist das Schreiben zu gestalten?

Wenn Sie dann, nach dieser Frageliste vorgehend, bildhaft, anschaulich und kurz schreiben, sind Sie auf dem besten Wege.

Damit der Leser es leichter hat

Ihr Schreiben soll ankommen, deshalb beachten Sie einige stilistische Regeln:

Schreiben Sie einwandfreies Deutsch, d.h. gute Gedanken in gute Worte kleiden. Schreiben Sie kurze Sätze und verwenden Sie vorzugsweise kurze Wörter! 'Kinderleicht' sagt nicht viel mehr als 'leicht'.

Folgen Sie der alten Weisheit: Neuer Gedanke = neuer Satz/neue Gedankenfolge = neuer Absatz! Gebrauchen Sie viele Verben, denn sie machen die Sprache lebendig! Nennen Sie, der Klarheit willen, Personen und Dinge immer beim Namen! Vermeiden Sie Modewörter, unklare und verschwommene Ausdrücke! Auch nicht übertreiben, was dumm ist, nicht als 'ungeheuerlich', was bedenklich ist, nicht als 'lebensgefährlich' bezeichen! Adjektive nur verwenden, wenn Eigenschaften wirklich erwähnt werden müssen. Viele sind nur Schnörkel: 'das gewaltige Gebirgsmassiv' (ein Gebirgsmassiv ist immer gewaltig). Substantivierungen lassen sich nicht immer vermeiden. Doch halten Sie Ihre Zahl gering (besonders die der Wörter, die auf -ung, -heit, -keit enden). Möglichst vermeiden sollten Sie auch nachgestellte Verben: 'Darüber konnte ich, bei aller Heiterkeit, die um mich herrschte, nicht lachen' (besser: 'Darüber konnte ich nicht lachen, obwohl ... '). Arg sind auch auseinandergerissene Verben: 'Kurt brach, weil es Ärger gab, die Unterhaltung ab'. Besser: 'Kurt brach die Unterhaltung ab, weil ...' Noch besser die andere Formulierung: 'Kurt beendete das Gespräch, um weiteren Ärger zu vermeiden'.

Halten Sie die Einleitung kurz — meist ist die Vorgeschichte den Lesern bekannt. Schöpfen Sie aus der Fülle deutscher Sprachbilder ('schöpfen' ist so ein Bild), doch hüten Sie sich vor falschen (oft albern wirkenden) Verbildlichungen. 'Das ist ein totgeborenes Kuckucksei', sagte einmal jemand, der meinte, daß ihm etwas Falsches untergeschoben werden sollte. Wollen Sie zu einem brillanten Stil kommen, dann müssen Sie sich intensiv mit der Stillehre befassen, doch unsere Tips helfen, die schlimmsten Stilfehler zu vermeiden.

Noch ein paar Tips zur Gedankensammlung

Nochmals: Erst Gedanken sammeln und ordnen, dann schreiben! Beachten Sie unsere Hinweise in den früheren Kapiteln. So früh wie möglich mit der Gedankensammlung beginnen. Notizen auf Einzelblättern sind dabei zu bevorzugen. Hauptgedanken ganz oben auf das Blatt, spätere Einfälle dazuschreiben. Hauptgedanken können auch auf große Kuverts geschrieben werden, in denen dann die Einzelnotizen zum Thema zu sammeln sind. Bei längerer Sammelzeit immer wieder das Sammelgut durchsehen, sich nicht scheuen, von einer zunächst festgelegten Disposition abzuweichen, also das Thema neu zu gliedern, wenn es dafür gute Gründe gibt. Hier noch einige Fragen, die Sie sich während des Schreibens vor Augen halten sollten:

- Welche Bedeutung hat das Schreiben im Rahmen meiner Gesamtarbeit?
- Welche Wirkungen sollen auf den Empfänger ausgehen?
- Worin besteht das Hauptanliegen?
- Welche Informationen sind auf jeden Fall zu geben?
- Welche weiteren Aussagen könnten nützlich sein?
- Welchen Aufmerksamkeitswert haben die einzelnen Informationen?
- Wie drücke ich mich am besten aus?
- Welche Erwartungen hegen meine Leser?
- Wie kann ich meinen Standpunkt mit den Leserstandpunkten vereinen?
- Welchen Nutzen biete ich den Lesern?
- Wie bringe ich die Leser zu Entschlüssen, die meinen Ansichten entsprechen?
- Wie formuliere ich am wirksamsten?
- Wie komme ich zu einer möglichst 'natürlichen' Ausdrucksweise?

Wenn Sie Ihre Gedanken diktieren

Das müssen Sie auch sagen, wenn andere für Sie schreiben sollen:

— Namen und genaue Anschrift des Empfängers dessen, was Sie

schreiben (geschrieben haben möchten) – wenn diese der Schreibhilfe nicht bekannt sind.

— Das genaue Format, die Zeilenzahl/Seite, die Anschlagzahl/Zeile.
— Die Art der Versendung (Brief, Karte, Drucksache, Einschreiben ...)
— Die Schreibweise von Namen und Fachwörtern, wenn diese nicht als bekannt vorausgesetzt werden kann.
— Besondere Wünsche hinsichtlich der Formatgestaltung.
— Die zu erwartende Länge des Schreibens und bis wann Sie es haben wollen (einfach 'eilt' zu schreiben, wirkt bei Wiederholung unglaubwürdig). Die Zahl benötigter Durchschläge, auch darauf muß sich die Schreibkraft ja vor Schreibbeginn einstellen.
— Das Datum und was es sonst noch an Hinweisen in der Bezugszeile gibt.
— Gestaltungswünsche. Also sagen, wann einzurücken ist oder ein Absatz gemacht werden soll, eine neue Zeile zu beginnen hat, Zwischentitel gesetzt werden sollen.
— Hinweise auf Beilagen.
— Besondere Hervorhebungen oder Nachsätze.

Allgemeines zur Manuskriptgestaltung

Fragen Sie zunächst Ihren Auftraggeber (z.B. die Redaktion eines Verlages), ob es Vorschriften für die Manuskriptgestaltung gibt. Wenn ja, halten Sie diese streng ein. In allen anderen Fällen überprüfen Sie anhand nachfolgender Hinweise, was es zu beachten gilt.

Fast immer genügt es, Manuskripte auf mittelfeinem Maschinenpapier (Mattpost) zu schreiben und dem Auftraggeber einzureichen. Welches Papier Sie für den Durchschlag wählen, ist Ihnen überlassen. Es wird das Original eingereicht. Ist eine zusätzliche Kopie verlangt, so sollte der beste (im allgemeinen erste) Durchschlag genommen werden. Noch besser ist die auf den Vervielfältiger gezogene Kopie auf Normalpapier. Für die Durchschläge nichtschmierendes Kohlepapier wählen. Korrekturen werden sich nur selten völlig vermeiden lassen. Bringen Sie sie jedoch möglichst unsichtbar bzw. sauber an. Moderne Schreibmaschinen haben ja ohnehin recht zufriedenstellende Korrektureinrichtungen. Format ist generell DIN A 4. Selbst wenn Sie noch so lesbar zu schreiben glauben: Manuskripte mit der Hand zu schreiben ist nicht gestattet. Verwenden Sie auf der Maschine keine Frakturschriften und keine Kursive, auch Blockschriften sollten vermieden werden, alle diese Schrifttypen sind gegenüber den Antiquaschriften schlechter lesbar. Schreiben Sie im Mittel 60 Anschläge pro Schreibmaschinenzeile. Kleinschriften (15er-Teilung) bringen zwar mehr Text auf die Seite, machen aber wieder mehr Mühe beim Lesen. Besonders große Typen (sogenannte Plakatschriften) sind zwar für Redemanuskripte recht praktisch, eignen sich aber sonst nur für Haupttitel/ Schlagzeilen. Je nachdem, wie viele Änderungen zu erwarten sind, sollte der Abstand zwischen den Zeilen $1\frac{1}{2} - 2$ Zeilen betragen. Formelzeichen, die nicht auf der Maschine sind (Achtung: Es gibt Kugelköpfe und Typenräder, die die gebräuchlichsten Sonderzeichen zusammenstellen), tragen Sie sauber von Hand nach. Dabei sehr feinen Filzstift verwenden. Wiederholen Sie solche Zeichen am Rand, damit der Setzer weiß, was Sie genau meinen.

Sich über einen schlag- bzw. aussagekräftigen Titel Gedanken zu machen, ist immer der Mühe wert. Vom Titel hängt es nicht selten ab, ob überhaupt gelesen wird. Fällt Ihnen zunächst nichts Gutes ein, behelfen Sie sich solange mit einem Arbeitstitel. Zur Verfasserangabe auf dem Titelblatt gehört der Vorname. Ob Sie der aus Amerika stammenden Mode folgen wollen und den ersten Buchstaben Ihres zweiten Vornamens hinzufügen, entscheiden Sie selbst. Bei häufig vorkommenden Namen mag es zur Unterscheidung beitragen (Peter F. Müller). Vom Verfasser geschriebene Vorworte werden schlicht mit dem Namen oder 'Der Verfasser' — keinesfalls mit eventuellen Titeln unterzeichnet. Geleitwörter zu schreiben ist nicht Arbeit des Autors, sondern des Verlages oder eines von diesem Beauftragten. Wenn der Text es verlangt (z.B. Lehrbücher), so sind ihm genaue Arbeitsanweisungen voranzustellen. Auch die Gliederung im voraus ist mehr als einer Erwägung wert. In der Mehrzahl der Fälle besteht sie aus dem Inhaltsverzeichnis, kann aber auch aus einem Gliederungsschema (Flußdiagramm oder Strukturbild) bestehen. Wünsche zur typographischen Gestaltung (über die im allgemeinen der Verlag allein entscheidet) geben Sie auf einem Sonderzettel an, den Sie dem Manuskript beifügen. Kleinere Hinweise (wie: kursiv, Fettdruck, sperren) können Sie auch auf dem rechten Rand anbringen, der dafür und für Korrekturzeichen angemessen breit gehalten werden sollte. Nebenbei bemerkt: Hervorhebungen sollten äußerst sparsam eingesetzt werden. Kapitelüberschriften im Manuskript doppelt, Absatzüberschriften einfach unterstreichen (oder: wenn die Maschine es erlaubt, in Fettdruck hervorheben). Der Verlag wählt später schon das richtige Mittel. Fußnoten nach Möglichkeit ganz vermeiden. Gleiches gilt für separate Anmerkungen (z.B. am Schluß in Kleinschrift zusammengefaßt). Nicht in Fußnoten nachtragen wollen, was im Text vergessen wurde oder nicht unterzubringen ist! Werden Bilder eingesetzt, für die der Autor die Vorlagen liefert, dann den Bildsatz gesondert zusammenfassen − im Manuskript erscheinen Hinweise. Gewünschte Bildgröße angeben. Achtung: Wenn Manuskriptlänge begrenzt ist, berücksichtigen, daß der Text um den Platz, den die Bilder einnehmen, kürzer sein muß! An den Schluß des Manuskripts gehören ein Quellenverzeichnis und ein Glossar, wenn zu vermuten ist, daß Leser die verwendeten Fachwörter nicht kennen. Ob ein Stichwortregister (und weitere Verzeichnisse, wie etwa ein Bildregister) erforderlich ist, muß von Fall zu Fall entschieden werden. Bei Literaturverzeichnissen hat sich eingebürgert:

Zielke, Wolfgang: 'Handbuch Lern-, Denk-, Arbeitstechniken', Landsberg 1988
Name Vorname Titel Verlagsort/-jahr

Mit Briefen fängt es oftmals an

Das Format ist durch die Norm festgelegt, meist auch die wiederkehrenden Dinge wie Anschrift, Bezugszeichen, Anrede, Grußformel, Unterschrift.

Allgemein gilt, daß alle Textzeilen links auf gleicher Höhe beginnen, wobei ein angemessener Heftrand zu belassen ist. Briefanfang und Absatzanfänge können etwas (2 − 3 Zeichen) eingerückt werden. Betreffvermerk, sozusagen die Briefüberschrift nicht weglassen (Wort 'Betreff' wird jedoch längst nicht mehr geschrieben). Auch bei Briefen gilt das Gebot: Höflich, doch kurz! Auch wenn unangenehme Dinge zu sagen sind, positive Formulierungen bevorzugen. Grobheit zeugt nicht unbedingt von festem Charakter.

Haben Sie die Wahl, dann nehmen Sie gutes Briefpapier. Billigpapiere machen keinen guten Eindruck. Der Empfänger fühlt sich mißachtet. Auch bei Brieftexten sind die Gedanken vor dem Schreiben zu ordnen. Schreiben Sie möglichst so, wie Sie sprechen würden, also natürlich. Kommen Sie sofort zur Sache, vermeiden Sie lange Einleitungen. Geben Sie $1\frac{1}{2}$fachen Zeilenabstand. Eng geschrieben ist schwer lesbar. Deutlicherer Abstand nach Abschluß eines Gedankens/ Absätze machen. Kurz schließen heißt nicht Kurzschluß erzeugen. Anhängende Schnörkel sind nur vermeintliche Höflichkeit. Meist ist die Grußformel vorgeschrieben. Dabei verdrängte das 'Mit freundlichen Grüßen' das früher obligatorische 'Hochachtungsvoll' nahezu ganz. Vielleicht überdenken Sie auch mal einen unkonventionellen Briefschluß (... meint in freundschaftlicher Verbundenheit Ihr ...)

Holde AIDA

Was kluge Verkaufstrainer für das wirksame Verkaufsgespräch ersannen, läßt sich auch für Briefe und manchen anderen Text verwenden: Vorgehen nach der sogenannten AIDA-Formel:

A = Aufmerksamkeit erwecken I = Informationen geben
D = Deutung der Vorteile   A = Aufruf zu folgen

Was Sie vermeiden sollten:

- Vermeiden Sie negative Formulierungen weitgehend!
- Vermeiden Sie es tiefzustapeln, keine Unterwürfigkeit vortäuschen!
- Vermeiden Sie hochzustapeln, versprechen Sie nichts, das Sie nicht halten können!
- Vermeiden Sie jegliches Pathos!
- Vermeiden Sie weitgehend Abkürzungen (besonders die weniger geläufigen)!

296

- Vermeiden Sie das antiquierte Kaufmannsdeutsch!
- Vermeiden Sie auch ungeläufige Fachwörter und Angloamerikanismen, wenn Sie sich ebenso treffend mit einem deutschen Wort ausdrücken können!

Aktennotizen

dienen meist nur als Erinnerungsstütze für den internen Gebrauch. Es bedarf bei ihnen nicht des letzten stilistischen Schliffes. Doch müssen sie so formuliert werden, daß eine Information jederzeit wieder abrufbar ist. Meist sind Aktennotizen formlos, aber nicht ungeordnet. Die Wortaktennotiz sollte diese Schreiben als Überschrift deutlich kennzeichnen. Betreff/Überschrift, Datum und Verfassername gehören unbedingt darauf. Auch die Gesprächsnotizen bei Telefonaten können unter Aktennotizen abgelegt werden.

Kurzmitteilungen

sind nicht mit Aktennotizen identisch. Es handelt sich vielmehr um kleine Berichte/Kurzinformationen an andere. Ihr Grundprinzip: Mit einem Minimum an Wörtern ein Maximum an Informationen bieten. Auf Fehlerfreiheit und Stilreinheit muß geachtet werden.

Protokolle/Berichte

Protokolle sind im allgemeinen unmittelbare Berichte über ein ablaufendes Geschehen. Mitunter haben sie Urkundencharakter. Fakten und Meinungen sind streng zu trennen. Es haben Tatsachen zu sprechen, gefühlsmäßige Meinungen sind herauszuhalten. Ihre Sprache sei kurz und prägnant. Selbst in wichtigen Diskussionen wird heute mehr und mehr auf 'Ergebnisprotokolle' zurückgegriffen und nicht mehr Wort für Wort der Verlauf notiert. Ausschmückungen sind zu vermeiden. Nach der Überschrift sind zu nennen: Zweck der Zusammenkunft, Thema, Beginn und Ende, Namen der Beteiligten und – in logischer Reihenfolge – die abzuhandelnden Punkte (Tagesordnungspunkte). Bei längeren Protokollen kann auf der Seite 1 ein Inhaltsverzeichnis erscheinen. Muster siehe folgende Seite.

Protokoll

der 3. Zusammenkunft der ... Gesellschaft
am ..... in .....
zweck Aussprache über eine Vereinigung
mit dem ..... Verein
Teilnehmer: Herr ..... (1. Vorsitzender)
          Frau ..... (2. Vorsitzende)
          Herr ..... (Kassenwart)
          Frau .....
          Herr .....
          Frau ..... (Protokollführerin)

Jeder Gedanke/Gesprächsbeitrag erhält einen eigenen Absatz. Bei Protokollen, die noch ins reine geschrieben werden, für jeden Tagesordnungspunkt eine neue Seite beginnen. Beim ersten Gesprächsbeitrag eines Redners Namen aufschreiben, weitere Beiträge des gleichen Teilnehmers können mit einem Kurzzeichen (z.B. Anfangsbuchstabe des Namens) gekennzeichnet werden. Polemik und Hinweise wie 'Beifall'/ 'Mißfallensäußerungen' werden im allgemeinen nur in politische Protokollen aufgenommen − meist sind sie jedoch überflüssig. Stellen Sie sich beim Protokollieren darauf ein, daß der künftige Leser so fragen könnte:

- Worüber erfahre ich hier etwas?
- Von wem erfahre ich es?
- Warum muß ich das wissen?
- Was bezweckt der Schreibende?
- Was will er mit seinen Ausführungen bei mir erreichen?
- Inwieweit werde ich bzw. wird meine Arbeit davon berührt?
- Welchen Nutzen bringt mir die Kenntnis? Welchen Schaden die Unkenntnis?
- Wie sind die kausalen Zusammenhänge des Berichteten?

Verbesserungsvorschläge

Oft gibt es Formblätter oder genaue Vorschriften für Verbesserungsvorschläge, die dann unbedingt zu beachten sind. Oft begnügt man sich mit formlosen Notizen. Erkundigen Sie sich bei der dafür zuständigen Stelle in Ihrem Betrieb. Das Wichtigste ist immer die neue Idee: Stellen Sie kurz deren Vorteile gegenüber der bisherigen Lösung heraus. Dazu bedarf es nicht vieler Worte. Zu viel Text weist eher auf Unklarheit hin. An den Beginn des Vorschlages gehört Ihr Name (Anschrift bzw. Abteilung). Auch Datum und Betreff sollten nicht fehlen. Vielleicht ist auch ein Hinweis nötig, für welche Abteilung speziell Ihr Vorschlag gedacht ist. Kennzeichnen Sie schon in der Überschrift die Sache, um die es geht. Beispiel: 'Vorschlag zur besseren Nutzung von Rollenpapieren bei der Erstellung technischer Zeichnungen'. Nach der Überschrift folgt eine sehr knappe Aussage über die Vorteile des Vorschlages, die u.U. durch eine etwas ausführlichere (ggf. mit Bildern bzw. Skizzen) zu ergänzen ist. Wenn Sie errechnen können, was mit Ihrem Vorschlag erspart werden könnte, so geben Sie eine solche Wirtschaftlichkeitsberechnung bei. Faustregel: Der gesamte Verbesserungsvorschlag sollte auf einem DIN-A 4-Bogen untergebracht werden. Detaillierte Beschreibungen wird man bei Interesse schon von Ihnen anfordern.

Der Aufsatz

Ob Schulaufsatz oder späteres Beschreiben eines Geschehens, es gilt vieles von dem bisher Gesagten. Die uralte Schulgliederung 'Einleitung — Hauptteil — Schluß' ist noch immer gültig. Wir empfehlen, die im Kapitel 20 beschriebene Gliederungsform der Rhetorik zu übernehmen. Dann bleibt es sich immer wieder gleich: Gedanken sammeln — ordnen — formulieren!

Schreiben eines Buches

Wenn Sie unseren bisherigen Ausführungen sorgfältig folgten, können Sie selbst daraus folgern, wie beim Schreiben eines Buches vorzugehen ist. Der Unterschied liegt nur im größeren Umfang und entsprechend höheren Zeitbedarf. Hier noch ein paar zusätzliche Hinweise:

Schreiben des Manuskriptes

Schreiben Sie so (mit der Maschine), daß beim Drucker bzw. Verleger keine Unklarheiten entstehen. Vernachlässigen Sie die äußere Form auf keinen Fall. Vermeiden Sie gröbere Korrekturen (dann lieber die Seite neu schreiben). Geben Sie für Korrekturen und Arbeitshinweise durch den Verlag genug Zeilenabstand und Rand. Bei Büchern sind 10 Wörter breite Zeilen gut. Zeilenabstand (Durchschuß) ist gegeben, wenn 2zeilig geschrieben wird.

Anweisungen für den Setzer

sind am rechten Korrekturrand zu geben. Hier vermerken Sie 'Fettdruck' oder einen anderen Schriftgrad, kursiv u.ä.

Schmutztitel

ist im Buch die vorderste Seite, auf der schon vorab kleingedruckt der Buchtitel genannt wird. Sie können (müssen nicht) auch dem Manuskript eine solche Seite geben.

Titel

Name (ggf. wenn Sie Wert darauf legen, auch akademische Grade) Der eigentliche Buchtitel/Eventuell ein Untertitel — mitunter auch die Auflagenzahl und Name und Sitz des Verlages

erscheinen auf der Titelseite, die vom Hersteller angemessen gestaltet wird. Alle weiteren Angaben (Herstellung, Erscheinungsdatum, Hinweise auf Übersetzungen oder Nachdrucke u.ä.) brauchen Sie nicht zu kümmern. Der Verlag bringt sie auf der Rückseite des Titelblattes unter.

Inhaltsverzeichnis

Es sollte unmittelbar nach dem Titel erscheinen. Manchmal finden Sie es hinten in Büchern (ungünstig/sollte vermieden werden). Das Inhaltsverzeichnis sollte so ausführlich sein, daß der Suchende auch wirklich schnell findet, was er braucht.

Meist genügt es aber durchaus, hier die Kapitelüberschriften (hervorgehoben) und die Absatzüberschriften aufzuführen. Erwägen Sie selbst, ob zusätzliche Hinweise dem Leser Vorteile bringen.

Vorworte

(Geleitworte lassen wir weg, da diese von dritter Seite geschrieben werden!)

Der Autor weist auf seine Standpunkte hin, sagt warum und wie er den Stoff behandelt. Bei Neuauflagen kann ein 'neues' Vorwort erforderlich sein. Deshalb haben Bücher mit vielen Auflagen mitunter mehrere Vorworte, in denen etwas über die inzwischen erfolgte Entwicklung gesagt wird.

Arbeits- und Benutzungshinweise

Hier sagen Sie, was wie zu tun ist und welcher Hilfsmittel es bedarf. Auch der voraussichtliche Zeit- oder sonstige Aufwand ist zu nennen.

Zum Text

braucht an dieser Stelle nicht viel gesagt zu werden. Hier gilt gleiches wie zuvor für andere Schreiben gesagt. Achten Sie auf Ordnung und Übersicht mit Hilfe der typographischen Möglichkeiten.

Nachwort

Im Anschluß an den Text können Sie Ihren Lesern noch Tips für die Weiterarbeit geben, z.B. für die Übertragung gewonnener Erkenntnisse in die Praxis.

Ein Sachwort-/Stichwortverzeichnis

erlaubt es den Lesern, schnell zu Einzelstellen zu finden. Nehmen Sie dort aber nur solche Wörter auf, die zu wesentlichen Stellen im Buch führen.

Ein Verzeichnis der Namen

Sind es viele, erscheint es gesondert. Wenige Namen bringen Sie im Stich-/Sachwortverzeichnis unter.

Ein Literaturverzeichnis

Darin nennen Sie die Quellen, aus denen Sie selbst schöpften, und Schriften, die den Lesern weiterhelfen.

Glossarium

Wenn es erforderlich ist, der Leserschaft die verwendeten Fachwörter näher zu erklären, so erscheinen diese Erklärungen zusammengefaßt in einem Glossarium, welches im Anhang untergebracht ist.

Bilder, statistische Darstellungen, Tabellen

Bilder erklären besser als Worte und sparen mitunter größere Textmengen ein. Erwägen Sie immer deren Einsatz und kennzeichnen Sie die vorgesehenen Stellen im Manuskript, am besten mit kleinen Skizzen. Abklären, ob die echten Bilder vom Verlag erstellt oder vom Autor geliefert werden müssen!

Schutzumschlag-Rückseite und Einschlaglaschen

Auf Rückseiten und Einschlaglaschen von Schutzumschlägen finden sich oft Angaben zum Inhalt des Buches und über den Verfasser. Wenn der Autor hier das wiederfinden will, was er selbst wünscht, so muß er sich auch über diese Texte Gedanken machen und sie dem Verlag mitteilen.

Schreiben für Zeitschriften

Journalismus heißt: 'Schreiben für den Tag' — das sollte aber nicht zum nachlässigen Schreiben verführen. Hier wieder einige Hinweise:

Die Nachricht

Sie berichtet über aktuelle Ereignisse und muß all die Fakten bringen, die dem Leser erlauben, sich ein eigenes Bild zu machen. Wahrheit, Objektivität und Kürze sind ihre Kennzeichen. Wenn die Nachricht von heute nur die Ergänzung von gestern ist, läßt sie alles weg, was dem Leser schon bekannt ist. Das hat auch seine Tücken: Zieht sich ein Geschehen in die Länge, kennt man schließlich die Anfänge nicht mehr. In solchen Fällen sind kleine Erinnerungshinweise zu geben.

Das Interview

Fragen und Antworten an/von Persönlichkeiten der Öffentlichkeit, um der Leserschaft deren Meinung vorzustellen. Es kommt beim

Schreiben also wesentlich auf das an, was die/der Befragte auszusagen hat (und nicht, wie leider in der Praxis nicht selten zu finden: auf Selbstdarstellung des Schreibenden).

Der Kommentar

Ein Schreiber sagt seine Meinung zu Tagesereignissen. Im Schreiben muß also unterschieden werden zwischen dem Bericht über das Geschehen und der Meinung des Kommentierenden. Es ist zu bedenken, daß es andere Meinungen geben kann. Ob auf diese einzugehen ist, entscheidet der Schreibende.

Der Bericht

Erlebnis- und sachbezogene Information für den Leser. Man hat etwas gesehen und teilt es mit. Gute Berichte setzen gute Beobachtung voraus. Hier kann mit vorbereitenden Fragelisten gearbeitet werden. Die Ausdrucksform kann individuelle Färbung haben, darf aber nicht die Fakten dabei verfälschen.

Die Reportage

Berichtform, die zu breiterer Darstellung tendiert. Verlangt fast immer umfangreichere Hintergrundkenntnisse.

Leitartikel

Art von Kommentar, in welcher die Zeitung bzw. Redaktion ihre Meinung zu einem aktuellen Geschehen herausstellt.

Die Lokalspitze

Unterart von Leitartikel, im allgemeinen zu Anfang des lokalen Teils, in der die Lokalredaktion Tagesereignisse behandelt.

Das Feuilleton

Mitunter wird der ganze unterhaltende Teil der Zeitung so genannt. Im besonderen ist damit der einleitende Artikel gemeint. Hier wird oft der persönliche Stil besonders hervorgehoben. Oft findet sich hier auch Kritik an kulturellem Geschehen. Im politischen Feuilleton werden (fast kabarettmäßig) politische Ereignisse recht bissig betrachtet.

Die Glosse

Randbemerkungen zu einem Thema, beispielsweise zu aktuellen Ereignissen. Meist sind Glossen pointierte Kurzkommentare, die das Witzige eines Ereignisses herausstellen.

Patentanmeldungen

Beschreibungen neuer Erfindungen, die eine gewerbliche Nutzung erlauben. Für Patentanmeldungen gibt es Formulare, die beim Deutschen Patentamt (München) angefordert werden können. Ihnen beigegeben sind Hinweise auf die verlangte Form dieser Schreiben. Zu bedenken ist dabei etwa folgendes:

Grundsätzliches

Die Entdeckung naturgesetzlicher Zusammenhänge ist nicht patentfähig, ebensowenig sind es Methoden und Lernverfahren (hier gilt das Urheberrecht). Wichtig ist immer die Neuartigkeit.

Der Antrag

Der Vordruck vom Patentamt führt auf: Namen und Adresse des Anmeldenden, die Bezeichnung für die Erfindung (sozusagen der Titel) und Hinweise darauf, wofür die Erfindung von Bedeutung ist.

Die Beschreibung

Hier ist darzustellen, wie die Erfindung ihre Aufgabe löst. Unwesentliches sollte weggelassen werden. Wichtig ist die Neuartigkeit der technischen Lösung. Sie muß genau beschrieben werden, denn darauf wird ja der Patentanspruch erhoben. Der technische Stand muß dem Anmelder wohlbekannt sein, und er hat darauf hinzuweisen, worin die Unterschiede seines Vorschlages zu anderen Lösungen bestehen. Es wird also auch zu sagen sein, woran es bisherigen Lösungen mangelt.

Die Patentansprüche

Das Patentamt will erkennen, welche Ansprüche der Anmeldende erhebt. Die Vorteile gegenüber dem Bisherigen müssen deutlich herauskommen. Ausführungsbeispiele und Zeichnungen können beigegeben werden. Für gleiche Teile sind immer die gleichen Termini zu verwenden. Phantasienamen sind nicht erlaubt (selbsterfundene Namen können jedoch als 'Wortmarken' urheberrechtlich geschützt werden). Zu jedem Patentanspruch gehört ein Oberbegriff (Name) und der zu kennzeichnende Teil, eingeleitet durch die Worte 'gekennzeichnet durch ...'.

Zeichnungen

Abbildungen dürfen nicht im Textteil erscheinen. Sie gehören auf Sonderblätter (DIN A 4 — in 3facher Ausfertigung). Alle sonstigen Ausführungen sind in doppelter Ausfertigung einzureichen. Blätter dürfen nur einseitig beschrieben, müssen unverwischbar und gut lesbar sein. Maschinenschrift ist vorgeschrieben.

Wissenschaftliches Schreiben

Dazu gehören auch Examensarbeiten (z.B. von Studenten). Aus der Vielfalt der Formen suchen wir wieder das Gemeinsame heraus:

Übersichtlichkeit, klare Gliederung, erkennbare Systematik sind hier besonders wichtig. Inhalt in konfuser Form dargeboten hat keinen Erfolg. Wieder beginnt die Arbeit mit dem eindeutig zu formulierenden Thema, um Weg und Ziel zu kennzeichnen. Umfangreiche Vorstudien/Stoffsammlungen sind unumgänglich.

Der Vorentwurf

Umreißen Sie in Stichworten oder Aussagesätzen Ihre Schreibabsicht! Stellen Sie eine vorläufige Gliederung auf. Halten Sie sich diese Gliederung (vielleicht auf einem Kleinposter in Sichtnähe) ständig vor Augen. Scheuen Sie sich aber nicht, hier Änderungen/Verbesserungen vorzunehmen. Am Ende Ihrer Stoffsammlung entsteht die endgültige Gliederung. Suchen Sie während der Arbeit am Vorentwurf zu ermitteln, wie umfangreich die endgültige Arbeit wird. Gibt es hier Vorschriften (Auftraggeber/Verlag), so sind diese zu berücksichtigen. Also ist weiterzusammeln, wenn es noch an Stoff fehlt, und streng zu selektieren, wenn dieser zu viel zu werden droht.

Hauptentwurf und Reinschrift

Steht die endgültige Gliederung, kann mit der Niederschrift der Ausführungen begonnen werden. Auch wenn es Arbeit macht: Notwendige Änderungen, Umstellungen, Neufassungen in Kauf nehmen. Wer beim Vorentwurf, der Sammlung, den ersten Gedanken versucht, mit Strukturskizzen zu arbeiten, erspart es sich, lange Aussagen (Textniederschriften) zu Papier zu bringen.

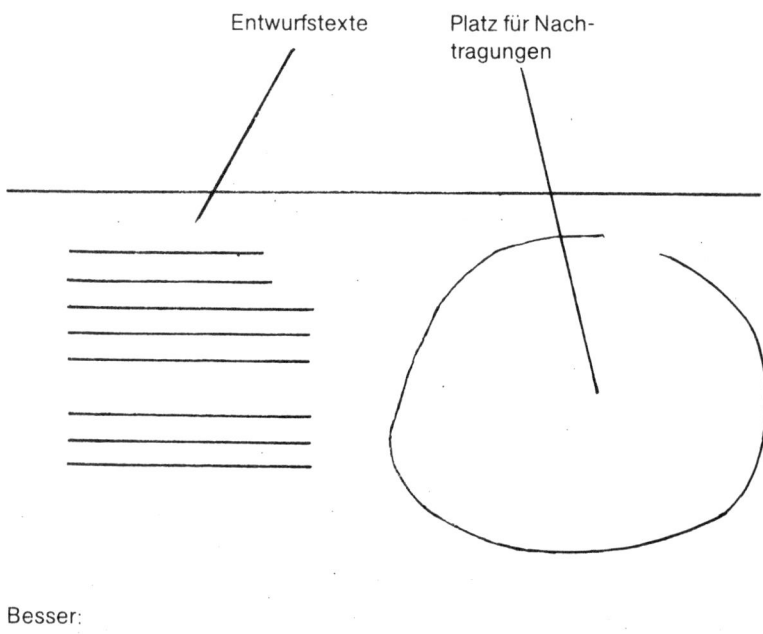

Entwurfstexte

Platz für Nachtragungen

Besser:

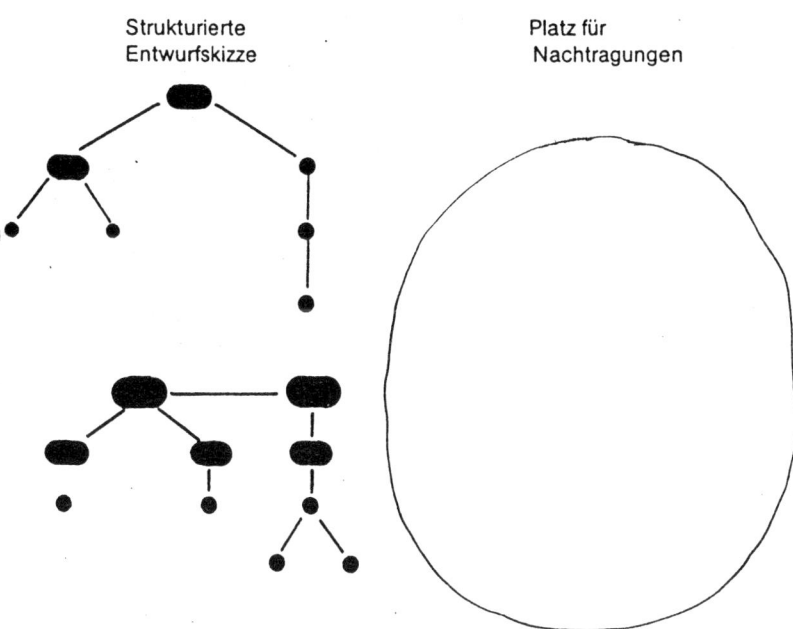

Strukturierte Entwurfskizze — Platz für Nachtragungen

Vorspann

Was beim Buch oft im Schlußteil steht, kann bei wissenschaftlichen Arbeiten im Vorspann erscheinen. Im allgemeinen kann jedoch auch hier der Buchgliederung gefolgt werden:

Schmutztitel
Titelbild (nicht obligatorisch)
Haupttitel
(Copyright-Hinweise)
Geleitwort (nicht obligatorisch)
Inhaltsverzeichnis
Vorwort(e)
Abbildungsverzeichnis
Abkürzungsverzeichnis (wenn weniger bekannte Abkürzungen verwendet werden)
Tabellenverzeichnis
.....

Der Text
Zwischentitel 1. Kapitelüberschrift
1. Textteil
Nächster Zwischentitel
Nächster Textteil
usw.

Der Anhang
evtl. Anmerkungen
Versuchsbedingungen
Exkurse
Glossarium (wenn erforderlich)
evtl. Bild- und Zeichnungsbeigaben (bei Büchern innerhalb
des Textes)
Ausführliche Bibliographie
Sachregister (vorzugsweise bei Schriften zur Veröffentlichung)

Hinweise zum Inhaltsverzeichnis
Seitenzahl nicht zu weit von der Schrift abrücken, also:

1. Abschnitt   7

und nicht so:
1. Abschnitt   7

Gliederungsmöglichkeit
Die übliche Form:
Titel (ohne besondere Kennzeichen)
Titel des 1. Teils
I. KAPITEL (römische Ziffer/Großbuchstaben)
1. Abschnitt (Kleinbuchstabe/Normalschrift)
a) Unterabschnitt (Kleinbuchstabe/Normalschrift)
b) nächster Unterabschnitt
α) weitere Unterteilungen (griechische Buchstaben)

Eine andere Gliederungsmöglichkeit:

ERSTER TEIL
  Kapitel I
    Abschnitt A
      1 (arabische Ziffern)
        a) Kleinbuchstaben
          Q) griechische Buchstaben
        II
          AA
            11
              aa

              ..

U.a. in technischen Schriften anzutreffen:

Eine Dezimalgliederung in dieser
Art   oder so:
  I.   22
  I.1   221
    2.   222
    2.1   2231
    2.2   2232
      2.1   22321

Literaturangaben
  Genaue Quellenangaben: Buchtitel, Seite, Absatz. Diese Angaben erscheinen auch als Fußnoten im laufenden Text oder erhalten im Text Kennzeichen und werden dann am Schluß zusammengefaßt.
  Allgemeine Quellenhinweise am Schluß werden alphabetisch nach Verfassernamen geordnet. Für den Leser, der mit solchen Büchern weiterarbeiten will (soll), können die Literaturangaben nicht exakt genug sein.

Paginierung
  Neue Seite beginnen, wenn neues Kapitel anfängt. Untertitel erhalten keine neue Seite, es sei denn, es sind nur noch drei oder weniger Zeilen frei. Die Seiten des Manuskriptes werden laufend mit arabi-

schen Ziffern versehen. Kann der Vorspann erst zum Schluß geschrieben werden, wird beim laufenden Text mit der Seitennumerierung begonnen. Der Vorspann wird später mit römischen Ziffern gekennzeichnet.

Titelsatz

Bei der Gliederung des Titels wählen Sie zwischen den beiden hier im Bild dargestellten Möglichkeiten:

Zeilen auf optische Mitte bringen   Zeilen linksbündig

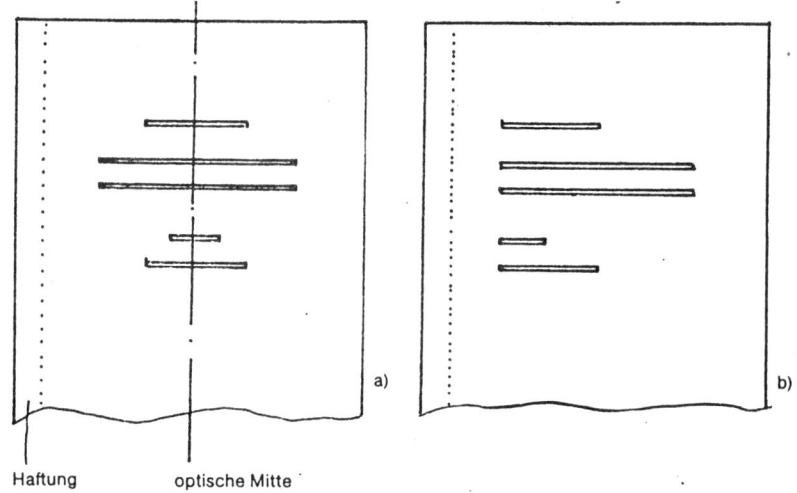

Haftung   optische Mitte

In Ausnahmefällen kann auch rechtsbündig gesetzt werden.

Widmungen

Wenn nötig, dann kurz und ohne falsche Schmeichelei.

In einem Vorwort

können kurze Erklärungen zur folgenden Arbeit gebracht und über die Arbeitsumstände berichtet werden. Es nimmt auch den Dank für Unterstützungen auf. Es gehört, im Gegensatz zur Einleitung, nicht zum eigentlichen Text.

310

Einleitungen

Sie sollten nicht separiert werden. Der Text beginnt kurz mit der Einleitung, kommt dann sofort zum Thema und behandelt es bis zum Abschluß. Auch der Schluß sollte nicht besonders hervorgehoben werden.

Zitate

Sorgfältig wählen, nicht zu viele bringen! Vor allem müssen Sie treffen und wörtlich weitergegeben werden. Besser als der Hinweis 'sinngemäß' ist es oft, ganz auf ein Zitat zu verzichten. Zitate sollten vom übrigen Text abgehoben werden — am besten durch Kursivschrift. Zitate unterliegen der Rechtschreibung, also auch ältere in heutiger Orthographie ausdrücken. Notwendige Zusätze zu Zitaten (Interpolationen) in eckige Klammern setzen. Auslassungen bei längeren Zitaten durch (...) kennzeichnen. Fremdsprachliche Zitate im Original wiedergeben, doch sorgfältig abwägen, ob sie überhaupt nötig sind.

Die Doktorarbeit

Die meisten Hinweise zu wissenschaftlichem Schreiben gelten auch hier. Der Doktortitel wird verliehen, wenn der künftige Akademiker nachweist, daß er einen anerkannten Beitrag zur Wissenschaft lieferte, sich darin qualifizierte, eine wissenschaftliche Abhandlung zu schreiben. Gefordert ist, daß die Dissertation selbst geschrieben wird, wenn auch üblicherweise das Thema von einem Universitätsprofessor vorgegeben wird. Je nach Umfang muß mit Arbeitszeiten von drei Monaten bis zu drei Jahren gerechnet werden. Die dabei entstehenden Kosten, die nicht unterschätzt werden sollten, hat der Doktorand selbst zu tragen.

Auch hier beginnt es mit einem Arbeitsplan. Er legt die Problemstellung und die Vorgehensweise fest. Auch für Stoffsammlung und Gliederung gilt das, was bisher zu diesen Punkten gesagt wurde. Sorgfältig alle Quellen notieren (natürlich auch studieren) und dabei nicht nur an Bücher denken. Bei Versuchen sind sorgfältig Protokolle zu führen und deren Auswertung später tabellarisch zusammenzustellen. Bei umfangreicheren Untersuchungen mit statistischen Angaben arbeiten. Dabei kann die Wahrscheinlichkeitsrechnung ein Mittel sein, mit dem man sich vertraut zu machen hat. Abbildungen nur einsetzen, wenn sie wirklich neue oder deutlichere Informationen geben. Anderenfalls wirken sie als Schönfärberei und unwissenschaftlich. Auch hier darf durchaus ein schlichter Stil gebraucht werden. Schachtelsätze und umständliche Satzkonstruktionen garantieren noch keine Wissenschaftlichkeit.

Kurz einleiten und, möglichst im ersten Satz, das Problem nennen. In den folgenden Sätzen wird das Thema begrenzt. Die besonderen Anliegen sind hervorzuheben. In der Einleitung mitteilen, auf wessen Anregung hin die Arbeit in Angriff genommen wurde. Literatur und Material frühzeitig nennen. Vorgehensweise und Versuchsanordnungen so bald wie möglich beschreiben. Untersuchungen werden im allgemeinen in einem gesonderten Abschnitt zusammengefaßt. In ausführlicher Darstellung kommen schließlich die Arbeitsergebnisse zu Papier. Dazu gehören auch die neuen Einsichten, die der Schreibende selbst gewann und erdachte. Den Schluß bildet eine Zusammenfassung der ganzen Arbeit in kurzen Sätzen. Dieser Schluß sollte nicht mehr als eine Seite einnehmen. Jedes Wort ist abzuwägen — so wie bei geistiger Arbeit ja immer über jedes Wort nachzudenken ist.

Nachwort

Wenn Sie unser Buch im ganzen lasen, wissen Sie nun, was alles zu ökonomischer Geistesarbeit gehört. Doch Wissen ist noch nicht Können — geschweige denn Anwenden. Aber wir haben diese Tips vor allem zum Nachschlagen zusammengestellt. Schauen Sie immer einmal wieder hinein und holen Sie sich Anregungen für Ihre Lern-, Denk- und Arbeitstechniken. Halten Sie es griffbereit auf Ihrem Schreibtisch. Daneben ist empfehlenswert, sich das eine oder andere Kapitel genauer anzusehen, um besonderen Aufgaben besser beikommen zu können. Dem, der tiefer gehen will, sei empfohlen, sich mit der in unserem Verzeichnis aufgeführten Literatur zu befassen.

Literaturliste

Zu den meisten der in unserem Buch behandelten Themen gibt es zwar eine recht umfangreiche Literatur, die jedoch älteren Datums ist. Auf dem Gebiet 'Methodik der geistigen Arbeit' erscheint nur wenig Neues. Wir versuchen, in unserer Literaturliste vor allem solche Titel zusammenzustellen, die Ihnen über das in unserem Buch Gesagte hinaus behilflich sind.

Zu Kapitel 1 — Thema 'Ergonomie'

Hettinger, Kaminsky, Schmale: Ergonomie am Arbeitsplatz, Friedrich Kiehl Verlag/Ludwigshafen; 2. Auflage 1980

Schmidke, Hein u.a.: Ergonomie I, II, III Carl Hanser Verlag/München

Zu Kapitel 2 — Thema 'Konzentration'

Lay, Rupert: Meditationstechniken für Manager — Methoden zur Persönlichkeitsentfaltung, Wirtschaftsverlag Langen-Müller/Herbig/München

Maurin, Robert: Mehr Glück durch Entspannung, Moderne Verlagsgesellschaft, München/Landsberg

Peale, Norman Vincent: Die Kraft des positiven Denkens, Oesch Verlag AG/Thalwil

Schultz, I.H.: Das autogene Training — Konzentrative Selbstentspannung, Georg Thieme Verlag/Stuttgart

Zielke, Wolfgang: Konzentrieren keine Kunst (Neubearbeitung 1988), Campus Verlag/Frankfurt

Zu Kapitel 3 — Thema 'Ideenfindung — Ideensammlung — Vorordnung

Beelich/Schwede: Lern- und Arbeitstechnik kurz und bündig, Vogel Verlag/Würzburg

Höhn, Reinhardt: Die Technik der geistigen Arbeit, Verlag wwt/Bad Harzburg

Maeck, Horst: Arbeitshandbuch der Lehr- und Trainingstechniken für Führungskräfte in Wirtschaft und Verwaltung, verlag moderne industrie/Landsberg

Zu Kapitel 4 — Thema 'Kreativitäts-Techniken'

Hoffmann, Heinz: Kreativitätstechniken für Manager, Verlag Moderne Industrie/München/Landsberg

Schlicksupp, Helmut: Kreative Ideenfindung — Methoden und Modelle, Walter deGruyter Verlag/Berlin

Tepperwein, Kurt: Kraftquelle Mentaltraining, Ariston Verlag/Genf

Weber, Herrmann: Arbeitskatalog der Übungen und Spiele, Windmühle GmbH —Verlag und Vertrieb von Medien/Essen

Zu Kapitel 5 — Thema 'Arbeitsgewohnheiten'

Maurin, Robert: Mehr Glück durch Entspannung, Moderne Verlagsgesellschaft/München/Landsberg

Schellbach, Oskar: Mein Erfolgssystem, Schellbach Verlag/Baden-Baden

Zielke, Wolfgang: Mach dich effektiver (Selbstmanagement-Programm), Moderne Verlagsgesellschaft/München/Landsberg

Zu Kapitel 6 — Thema 'Selektionsarbeit'

Keine spezielle Literatur bekannt, deshalb hier nur Hinweis auf Bücher, in denen Beiträge zum Thema zu finden sind.

Eick, Jürgen: So nützt man den Wirtschaftsteil einer Zeitung, Societäts-Verlag/Frankfurt

Zielke, Wolfgang: Frag dich vorwärts, Moderne Verlagsgesellschaft/München/Landsberg
Schneller lesen − intensiver lesen - besser behalten, Moderne Verlagsgesellschaft/München/Landsberg.
Schneller lesen selbst trainiert, Moderne Verlagsgesellschaft/München/Landsberg

Zu Kapitel 7 − Thema 'Planungsverfahren'

Cooper, J.D.: So schafft man mehr in weniger Zeit, Moderne Verlagsgesellschaft/München/Landsberg
Mackenzie, R. Alec: Die Zeitfalle, H. Sauer-Verlag/Heidelberg
Siegert, Werner: Zeit-Management ist Zeitgewinn, System-Marketing Verlag/Heiligenhaus
Schmömbs, Wolfgang − Hans, Karlfried: Rationelle Arbeitstechniken für Chefs, BBE Verlag/Köln
Zielke, Wolfgang: Mach dich effektiver, Moderne Verlagsgesellschaft/München/Landsberg

Zu Kapitel 8 − Thema 'Lernen'
Beelich, Schwede: Lern- und Arbeitstechnik kurz und bündig, Vogel Verlag/Würzburg
Kugemann, Walter F.: Kopfarbeit mit Köpfchen, Verlag Pfeiffer / München; 14. Auflage
Tepperwein, Kurt: Die Kunst des mühelosen Lernens, Ariston Verlag/Genf
Zielke, Wolfgang: Techniken für ein besseres Gedächtnis, Moderne Verlagsgesellschaft/München/Landsberg

Zu Kapitel 9 − Thema 'Fragetechnik'
Birkenbihl, Vera F.: Fragetechnik - schnell trainiert, Moderne Verlagsgesellschaft/München/Landsberg
Jennen, Hans: Verkaufen − Strategie und Taktik der Verkaufskunst, Econ Verlag/Düsseldorf

Zielke, Wolfgang: Frag dich vorwärts − Eine gute Frage ist die halbe Antwort, Moderne Verlagsgesellschaft/München/Landsberg

Zu Kapitel 10 − Thema 'Karteiarbeit'
Da Karteiarbeit kurz über lang völlig durch Computertechnik ersetzt sein wird, sind hier neuere Titel kaum zu erwarten. In nachstehenden älteren Titeln finden sich Hinweise zum Thema.

Porstmann, Dr. Walter: Karteikunde (Das Handbuch der Karteitechnik), Max Schwabe Verlag/Berlin
Weilemann, Gottfried: Die zweckmäßige Kartei − wichtige Nebensächlichkeit im Betrieb, Taylorix-Fachverlag/Stuttgart
Zielke, Wolfgang: Techniken für ein besseres Gedächtnis, Moderne Verlagsgesellschaft/München/Landsberg

Zu Kapitel 11 − Thema 'Ein Bild sagt mehr ...'

DIN Deutsches Institut für Normen (Herausgeber): Zeichnungsnormen, DIN Taschenbuch 2/514 DIN VDE Taschenbuch, Erscheinungstermin März 1989/ Beuth-Verlag/Berlin/Köln
Mit Arbeitsprojektoren präsentieren − lehren − wirken − überzeugen, System-Management Hans O. Rasche/Heiligenhaus

Zu Kapitel 12 − Thema 'Rationelles Lesen'
Zu diesem Thema sind in unserem Haus, der Modernen Verlagsgesellschaft, vom Verfasser dieses Handbuches, der als Spezialist für 'Rationelles Lesen' gilt, zwei Titel erschienen:
Schneller lesen selbst trainiert
Schneller lesen − intensiver lesen − besser behalten

Zu Kapitel 13 — Thema 'Markierungs-techniken'

Speziallliteratur wurde nicht gefunden. In folgenden Titeln finden Sie Hinweise:

Kliemann, Horst: Anleitung zum wissenschaftlichen Arbeiten, Rombach Verlag/ Freiburg, 8. Auflage

Riechert, Johannes: Ökonomie des Studierens, Deutscher Verlag der Wissenschaften/Berlin (DDR)

Zielke, Wolfgang: Techniken für ein besseres Gedächtnis, Moderne Verlagsgesellschaft/München/Landsberg

In all diesen Büchern finden Sie auch Hinweise zum Thema des nächsten Kapitels.

Zu Kapitel 14 - Thema 'Exzerpiertechniken'

Auch hierzu keine eigenständige Literatur.

Sie finden weitere Hinweise in:

Heyde, Johannes Erich: Technik des wissenschaftlichen Arbeitens, Verlag Junker und Dünnhaupt/Berlin

Zu Kapitel 15 — Thema 'Stätten und Möglichkeiten der Informationsgewinnung'

Eick, Jürgen (Hg.): So nützt man den Wirtschaftsteil einer Tageszeitung, Societäts-Verlag/Frankfurt

Stamm, Willi: Presse- und Medienhandbuch — Leitfaden durch Presse und Werbung (erscheint alljährlich neu), Stamm-Verlag/Essen

Zu Kapitel 16 — Thema 'Vom Werkzeug und vom Material'

Hier fanden wir überhaupt keine spezielle Literatur. In vielen der vorher erwähnten Bücher gibt es zwar hier und da Hinweise, doch lohnt es vom Gesichtspunkt des Themas nicht, dafür die Bücher zu kaufen. Sehr gute Hinweise finden Sie hingegen in den Werbeunterlagen der Hersteller (z.B. von Papieren und Zeichengeräten). Schauen Sie sich im Fachhandel um, oder schreiben Sie die einschlägigen Unternehmen an!

Zu Kapitel 17 — Thema 'Nutzung von Geräten'

Allendorf/Wiese: Taschenbuch der Overhaedprojektion in Unterricht und Ausbildung, Bertelsmann-Ratgeber-Verlag/ München/Gütersloh

Klein, Manfred u.a.: Einführung in die DIN-Normen, B.G. Teubner/Stuttgart/ Beuth-Verlag/Berlin/Köln

Zielke, Wolfgang: Mit Arbeitsprojektoren präsentieren, lehren, wirken, überzeugen, System-Management Hans O. Rasche + Partner/Heiligenhaus

Zu Kapitel 18 — Thema 'Tricks, Kniffe, Eselsbrücken'

Bayer, Günter: Gedächtnis- und Konzentrationstraining, Econ Verlag/Düsseldorf

Lehrl, Siegfried u.a.: Gehirnjogging — Geist und Gedächtnis spielend trainieren, Mediteg Verlag/Wertheim

Müller Freienfels, Richard: Gedächtnis- und Geistesschulung, Siemens Verlag/ Bad Homburg

Tepperwein, Kurt: Moderne Lernmethoden, Selbstverlag/Bergisch-Gladbach

Ullmann, Frank/Bierbaum, Gerd: Nichts vergessen — mehr behalten, Universitas Verlag/München

Zielke, Wolfgang: Techniken für ein besseres Gedächtnis, Moderne Verlagsgesellschaft/München/Landsberg

Zielke, Wolfgang: Großer Lehrgang 'Moderne Gedächtnistechnik', Ulrich Verlag/Deggendorf

Zu Kapitel 20 — Thema 'Aktive Hörarbeit'

Wieder keine spezielle Literatur, doch finden sich in fast allen Büchern zum Thema Methodik geistiger Arbeit Hinweise, z.B. auch in diesem:

Naef, Regula: Rationeller lernen, Beltz Verlag/Weinheim; Neuauflage

Zu Kapitel 21 — Thema 'Sprechtechnik/ Rhetorik'

Carnegie, Dale: Rede — die Macht des gesprochenen Wortes, Verlag lebendiges Wort GmbH/ Grünberg

Lay, Rupert: Die Macht der Wörter — Sprachsystematik für Manager, Wirtschaftsverlag Langen-Müller/Herbig/ München

Müller, Ulrich/Schuh, Horst: Denken — Reden — Überzeugen, verlag aktuelle texte /Rottweil

Rogers, Natalie H.: Frei reden ohne Angst und Lampenfieber, Universitas Verlag/München

Zielke, Wolfgang: Sprechen ohne Worte, Moderne Verlagsgesellschaft/München/ Landsberg

Zu Kapitel 21 — Thema 'Dialektik'

Birkenbihl, Vera F.: Psychologisch richtig verhandeln, Moderne Verlagsgesellschaft/München

Lay, Rupert: Dialektik für Manager, Wirtschaftsverlag Langen-Müller/Herbig/München

Stangl, Anton u. Marie-Luise: Verhandlungsstrategie, Econ Verlag/Düsseldorf

Zu Kapitel 22 — Thema 'Schrift und Schreiben'

Blohm, Hans; Kutz, Heinrich: Wie erstellt man einen Bericht?, Friedrich Baierl Verlag/München

Lanze, Werner: Das technische Manuskript, Vulkan Verlag/Essen

Stichwortverzeichnis

319